客舱服务与管理

Cabin Service and Management

主　编　董　倩　吴素君

副主编　侯一鸣　毕　旭　张骏楠

　　　　刘显辉　李　宁

北京理工大学出版社

BEIJING INSTITUTE OF TECHNOLOGY PRESS

内 容 提 要

本书依据职业标准，基于空中乘务员岗位工作过程，突出高等院校的办学特点，以职业能力为核心，以工作过程为导向，以岗位分析为依据，以能力培养为主导，编写而成。主要内容包括客舱服务和乘务员、飞行前准备工作、旅客登机前准备、欢迎旅客登机、起飞后旅客服务、下降和欢送旅客下机、特殊旅客服务、客舱管理，共8个学习项目36个任务。本书从学情出发，确定重安全、懂技能、会服务，真诚服务旅客的学习目标，基于客舱乘务员工作流程，针对空中乘务岗位的实际工作与服务展开内容。

本书可作为高等院校空中乘务、航空服务、民航运输等相关专业的教材，也可作为民航从业人员工作时的参考用书。

图书在版编目（CIP）数据

客舱服务与管理 / 董倩，吴素君主编. -- 北京：
北京理工大学出版社，2024.4
ISBN 978-7-5763-3010-6

Ⅰ.①客… Ⅱ.①董… ②吴… Ⅲ.①民用航空－旅
客运输－商业服务－高等学校－教材 Ⅳ.①F560.9

中国国家版本馆CIP数据核字（2023）第203005号

责任编辑：李　薇　　　　　　**文案编辑**：李　薇
责任校对：周瑞红　　　　　　**责任印制**：王美丽

出版发行 / 北京理工大学出版社有限责任公司
社　　址 / 北京市丰台区四合庄路6号
邮　　编 / 100070
电　　话 / （010）68914026（教材售后服务热线）
　　　　　　（010）68944437（课件资源服务热线）
网　　址 / http://www.bitpress.com.cn
版 印 次 / 2024年4月第1版第1次印刷
印　　刷 / 河北鑫彩博图印刷有限公司
开　　本 / 787 mm×1092 mm　1/16
印　　张 / 17.5
字　　数 / 371千字
定　　价 / 89.00元

中国改革开放 40 多年以来，经过几代民航人的艰苦奋斗，中国民航在安全水平、行业规模、服务能力等方面取得了令世界瞩目的成就。2018 年中国民航局颁布《新时代民航强国建设行动纲要》，该纲要指出：从 2021 年到 2035 年，实现从单一的航空运输强国向多领域的民航强国跨越。我国民航综合实力大幅提升，形成全球领先的航空公司、辐射力强的国际航空枢纽、一流的航空服务体系、发达的通用航空体系、现代化空中交通管理体系、完备的安全保障体系和高效的民航治理体系，有力支撑基本实现社会主义现代化。

2023 年，全行业完成运输总周转量 1 188.34 亿吨 / 千米，旅客周转量 10 308.98 亿人 / 千米，货邮周转量 283.62 亿吨 / 千米；完成旅客运输量 61 957.64 万人次，货邮运输量 735.38 万吨。全行业运输航空公司完成运输飞行小时 1 220.90 万小时，运输起飞架次 492.19 万架次。全行业在册运输飞机平均日利用率为 8.12 小时，正班客座率为 77.9%，正班载运率为 67.7%。截至 2023 年年底，我国共有运输航空公司 66 家，民航运输飞机 4 270 架。2023 年，我国共有定期航班航线 5 206 条，定期航班国内通航城市（或地区）255 个（不含香港、澳门和台湾地区），我国航空公司国际定期航班通航 57 个国家的 127 个城市。

"客舱服务与管理"是空中乘务专业学生的必修课程，基于客舱服务基本工作大流程，针对空中乘务员岗位的实际工作与服务展开叙述，是空中乘务专业学生必须掌握和理解的知识与技能，同时也是担任空中乘务员职业工作的必备知识与技能，主要讲解空中乘务员在整个航班过程中，包括航班前、航班执行过程中、航班结束后的服务与管理工作内容。通过这门课程的学习，培养良好的沟通能力、高度的岗位责任心和严谨的工作态度，热爱民航事业，热爱空中乘务工作。

本书编写以岗位职业能力为依据，结合高职高专的特点，本着"全面、专业、实用、创新"的理念，强调理论与实际相结合，让学习者具备空中乘务员所需的知识、技能和素质，并通过技能的实践与训练，能顺利开展空中服务工作，保障旅客顺利出行、安全出行。

本书主要包括以下三个特点。

第一，结构合理，专业性强。本书内容的编排，基于客舱服务基本流程，结合民航企业实际工作，在每个任务的学习中设置了案例导入、知识链接、知识角、阅读与思考、任务实训、拓展练习等环节，力求使学生从理论和实操两方面掌握乘务员在客舱服务中的工作内容，内容全面，专业性强。

第二，形式创新，立体多元。在教材立体化建设方面，本书每个任务都配有精美的微课、视频、动画，学生扫描二维码可以更直观、清晰地学习理论知识和实操技能，有助于学生课前观摩、课后复习。同时，也配套开发了教师授课用的演示课件、教案，学生可扫码学习。

第三，课程思政，协同育人。遵循课程思政协同育人的理念，将专业知识与世界观、人生观、价值观教育相融合，旨在构建全课程育人格局，实现育人与育才的有机统一。

本书的编写团队由具有丰富教学经验和专业素养的空乘专业一线老师和民航企业管理者共同组成。由辽宁现代服务职业技术学院空中乘务专业副教授董倩任第一主编，辽宁现代服务职业技术学院教授吴素君任第二主编，辽宁现代服务职业技术学院空中乘务专业主任侯一鸣任第一副主编，辽宁轻工职业学院空中乘务专业教研室主任毕旭任第二副主编，江苏无国界航空发展有限公司航服学院培训主任张骏楠任第三副主编，龙江航空客运服务部安全培训分部经理刘显辉任第四副主编，抚顺职业技术学院管理系副主任李宁任第五副主编。本书中微课、动画等资源为辽宁现代服务职业技术学院精品课建设项目内容，微课录制人员包括董倩、侯一鸣、梁瑜、毛译旋、王路婷、张骏楠。

本书选用了一些书刊资料的有关内容，在此对这些书刊资料的作者表示衷心的感谢！同时，由于编者水平与能力有限，本书尚存在许多不尽如人意的地方，如有疏漏之处，恳请广大读者批评指正。

编　者

PREFACE

目 录

项目四
欢迎旅客登机

075

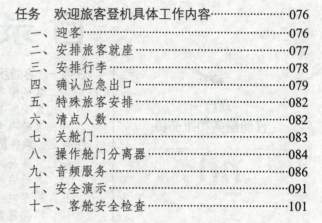

项目五
起飞后旅客服务

109

项目六
下降和欢送旅客下机

153

**项目七
特殊旅客服务**

166

项目一
客舱服务和乘务员

 　　理解客舱服务的含义；掌握服务流程；理解客舱服务的特点；了解乘务员岗位职责。

 　　能够准确叙述客舱服务流程，清楚理解客舱服务的含义和特点；知道不同乘务员的岗位职责。

 　　走入乘务员世界，明确乘务工作的特点，认可乘务员的工作，并愿意投身这份职业，传承中国空姐精神。

思维导图

任务一　客舱服务

案例导入

"服务好是海航的品牌。服务不仅要延伸，还要细致，要个性化，降本不能降服务质量，还要提升服务水平。"海南航空始终践行民航"真情服务"的理念，为旅客提供温暖、细致的真情服务，带来更加美好的飞行体验。

春运期间，当人们纷纷踏上返程的旅途，海南航空各岗位工作人员仍坚守在生产一线，多措并举确保春运航班安全、平稳、有序运行，全力守护旅客平安出行，与家人团聚。2月，海南航空客舱管理部组织开展"五星服务精进系列课程"，只为不断升级客舱服务品质，给旅客带来更加优质的客舱体验。一季度，海南航空以高品质的服务获得"SKYTRAX 五星航空公司"称号，第十二次蝉联该荣誉。

五一期间，为保障旅客顺利出行，海航提前梳理次日早出港航班，及时与机场沟通，做好机位安排，确保航班正点率；针对道路拥堵导致晚到旅客增加的情况，设立加急柜台，防止由于路况影响晚到旅客无法顺利乘机。为满足不同旅客出行需求，在值机环节，海南航空更是加强了对旅客的疏散引导，并开设特殊旅客柜台、团体旅客柜台、自助值机柜台。

海南航空坚持服务初心，把真情服务"做精、做细、做实"，让服务更加精细化、差异化、智能化、情感化，实现空地服务品质一致的目标。

（资料来源：民航资源网）

思考：什么是客舱服务？如何真情服务旅客呢？你如何理解。

知识链接

一、客舱服务的含义

视频：客舱服务

随着科学技术的发展和全球经济一体化进程的加快，民用航空业呈现蓬勃发展的势头。自 1914 年首架民用飞机投入商业运营以来，世界民航已经走过了 100 多年的历程。中国改革开放 40 多年以来，经过几代民航人的艰苦奋斗，中国民航在安全水平、行业规模、服务能力等方面取得了令世界瞩目的成就。

2018 年，中国民航局颁布《新时代民航强国建设行动纲要》（以下简称《纲要》）。《纲要》指出：从 2021 年到 2035 年，实现从单一的航空运输强国向多领域的民航强国跨越。

我国民航综合实力大幅提升，形成全球领先的航空公司、辐射力强的国际航空枢纽、一流的航空服务体系、发达的通用航空体系、现代化空中交通管理体系、完备的安全保障体系和高效的民航治理体系，有力支撑基本实现社会主义现代化。

2019 年，全行业完成运输总周转量 1 293.25 亿吨 / 千米，比 2018 年增长 7.2%；全行业完成旅客周转量 11 705.30 亿人 / 千米，比 2018 年增长 9.3%；全行业完成货邮周转量 263.20 亿吨 / 千米，比 2018 年增长 0.3%；2019 年，全行业完成旅客运输量 65 993.42 万人次，比 2018 年增长 7.9%。2019 年，全行业运输航空公司完成运输飞行小时 1 231.13 万小时，比 2018 年增长 6.7%；2019 年，全行业运输航空公司完成运输起飞架次 496.62 万架次，比 2018 年增长 5.8%；2019 年，全行业运输航空公司完成非生产飞行小时 3.21 万小时，完成非生产起飞架次 6.69 万架次。截至 2019 年年底，我国共有运输航空公司 62 家，比 2018 年年底净增 2 家。截至 2019 年年底，民航全行业运输飞机期末在册架数 3 818 架，比 2018 年年底增加 179 架。截至 2019 年年底，我国共有定期航班航线 5 521 条，国内航线 4 568 条，其中港澳台航线 111 条，国际航线 953 条。

中国民航业以新发展理念为引领，按照"一加快、两实现"的新时代民航强国建设战略进程，全面落实"一二三三四"新时期民航总体工作思路，扎实推动民航高质量发展，民航工作取得了显著成绩。

伴随民航业的飞速发展，民航业内部竞争的日益激烈，如何赢得更多消费市场的青睐成为各航空公司发展中思考的主要问题，提高客舱服务与管理水平已经成为各个航空公司之间竞争的主要手段，客舱服务代表着航空公司整体运输服务的"软实力"。民航客舱服务作为民航工作的重要组成，是旅客体验航空公司服务产品的重要环节。从狭义角度看，客舱服务是按照民航服务的基本流程、内容和规范要求，以满足旅客需求为核心，以旅客满意为重点，为航班旅客提供服务的全过程。从广义角度看，客舱服务是以飞机的客舱为服务场所，客舱乘务员以个人的影响力与展示性为特征，将有形的技术服务与无形的情感传递融为一体的综合性活动。

📖 阅读与思考 ●

首架湖南航空涂装飞机亮相长沙黄花机场"过水门"迎接

2020 年 12 月 8 日上午 9:28，一架机身喷涂为"湖南航空"的空客 A319 客机在长沙黄花国际机场稳稳落地，缓缓驶过两辆消防车搭起的高大水门，正式投入运营（图 1-1）。

寓意"接风洗尘"的"过水门"是民航业中最高级别的礼仪，这架受到礼遇的是湖南航空第一架涂装更改客机。为保持品牌一致性，湖南航空的客机涂装保持了红灰的主色调以及"鸿鹄"的 Logo 设计，机身英文名也延续了 Air Travel。

图 1-1　首架湖南航空涂装飞机

"这是湖南航空继上周完成更名后一个新的里程碑，也标志着湖南航空以崭新的面貌立足湖南、服务湖南。"湖南航空执行总裁张军锁表示，"作为湖南首家本土航空公司，湖南航空致力于将湖湘文化带上蓝天，同时，我们还将继续以互联网＋精品航空为经营模式，以自身的技术力量服务智慧民航。"

据了解，目前湖南航空机队共有 12 架 A320 系列客机，后续将陆续完成湖南航空机身喷涂改装，并投入航线运营，同时，湖南航空名称及标识也在机票销售、航班信息查询等方面逐步替换使用。未来，湖南航空以长沙为主营基地，不断加大在本地的运力投入及航线网络布局，积极融入"长沙四小时航空经济圈"。湖南作为中部重要省份，辐射范围广泛，"长沙四小时航空经济圈"覆盖了我国所有省级行政区，以及东亚、东南亚、南亚主要国家，其中涵盖了大量重要旅游目的地及当今世界经济增长速度最快、发展活力最足的地区。湖南航空作为湖南首家航空公司，不仅是当地一张靓丽的空中名片，而且在航运价格、航线订制、航空枢纽打造、旅游影响力扩展、开放型经济发展等方面，能够和区域发展战略形成紧密配合，更充分地融入当地经济格局，释放城市发展活力。

目前，湖南航空已通航长沙、昆明、南京、成都、无锡、青岛等全国 31 个城市，并在中南地区围绕长沙航点取得了重大突破。湖南航空始终以"扎根湖南、服务湖南"为目标宗旨，力图打造成为"锦绣潇湘新名片"。在航班运营上，也不断引入特色服务，通过打造"锦绣潇湘"客舱服务特色班组、"湘味"美食文化主题航班等活动，将极具特色的湖湘文化通过航班传播出去。

（资料来源：民航资源网）

思考：结合案例，谈谈近年来国内新近上市的航空公司。

二、客舱服务的流程

（1）预先准备阶段。预先准备阶段是执行空中乘务工作的起始阶段，是保证服务质量的初始环节，也是保证服务质量的重要环节。乘务员在接到航班任务后，应首先掌握航班情况，包括航线知识、航班号、机型、航班性质、航班起降时间、签到、坐车、安全规定、海关检疫规定、乘务组成员信息等内容，做好预先准备工作，按时签到，参加航前准备会，具体包括个人准备和乘务组准备。

1）个人准备。个人准备包括两项：准备个人物品，女士需要准备外衣、衬衫、马甲、裙子、长筒丝袜、丝巾、皮鞋、化妆品，男士需要准备外衣、衬衫、马甲、领带、皮鞋；个人业务准备包括教材、本、笔、广播词。

2）乘务组准备。乘务组准备包括由乘务长组织乘务组开准备会，乘务长检查组员仪表着装，并进行分工，同时准备广播词。

（2）直接准备阶段。直接准备阶段是乘务组直接开展对旅客服务准备，关系到客舱服务工作的安全性、舒适性和旅客的满意度。

在旅客登机前，乘务员需要按照分工号位的岗位职责要求对机上的所有应急设备和服务设备进行检查。厨房乘务员准备包括检查厨房设备，清点餐食、饮料、供应品，报告乘务长；客舱乘务员准备包括检查毛毯、枕头、拐杖、登机牌、眼罩、安全演示物品、报纸、杂志齐全，检查客舱卫生、洗手间卫生。

旅客开始登机，全体乘务组人员按照号位站好，乘务员迎客。乘务员引导旅客入座、协助旅客摆放行李，并进行紧急出口座位确认。旅客登机完毕，乘务员关舱门、乘务长下达操作分离器的口令，开始客舱广播，乘务组进行安全演示、安全检查；客舱乘务员进行安全检查；厨房乘务员进行安全检查；乘务员进行再次确认安全带广播；乘务员回各自座位坐好，系好安全带。

（3）空中实施阶段。空中实施阶段是乘务组为旅客提供客舱服务的最重要阶段，直接展现了航空公司的服务质量和客舱乘务员的服务能力。在该阶段，乘务员严格按照航空公司的规定，积极、主动地为旅客服务，在服务中以平等之心善待每一位旅客，尊重、关心、温暖所有旅客。航班起飞后，乘务员为旅客提供书报、杂志、娱乐服务；乘务员准备饮料车、餐车，进行餐饮服务；乘务员要注意巡视客舱，对旅客提出的合理要求要积极解决，不能做到的服务，要耐心为旅客解释。

（4）航后讲评阶段。航后讲评阶段是客舱乘务工作的收尾阶段，是乘务长对本次航班服务情况做出总结、讲评的阶段，更是乘务员总结经验、吸取教训，提高服务能力的重要阶段。航班任务结束后，由乘务长组织召开航后讲评会，认真总结本次航班的服务工作情况，乘务组员个人总结，乘务长归纳总结，进行表扬与批评，并将本航班服务中出现的问题填入乘务日志，提出改进服务工作的意见。

三、客舱服务的特点

（1）安全责任重大。安全是民航业的生命线，任何时候、任何环节都不能麻痹

大意。民航主管部门和有关地方、企业要牢固树立以人民为中心的发展思想，正确处理安全与发展、安全与效益的关系，始终把安全作为头等大事来抓。客舱乘务员作为客舱服务的实施者，不仅是客舱的服务人员，更是客舱安全的负责人，肩负着对客舱设备设施安全和旅客安全进行管理的重要职责。客舱乘务员不仅要做好客舱服务工作，为旅客提供舒适的环境、温馨的服务、可口的餐食、丰富的娱乐设施，还要担负起组织、管理、引导旅客安全的重责，做好客舱内的安全工作。客舱服务应坚持人民至上、生命至上，牢固树立安全发展理念，坚持安全第一、预防为主、综合治理的方针，严格落实安全责任，坚守民航安全底线。在飞行中，严格执行规章制度和运行标准，从根本上消除事故隐患，从根本上解决问题，切实防控风险，落实防范措施，采取有力措施加强民航安全管理。同时，加强飞行动态监控和风险管控，对飞行中发生的任何不正常情况及时报告。

客舱乘务员对客舱实施的安全管理工作具体包括以下七项。

1）乘务员应按照分工完成航班前、航班后的安保检查，如果发现问题，及时报告机长、安全员。

2）乘务员应及时查验本次航班机组成员之外的工作人员证件，包括机场地服、清洁队、航食人员、机务等，保障客舱安全。

3）乘务员应与航空安全员配合，制止未经授权的人员、物品进入驾驶舱或客舱。

4）乘务员应在飞机飞行过程中对客舱进行巡视，如果发现可疑人员或可疑物品，立即通报安全员，必要时报告机长。

5）乘务员应配合航空安全员对运输携带武器人员、押解犯人、遣返人员在飞行中的安保工作。

6）乘务员应对飞行中扰乱航空器秩序或妨碍机组成员履行工作职责的旅客，及时进行口头劝说，必要时可配合航空安全员制止其行为。

7）乘务员应对飞行中严重危害飞行安全的行为评估情况，及时报告安全员及机长，必要时配合航空安全员采取必要的措施，防止安全隐患。

素养提升

学习英雄事迹，弘扬英雄精神，将非凡英雄精神体现在平凡工作岗位上

中共中央总书记、国家主席、中央军委主席习近平专门邀请四川航空"中国民航英雄机组"全体成员参加庆祝中华人民共和国成立 69 周年招待会。

习近平表示，很高兴在国庆 69 周年之际同大家见面。2018 年 5 月 14 日，你们在执行航班任务时，在万米高空突然发生驾驶舱风挡玻璃爆裂脱落、座舱释压的紧急状况，这是一种极端而罕见的险情。生死关头，你们临危不乱、果断应对、正确处置，确保了机上 119 名旅客生命安全。危难时方显英雄本色。你们化险为夷的英雄壮举感动了无数人。得知你们的英雄事迹，我很感动，为你们感到骄傲。授予你们"英雄机组""英雄机长"的光荣称号，是当之无愧的。

习近平强调，平时多流汗，战时少流血。"5·14"事件成功处置绝非偶然。处置险情时，你们所做的每一个判断、每一个决定、每一个动作都是正确的，都是严格按照程序操作的。危急关头表现出来的沉着冷静和勇敢精神，来自你们平时养成的强烈责任意识、严谨工作作风、精湛专业技能。你们不愧为民航职工队伍的优秀代表。我们要在全社会提倡学习英雄机组的英雄事迹，更要提倡学习英雄机组忠诚担当、忠于职守的政治品格和职业操守。

习近平指出，伟大出自平凡，英雄来自人民。把每一项平凡工作做好就是不平凡。新时代中国特色社会主义伟大事业需要千千万万个英雄群体、英雄人物。学习英雄事迹，弘扬英雄精神，就是要把非凡英雄精神体现在平凡工作岗位上，体现在对人民生命安全高度负责的责任意识上。飞行工作年复一年、日复一日，看似平凡，但保障每一个航班安全就是不平凡。希望你们继续努力，一个航班一个航班地盯，一个环节一个环节地抓，为实现民航强国目标、为实现中华民族伟大复兴再立新功。

习近平强调，安全是民航业的生命线，任何时候任何环节都不能麻痹大意。民航主管部门和有关地方、企业要牢固树立以人民为中心的发展思想，正确处理安全与发展、安全与效益的关系，始终把安全作为头等大事来抓。要加大隐患排查和整治力度，完善风险防控体系，健全监管工作机制，加强队伍作风和能力建设，切实把安全责任落实到岗位、落实到人头，确保民航安全运行平稳可控。

四川航空"中国民航英雄机组"全体成员分别是飞行机组责任机长刘传健、第二机长梁鹏、副驾驶徐瑞辰，客舱乘务组成员毕楠、张秋奕、杨婷、黄婷、周彦雯，航空安全员吴诗翼。为表彰他们成功处置"5·14"事件，2018年6月8日，中国民航局和四川省政府授予川航3U8633航班机组"中国民航英雄机组"称号，授予机长刘传健"中国民航英雄机长"称号。

受到接见并聆听了总书记重要讲话，全体机组成员心情激动、倍感振奋。大家表示，要牢记总书记的殷殷嘱托，坚持安全第一、旅客至上、真情服务的原则和理念，苦练飞行本领，锤炼顽强作风，全力保障人民群众生命财产安全。请总书记放心！

（资料来源：中华人民共和国中央人民政府网站）

思考：民航人的职业操守有哪些？

（2）客舱服务内容繁杂。首先，在客舱服务中，安全性是民航业的生命线，其他服务行业不能与之相比较。其次，乘务员的工作，从接收到航空公司的航班任务开始，即开始个人准备到执行航班任务当日，进行航前准备会、旅客登机前准备、欢迎迎客服务、餐饮娱乐服务、送客服务、特殊旅客服务等，服务环节多、服务内容繁杂。再次，在飞机平飞阶段，乘务员需要为旅客提供餐食、饮料、娱乐等多项服务内容，并在这个过程中竭尽全力满足旅客提出的各种要求，对特殊旅客开展服务，时间短、服务内容丰富。最后，旅客在飞机上的突发情况，如旅客物品遗失、旅客突发疾病等，都需要乘务员予以服务解决。

（3）客舱服务环境特殊。客舱服务是在飞机客舱中进行的服务，飞机的客舱环境与日常人们生活的环境相比较，具有空间狭小、人员密集、活动空间受限、空气流通差、服务设施特殊等特点。以国内常见机型波音737-800型飞机为例，飞机全长39.5 m，客舱宽度3.54 m，客座数为158～170座，客舱的人员密度、空间布局等方面具有独特性、特殊性，客舱的服务环境明显区别于其他服务行业的服务环境。

那么，如何在这样特殊的环境中为旅客提供安全、舒适的服务，让旅客满意，这就对客舱乘务员的能力提出了更高的要求。

（4）客舱乘务员综合素质高。由于民航业对安全性的要求、复杂的飞行环境、特殊的客舱环境、服务对象的多样性、服务过程的特殊性，服务过程中可能出现复杂多变的各种情况和突发事件，这就对乘务员提出了非常高的要求。

阅读与思考 ●

2019年东方航空的新乘务员培训中，开设课程包括安全知识、急救知识、客舱服务技巧、沟通技巧、情绪管理、应急能力、管理学、危机处理、英文、礼仪、化妆等学习内容。

思考：一名合格的空中乘务员，应该具备哪些能力呢？

任务小结

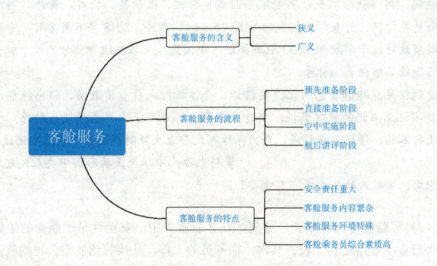

✈ 任务二　乘务员

🗐 案例导入

近期，天津航空迎来了2023年首批乘务新学员。23名"准空姐、空少"带着对未来的憧憬和对广阔蓝天的向往，在天津航空客舱乘务员培训基地开启了为期66天的军事化封闭管理的初始培训。据了解，这批乘务员是天津航空在全国各地的校园招聘中通过层层选拔脱颖而出。此外，天津航空还计划在2023年引进超过400名新乘务员。

为让新学员充分了解公司文化、提升团队协作能力、增强个人素质，真正实现从一名学员到乘务员的转变，天津航空客舱服务部进行了周密的培训策划和安排，建立班级制度并安排优秀的乘务教员担任班主任，从学习到生活对学员进行全方位保障。

在培训过程中，客舱服务部从"党建为魂"的企业文化出发，理论联系实际，深入浅出地从党建、安全、真情服务三方面进行了系统培训，在"三个敬畏之民航精神内核""安全底线思维""真情服务理念""应急医疗"等方面设置了相关学习课程。同时，班主任每周组织一次班会，向学员们进行安全知识输入及服务意识传导，通过服务案例的探讨、演练，不正常事件的分享，让大家逐渐熟悉和了解乘务员这份神秘又神圣的职业。

为期66天的军事化封闭管理的初始培训只是第一步，23名乘务新学员在此期间需要完成初始新雇员训练、地面训练、应急生存训练、服务类训练、应急医疗训练、危险品运输等培训，通过四百余课时的全面培训充分掌握服务及安全技能。在通过严格的考核后，最终才能成为正式乘务员。

（资料来源：民航资源网）

思考：你愿意成为其中一员吗？

🗐 知识链接

一、乘务长岗位职责

视频：乘务员

（1）作为乘务组的负责人，负责组织领导客舱服务工作，督促乘务员按照有关规定做好服务工作，确保优质服务及客舱安全。

（2）认真核实签收的各种文件，负责有关物品的交接，填写"客舱故障本""问题反映单"等。

（3）负责与飞行组及地面部门的协调工作。

（4）当航班中出现特殊情况时，有权更改服务计划，合理调整乘务员的工作

区域。

（5）航班出现紧急情况时，按照机长指令，指挥乘务员进行应急处置，及时疏散旅客。

（6）航班任务完成后，负责组织航后讲评会，认真填写《乘务长工作单》。

素养提升

第一代空姐忆峥嵘岁月

1955 年 7 月，中国民航购进了第一批 4 架伊尔 –14 型飞机。此时的中国民航拥有小型飞机 8 架，中型运输机 30 架。国内航线有了新的开辟，军委民航局也更名为中国民航局，直属国务院领导。这一切都表明，国家进入经济建设第一个五年计划（1953 年至1957 年）时期，民用航空的地位和作用大大加强。

对于飞机上配备女乘务员即空姐的问题，又猛然跳荡在周恩来总理的脑海里。他在给中国民航局的文件里明确指示，中国民航要重视服务，要招空中乘务员，由年轻姑娘担任，可从北京的中学生中挑选。

第一批空姐的招收，充满神秘色彩。中华人民共和国第一批空乘的招收，条件与今天相比有天壤之别。当时是将政治条件放在第一位的，家庭出身、社会关系必须合格；其次就是个人表现，是否品学兼优，能否吃苦耐劳，这一条非常重要。至于外表、长相、高矮、胖瘦，就是第三位的了。北京几百名被各个学校推荐出来的中学生，经过严格的面试、体检、政审，最后录取了 16 名女中学生。另外还有两名是来自民航局的工作人员，一位叫张素梅，另一位叫寇秀荣，也被选为乘务员。这样，"十八姐妹花"即中国第一代空姐正式成型（图 1–2）。

图 1–2　第一代空姐

（资料来源：千龙网）

思考：乘务员选拔的重要标准有哪些？

二、客舱乘务员岗位职责

（1）负责实施本区域的客舱服务工作和安全工作。

（2）负责实施客舱服务四个阶段的工作。

（3）负责向乘务长反映各种信息，并提出合理化建议。

（4）负责实施本区域各类应急处置措施。

（5）负责完成乘务长交办的其他工作。

三、厨房乘务员岗位职责

（1）负责管理厨房内食品、供应品的检查，确保餐食及其他食品的质量。

（2）熟练掌握厨房设备的使用方法、负责厨房区域内安全设备的检查。

（3）起飞、落地时按规定关闭厨房电源，放置好厨房用品。

（4）做好餐饮服务的各项准备工作，按规定烘烤餐食，准备冷热饮。

（5）确保厨房整洁，餐具干净无污物，各种物品摆放整齐、美观。

（6）与客舱乘务员配合做好客舱服务工作。

（7）做好中途站交接工作，认真做好回收、整理、清点、铅封工作。

（8）检查水箱的水是否加满及马桶的废水储存情况。

（9）负责完成乘务长交办的其他工作。

四、广播员岗位职责

（1）飞行前要认真熟悉和复诵广播词。

（2）除完成本服务区域的服务工作外，同时担任客舱内广播，按公司规定适时向旅客进行中、外文广播。

（3）正确使用广播设备，广播时发音要准确清晰，语调柔和亲切、热情，广播速度、音量适中。

（4）负责完成乘务长交办的其他工作。

任务小结

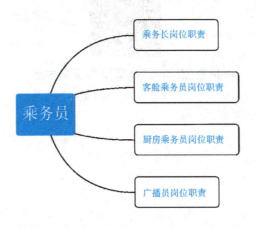

项目总结

　　本项目共两个任务：客舱服务，主要包括客舱服务的含义、客舱服务的流程、客舱服务的特点；乘务员，主要包括乘务长岗位职责、客舱乘务员岗位职责、厨房乘务员岗位职责、广播员岗位职责。通过学习要求每个乘务员能准确叙述客舱服务流程，清楚理解客舱服务的含义和特点，知道不同乘务员的岗位职责，逐步走入乘务员世界，认同乘务工作，传承中国空姐精神。

项目实训

　　实训任务：组建乘务组。

　　实训目标：

　　1. 知识目标：理解客舱服务的含义、服务流程，掌握客舱服务的特点，掌握乘务员岗位职责。

　　2. 技能目标：准确叙述客舱服务流程，知道不同乘务员的岗位职责。

　　3. 情感目标：走入乘务员世界，明确乘务工作的特点，认可乘务员的工作，并愿意投身这份职业，传承中国空姐精神。

　　实训要求：全体同学，每 5～6 人组成一个乘务组。其中 1 人为乘务长，其余为各号位乘务员，做好分组工作，做民航职业人。

　　实训形式：全体学员和教员共同进行。

　　实训步骤：

　　1. 结合学习成绩情况，每 5～6 人组成一个乘务组。

　　2. 乘务组内部确定乘务长和乘务员人选，其中 1 人为乘务长，其余为各号位乘务员。

　　3. 做好着装、妆容准备工作。

　　实训总结：乘务组自行分析和乘务组间互相分析，乘务教员总结。

拓展阅读：谈高职空中乘务学生
专业认同与对策

拓展练习

一、选择题

1.下列项中，不属于客舱服务的特点的是（   ）。

　　A.安全责任重大

　　B.服务环境特殊

　　C.服务内容简单

　　D.对乘务员的素质要求高

2.（   ）是指乘务员登机后到旅客登机前的阶段，直接关系到空中乘务工作的有效实施和服务质量。

　　A.预先准备阶段　　　　　　　　B.直接准备阶段

　　C.空中实施阶段　　　　　　　　D.航后讲评阶段

3.（   ）是乘务组的负责人，负责组织领导客舱服务工作。

　　A.乘务长　　　　B.机长　　　　C.广播员　　　　D.乘务员

4.下列不属于乘务长岗位职责的是（   ）。

　　A.作为乘务组的负责人，负责组织领导客舱服务工作

　　B.核实签收的各种文件，负责有关物品的交接

　　C.负责实施本区域的客舱服务工作和安全工作

　　D.负责与飞行组及地面部门的协调工作

5.下列不属于客舱乘务员岗位职责的是（   ）。

　　A.负责实施客舱服务四个阶段的工作

　　B.当航班中出现特殊情况时，有权更改服务计划，合理调整乘务员的工作区域

　　C.向乘务长反映各种信息，并提出合理化建议

　　D.负责实施本区域各类应急处置措施

6.下列不属于厨房乘务员岗位职责的是（   ）。

　　A.管理厨房内食品、供应品的检查，确保餐食及其他食品的质量

　　B.核实签收的各种文件，负责有关物品的交接

　　C.熟练掌握厨房设备的使用方法，负责厨房区域内安全设备的检查

　　D.保证厨房整洁，餐具干净无污物，各种物品摆放整齐美观

7.（   ）是民航工作永恒的主题。

　　A.安全　　　　B.环保　　　　C.尊重旅客　　　　D.礼貌

二、简答题

1.简述客舱服务的特点。

2.简述客舱服务的基本流程。

三、论述题

1.如何理解客舱服务安全责任重大。

2.作为客舱乘务员，应具备哪些素质。

习题答案

项目二

飞行前准备工作

掌握飞行前个人准备工作内容；掌握飞行前集体准备航前准备会的流程与内容。

能做好飞行前的个人准备，包括个人物品、个人资料、个人证件准备；会开航前准备会，会签到、会检查仪容仪表、会任务分工等。

走入乘务员角色，做好自我管理，培养最基本的组织管理能力，具备团队合作能力。

思维导图

任务一　飞行前个人准备工作

案例导入

　　LF 航空公司乘务员张晓通过手机查询本周飞行任务，信息显示本周三即 2023 年 12 月 9 日 LF1234 航空自北京首都－上海虹桥 8:30—10:40，飞行任务 BY737-800 乘务长。乘务员王晨、李暮、赵楠、孙雨也分别接到短信提醒本周三 LF1234 航空自北京首都—上海虹桥 8:30—10:40，飞行任务 BY737-800 乘务员。现在是 12 月 8 日晚上 20:00，为了保证明天的飞行任务，5 名乘务员整理行装静待启航。

　　思考：作为乘务员，航前应做好哪些准备工作呢？

知识链接

视频：飞行前
个人准备工作

1. 了解航班信息

　　了解航班信息，明确任务性质，清楚地知道直接准备时间、起飞时间、飞行时间、飞行距离、飞行高度等。

2. 了解机场

　　了解机场、方位、距离、沿途地标、名胜古迹。

3. 了解配餐标准

　　了解航班的配餐标准，了解配餐情况。

4. 了解飞机信息

　　了解飞机信息，包括机型、机号、服务及紧急设备信息、故障保留信息等。

5. 熟悉旅客信息

　　熟悉旅客信息，主要了解重要旅客、特殊旅客的服务内容。

6. 熟悉岗位职责

　　熟悉各号岗位职责和区域职责，上网参考当日考核，并通过考试。

7. 着装仪容准备

　　对男、女乘务员着装仪容要求各不相同，具体如下。

　　（1）女乘务员专业化形象。

　　1）头发。女乘务的头发应保持干净、有光泽；头发无论长短都应梳洗规整，使用摩丝定型，展示职业化形象（图 2-1）。

　　当女乘务员必须在机上整理头发时，应使用啫喱状摩丝，不得使用喷雾状摩丝。

　　①发型。女乘务员的发型基本可以分为长发和短发两种发型。

a. 长发：女乘务员留长发时，必须盘起。可将长发扎成马尾，使用隐形发网将长发盘起，发髻不得低于双耳，不可过高或者过低。前额可根据个人发量和发际线位置选择侧发式或后背式。侧发式需固定，服务时不可掉下遮住眉毛和眼睛。后背式不可留刘海，头发整体后梳，头顶头发要有蓬松感，蓬起高度在 3～5 cm。

b. 短发：女乘务员留短发时可选择直发或者烫发。短发的长度不得短于两寸，背面长度不可超过衣领上缘，刘海需固定，服务时不可掉下遮住脸颊。短发可以烫发打造整体造型，但禁止爆炸式、板寸式、翻翘式短发，整体造型应美观、大方。

图 2-1　女乘务员头发

②发色。头发颜色应保持自然黑色或棕色，如因有白发等需染发，头发必须染成自然色系，如栗黑色等。

③发饰。女乘务员可使用无装饰物的黑色一字隐形发夹固定头发，数量一般不超过 3 个，发夹可佩戴在发髻左侧、右侧及发髻下面，不可佩戴在头顶。

女乘务员在使用发网时，应使用轻薄的黑色高弹性发网，发网不可选择彩色、花边款式。

2）妆容。女乘务员着制服时必须化妆，妆容应与制服协调统一，妆容自然大方（图 2-2），过于浓重或清淡均视为不当。工作期间应该随时注意补妆，但不可在公共场合补妆。

①粉底。粉底应按照肤色进行选择，选择与肤色最为贴近的粉底颜色。

②眉毛。使用眉笔或眉粉，画出适合的长度和眉形。

③眼影。一般采用暖调色的眼影。

④腮红。偏黄、偏黑的肤色可选择橙红色系的腮红，提亮肤色；偏白或偏粉的肤色可选择粉色系腮红，达到白里透红的效果。

⑤睫毛。女乘务员要使用黑色眼线笔或眼线液把睫毛根部的空隙填满，涂刷黑色或深棕色的睫毛膏来强调眼部轮廓，但不能使用夸张造型的假睫毛作为装饰。

⑥口红。口红一般选择豆沙色系。

⑦指甲。指甲可选择裸色、裸粉色等。

3）配饰。乘务员禁止佩戴手镯、手链、脚链、鼻环、红绳、佛珠等配饰，可佩戴一枚戒指、一对耳环，要求样式简洁大方。女乘务员可佩戴手表。

（2）男乘务员专业化形象。

1）头发。男乘务员的头发必须保持干净、清爽、有层次感，清洁后需使用摩丝定型，避免毛躁。

①发型。男乘务员的发型，要求轮廓分明、简洁大方。从正面看，头发长度必须在眉毛上方；从侧面看，鬓角不得长于耳廓中部；从后面看，发尾不得超过衣领上限；从上部看，头顶须高于其他地方（图2-3）。

图2-2 女乘务员妆容   图2-3 男乘务员头发

②发色。发色呈现自然的黑色，不允许染成其他颜色。

2）面部。男乘务员面部要保持清洁、滋润，胡须应清理干净，耳毛、鼻毛不得外露，涂抹护唇膏防止嘴唇干裂。

3）配饰。男乘务员佩戴皮带，需使用航空公司配发款式，保持统一，皮带余留不可超过侧腰。男乘务员可佩戴手表。

8.证件准备

准备好证件，包括乘务员训练合格证（图2-4）、民用航空人员体检合格证（图2-5）、乘务员登机证（图2-6）、护照（国际航线）、港澳通行证（地区航班）。

图2-4 乘务员训练合格证   图2-5 民用航空人员体检合格证

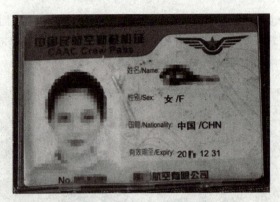

图 2-6　乘务员登机证

9. 资料准备

准备好资料，包括乘务员手册、广播词、应急安全操作手册、航线资料等。

10. 个人物品准备

乘务员应检查制服，围裙是否干净、整齐，皮鞋是否擦亮；化妆包内的化妆品是否齐全；应携带手表、便签、笔、针线包等；健康证上要求佩戴隐形眼镜的乘务员应准备备用眼镜；女乘务员还应准备少许备用丝袜。

📖 阅读与思考 ●

乘务员李菲菲执行完航班任务后，被朋友邀请一起去逛街、唱歌、吃火锅，回到家后她疲惫不堪、倒头就睡。第二天清晨，慌乱的小李拿起昨天的登机箱就往机场赶，在出租车上一边整理个人仪容一边查看个人证件，结果发现登机证没有带，又遇到了堵车，回家取已然来不及。待她赶到客舱部准备室时，早已迟到，她被取消了当日航班，还在航空公司绩效考评中被扣了分。

思考：作为民航乘务员，工作中出现这样的问题原因何在？

📑 任务实训 ┄

实训任务：航前个人准备。

实训目标：

1. 知识目标：掌握飞行前个人准备工作内容。

2. 技能目标：能做好飞行前的个人准备，包括个人物品、个人资料、个人证件准备等。

3. 情感目标：走入乘务员角色，做好自我管理。

实训要求：每 5 ～ 6 人为一个乘务组，1 人为乘务长，其余为各号位乘务员，乘务组负责制。请做好个人准备，带齐个人资料。航班为 LF5101，北京首都—上海虹桥，

12 月 9 日 8:30—10:45，BY737—800。

实训形式：乘务组形式，乘务长负责制。

实训步骤：

1. 了解航班信息。

2. 了解机场。

3. 了解配餐标准。

4. 了解飞机信息。

5. 熟悉旅客信息。

6. 熟悉岗位职责。

7. 做好着装仪容准备。

8. 证件准备。

9. 准备好资料。

10. 准备好个人物品。

11. 乘务员出行。

实训总结：乘务组自行分析和乘务组间互相分析，乘务教员总结。

任务小结

任务二　航前集体准备

案例导入

为生命接力——深圳航空为人体器官运输搭建"绿色通道"

2022 年 2 月 10 日，深圳航空 ZH9166 泉州飞往北京的航班上收到重点航班保障通知——人体器官运输，一名旅客将携带人体器官登机，为远在北京等待器官移植的患者带来生的希望。

接到重点航班保障信息后，深航泉州基地各保障单位快速响应，立即启动人体器官运输保障程序，第一时间报当日值班经理，并联合基地机场地面代理及各相关部门为此次航班开通"绿色通道"。

地面保障方面：运行保障部首先获取人体器官获取组织运输的基本信息、航班号、工作人员联系方式等。场办吴晓娜提前准备好各项材料，前往候机大厅等待旅客到达。

空中保障方面：16:40 航前准备会阶段，当班乘务长武玲带领乘务组复习关于人体器官捐献客舱运行保障的内容，通报本次航班携带人体器官的相关信息，并与飞行机组协同相关保障事宜，协同具体保障方案，提前做好应急预案。

（资料来源：民航资源网）

思考： 结合案例，谈谈航前准备会阶段应做好哪些工作。

知识链接

动画：航前
签到

一、航前签到

乘务组人员应在规定的时间到客舱部签到（图 2-7），国内窄体机航班签到时间一般在离港前 90 min，签到时应携带必备的证件、资料、个人物品，着装、仪容仪表应符合公司要求；签到后要进行酒精测试（图 2-8），然后参加航前准备会。目前，也有很多航空公司采用网上签到的方式，采用钉钉等软件打卡签到，而后乘务员接受手持式酒精测试器（图 2-9）的测试。

图 2-7　航前签到　　　　图 2-8　空勤酒测签到一体机

图 2-9　手持式酒精测试器

视频：航前准
备会

二、航前准备会

　　开航前准备会是整个航班任务的第一个环节，也是非常重要的环节，一个全面到位的准备会是完成整个航班任务的前提条件。国内航前准备会时间一般为 15 min，国际及地区航前准备会一般为 20 min，各类资料的领取及填写不占用准备会时间。

📖 **素养提升** ●

万米高空传承红色基因　东航安徽分公司特色航班探寻"小岗精神"

　　为庆祝中国共产党成立 100 周年，全面扎实推进党史学习教育，切实做到"学史明理，学史增信，学史崇德，学史力行"，2021 年 6 月 21 日上午，东航安徽分公司在 MU5489 航前准备会中重温"小岗精神"。

　　航前准备会阶段，由本次航班的机长何志刚为组员带来一堂精彩的主题党课，他带领大家重温小岗村实行"大包干"的生动历史，讲述了 18 位农民在 1978 年以"托孤"的方式、冒着极大的风险，立下生死状，在土地承包责任书上按下红手印，创造了"敢于创造、敢于担当、敢于奋斗"的"小岗精神"，闯出一条中国农业发展新路，拉开了中国改革开放的序幕。

　　中国改革从农村开始，农村改革从安徽发端，发源于小岗村的"大包干"成为中国

农村改革的代名词。"我们要不断结合新的实际，把'小岗精神'传承好、弘扬好，走好自己的长征路。"何志刚坦言。全体组员在学习后每人为旅客书写了一张心意卡："感谢您搭乘东方航空红色之旅，希望能为您留下难忘的记忆。"

（资料来源：民航资源网）

思考： 作为民航人，你如何理解"敢于创造、敢于担当、敢于奋斗"的"小岗精神"？

知识角

飞行任务书和乘务长包

飞行任务书是民航运输飞行任务的凭证。飞行任务书是根据航班计划和班机情况作出的飞行安排，上面记载机号、航线、航班名称、空勤人员姓名等信息，经逐级审批后交空勤组执行。

乘务长包中主要有数客器、遗失物品交接单、特殊旅客交接单、大指甲刀、创可贴、碘伏、烫伤药膏和一些处方药等。

（1）乘务长领取《飞行任务书》和乘务长包，准备召开航前准备会。

（2）乘务组互相认识。

（3）检查证件和仪容仪表。

（4）乘务长介绍航班信息，包括起降机场、旅客人数、飞行时间、飞行动态、机组成员，并提出安全要求，包括设备检查、行李摆放、应急出口评估、颠簸处置、起火冒烟处置等。

（5）岗位分工。

（6）提问紧急处置等相关问题。乘务长可采用提问、补充讲解的方式，确保全体乘务成员熟练掌握应急撤离相关内容。乘务长可采用个人讲解、交流分享的方式，学习安全类、服务类、自我管理类内容，结合航班信息，制订安全和服务预案，规避及管控客舱中的潜在安全和服务风险。

（7）乘务组出行。航前准备会结束后，乘务组需到规定地点与飞行机组汇合，乘车前往候机楼，应在计划起飞前1小时到达并登机，为下一阶段的工作做好准备。

知识角

机组

机组泛指飞行期间在航空器上执行任务的航空人员，包括飞行机组和乘务组。

飞行机组指在驾驶舱工作，主要负责控制飞机运行的机组人员。早期包括四个角色，即机长、副驾驶、领航员、随机机械师，后来领航员和随机机械师都被取消。一般，机长一人，副驾驶至少一人，可能有一名或多名低级别飞行员随机见习。

乘务组指在客舱工作，主要负责为旅客提供服务的机组成员。乘务组主要包括乘务长和乘务员。其中乘务长一人，乘务员数量结合机型、航班类型。

我国规定每个载客航班必须配置至少一名安全员，安全员可以是专职，也有部分航空公司由男性乘务员兼任。

实训：航前准备会

任务实训

实训内容：航前准备会。

实训目标：

1. 知识目标：掌握航前准备会的流程与内容。

2. 技能目标：能做好飞行前的个人准备，会签到、会检查仪容仪表、会任务分工等，能开好航前准备会。

3. 情感目标：走入乘务员角色，做好自我管理，培养最基本的组织管理能力，具备团队合作能力。

实训要求：每 5～6 人为一个乘务组，1 人为乘务长，其余为各号位乘务员，乘务组负责制。请做好个人准备，带齐个人资料。航班为 LF5101，北京首都—上海虹桥，12 月 9 日 8:30—10:45，7:00 准时召开航前准备会。

实训形式：乘务组形式，乘务长负责制。

实训步骤：

1. 全体乘务员签到。

2. 乘务长领取《飞行任务书》和乘务长包，准备召开航前准备会。

3. 乘务长自我介绍和互相认识。

4. 乘务长介绍航班信息，提出要求。

5. 乘务长检查证件和仪容仪表。

6. 乘务长进行岗位分工。

7. 乘务长提问紧急处置等相关问题。

8. 乘务组出行。

实训总结：乘务组自行分析和乘务组间互相分析，乘务教员总结。

任务小结

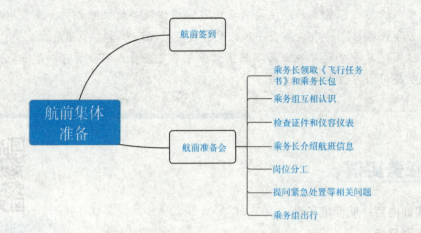

项目总结

　　本项目共两部分内容：航前个人准备工作的基本内容包括了解航班信息、了解机场、了解配餐标准、了解飞机信息、熟悉旅客信息、熟悉岗位职责、着装仪容准备、准备证件、资料准备、个人物品准备，共十个方面；航前集体准备工作的基本内容包括航前签到和航前准备会。通过学习每名乘务员做好自我管理，做好飞行前的个人准备；具备基本的组织管理能力和团队合作能力，会签到、会检查仪容仪表、会任务分工，能开好航前准备会。

**拓展阅读：课程思政视阈下的
"客舱服务与管理"课程建设研究**

拓展练习

一、选择题

1.在每一次飞行前，（　　）必须组织乘务员准备会并将有关信息传达给所有的乘务员。

　　A. 带班乘务长　　　　　　　　　B. 乘务值班经理

　　C. 机长　　　　　　　　　　　　D. 乘务检查员

2.下列物品中，不属于乘务员执行航班任务应携带证件的有（　　　）。

    A.登机证   B.乘务员手册

    C.训练合格证   D.体检合格证

3.下列选项中，不属于航前准备会内容的是（　　　）。

    A.乘务长向乘务组成员介绍航班信息，提出执行航班任务要求

    B.乘务长检查乘务员的仪容仪表，指出其不足之处

    C.乘务长对乘务组成员进行岗位分工

    D.乘务长准备行李物品、执照、资料

4.了解飞机信息，不包括（　　　）。

    A.机型、机号   B.服务及紧急设备信息

    C.故障保留信息   D.任务性质

5.下列选项中，对乘务员个人仪容准备描述错误的是（　　　）。

    A.女乘务员的头发应保持干净、有光泽，头发无论长短都应梳洗规整，使用摩丝定型

    B.女乘务员留长发时，可将长发扎成马尾

    C.头发颜色应保持自然黑色或棕色

    D.女乘务员可使用无装饰物的黑色一字隐形发夹固定头发，数量一般不超过3个

6.国内窄体机航班签到时间一般在离港前（　　　）min。

    A.90   B.60   C.120   D.30

7.国内航前准备会时间一般为（　　　）min。

    A.10   B.20～30

    C.20   D.15

二、判断题

1.需佩戴眼镜的乘务员在进行航前个人准备时，应准备好备用眼镜。　　　（　　　）

2.航前准备会通常由带班乘务长主持召开，国际航线时间为30 min。　　　（　　　）

三、简答题

1.航前准备会的流程。

2.飞行前准备工作的内容。

习题答案

项目三
旅客登机前准备

掌握乘务员进场的时间、秩序基本要求，掌握乘务员上机个人准备的基本内容；掌握卫生间、厨房、旅客服务组件的操作与检查；掌握餐食、机供品、灭火设备、供氧系统、紧急撤离设备、应急设备的检查；掌握乘务员控制面板、客舱通信系统的操作与检查。

能严格按照进场的时间要求进场，乘务长进场秩序井然，乘务员上机后能安排好个人物品；能在旅客登机前完成卫生间、厨房、旅客服务组件、餐食、灭火设备、供氧系统、紧急撤离设备、应急设备、乘务员控制面板的检查工作。

具备团队统一、团队合作精神，具备基本的自我管理能力；具备高度的岗位责任心；具备严谨、认真的工作态度；具备勤勤恳恳的工作作风；树立民航安全意识；遵守旅客生命至上原则。

思维导图

✈ 任务一 乘务员进场和登机

📖 案例导入

LF航空公司乘务长张晓，乘务员王晨、李暮、赵楠、孙雨一行5人拉着自己的登机箱款款而行，开始了旅客登机前准备。乘务长张晓在前舱面对各位乘务员站好，乘务员依次排开，张晓宣布："各号位乘务员，现在开始旅客登机前准备"；而后乘务员开始有条不紊地准备工作，20 min后，乘务员再次站好向乘务长汇报："报告乘务长，2号位准备完毕……"

思考：旅客登机前，乘务员应做好哪些准备工作呢？

📖 知识链接

视频：乘务员
进场和登机

一、进场时间的规定

乘务组和机组应该严格按规定时间进场，并在进场时间上应保持一致。一般来说，国内航线，始发航班进场时间不得晚于航班起飞前60 min；国际航线，中窄体机进场时间不得晚于起飞前60 min，宽体机进场时间不得晚于航班起飞前70 min；过站接机的航班，乘务组应在飞机抵达时，到达停机位等候。

二、进场秩序的安排

（1）乘务长是乘务组进场时的负责人，对乘务组在进场时的秩序和职业化形象进行监管。

动画：进场秩序的安排

（2）乘务组在进场时，应着统一的制服，穿着规范。如因航班临时调整，造成乘务组着装不统一，乘务员也必须做到着装得体，保持精神面貌良好，并在航班起飞前向督导备案。在这一过程中，如有旅客质疑，乘务员应做好解释工作。

（3）乘务长应带领乘务员排队上机，队形整齐、规范。一般来说，窄体机应以单列行进（图3-1），宽体机应以双列行进（图3-2），行进中前后两名乘务员之间应有一臂的距离，男乘务员和安全员排在队伍的最后。在乘务组行进中，应体现空乘人员职业化形象，严禁左顾右盼、随意闲聊。

图 3-1　单队列

图 3-2　双列行

（4）乘务员统一用右手拉飞行箱，左肩挎飞行挎包，如果携带过夜包，可以采用将过夜袋放在飞行箱上面或者用左手提拿过夜包的方式，整个乘务组应保持一致。

（5）乘务组在等待摆渡车时，要在指定区域等候摆渡车，同时应始终保持职业化形象，如需在机场候机大厅等待飞机，不得占用旅客候机座位。

（6）乘务组应保持良好的精神面貌，保持微笑，体现职业性，在上机后应主动与机上航班保障人员问候，包括安检人员、值机地勤、航食配餐人员、保洁人员等。

📖 阅读与思考 ●

空姐快闪迎接春运第一天 候机大厅空姐也疯狂

春运启动了，空姐们也没有闲着。16 日是春运第一天，在多个机场纷纷出现空姐快闪，身着制服手牵拉杆箱的空姐在机场大厅忽然停下脚步，随着音乐翩翩起舞（图 3-3），给现场的候机旅客带来一场视觉盛宴，大家等候回家的心情也随着音乐舞蹈变好了。

空姐现场模仿起了 Lady gaga，空少模仿起了杰克逊，喜羊羊与小朋友共舞……这不是一场舞台剧，而是上午 10 点整，东航空乘人员在候机大厅为旅客带来的"快闪"表演。

16 日是春运第一天，北京南苑机场、南京禄口机场、昆明长水机场纷纷出现空姐快闪，身着制服手牵拉杆箱的空姐在机场大厅忽然停下脚步，随着音乐跳起了舞……只希望给旅客们带来不一样的机场春运体验。春节，要把快乐带回家哟！

图 3-3　空姐快闪

春运首日，南京禄口机场二楼出发厅内旅客攒动。来自东航江苏公司客舱服务部的 51 名空乘人员来到了候机厅安检口，为了突出快闪的特点，演员们分散在候机厅的不同位置准备着。此时，身着财神爷和喜羊羊人偶服装的工作人员穿梭在旅客群中拱手送祝福，旅客们争相与他们合影拍照，春运的候机楼内四处洋溢着节前喜庆的氛围。

10点整，伴随着杰克逊 *dangerous* 舞曲的响起，三位年轻帅气的小伙子为旅客带来一段极具视觉冲击力的舞蹈，旅客们瞬间围成一圈，被"突如其来"的舞蹈震撼。此刻，一名身着连衣裙制服的乘务员以婀娜的身姿飞舞到场地中央，随后14名乘务也快速到位，为大家带来了 *wear my kiss*、*poker face* 等动感的舞蹈表演，引来现场阵阵掌声。

本次"快闪"舞的51名舞者全部来自东航江苏公司客舱服务部全国文明号先进集体"凌燕乘务示范组"。据介绍，为了给旅客们奉献这场精彩的表演，"凌燕"组员利用飞行间隙组织了六次高密度和高强度的排演，用短短6分45秒的演绎拉开了春运的序幕。

除此之外，2014年1月16日下午，北京南苑机场一层候机楼大厅内，40余名中联航的员工身着各色制服舞蹈快闪迎接2014年春运的到来。同日，湖南长沙黄花机场，工作人员用一段"快闪"热舞为春运启幕。

（资料来源：21CN）

思考： 各家航空公司别出心裁的服务带给旅客很多欢乐，你还知道哪些特别的故事，一起来分享。

三、乘务员机上个人准备

乘务员登机后，应抓紧时间安排个人物品，妥善保管，包括个人手提行李、工作包等。

首先，乘务员的手提行李、工作包等应妥善放置在可封闭的储藏区域内，必须注意乘务员个人物品的安全，将行李箱锁好，保证安全。

其次，乘务员的手提行李可放在专用储物柜中，也可放置在空餐车、衣帽间、行李架等可固定的位置。

最后，乘务员的手提行李不得存放在有紧急设备的行李架内，不可影响紧急设备的取用。

任务实训

实训任务： 进场和登机。

实训目标：

1. 知识目标：掌握进场的时间和秩序安排。

2. 技能目标：能按规定时间、整齐有序进场。

3. 情感目标：展现空乘仪态仪表，良好的精神面貌。

实训要求： 每5～6人为一个乘务组，1人为乘务长，其余为各号位乘务员，执飞LF航空公司2020年12月9日LF5101航班，自北京首都－上海虹桥8:30—10:45，旅客10人。

实训形式： 乘务组形式，乘务长负责制。

实训步骤：

1.乘务组结合任务，研讨进场时间和秩序。

2.乘务组练习进场。

3.乘务组展示进场。

实训总结：乘务组自行分析和乘务组间互相分析，乘务教员总结。

任务小结

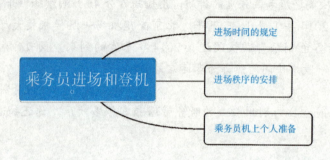

任务二　客舱基本服务设备

案例导入

　　客舱设施的维护水平对旅客出行时的舒适度起着重要作用。近日，厦门航空机务部顺利完成B-2998客舱内饰深度翻新工作，全面实施客舱维修质量提升项目，不断提升客舱维修水平，为旅客出行营造整洁、舒适的客舱环境，持续保持机队客舱设施整洁、美观。

　　根据机务部提高客舱维护质量专题会议上的要求，相关责任单位前期充分调研，针对目前机队客舱厨房设备、卫生间设备、娱乐系统、应急系统，以及座椅、行李架等项目开展了专项大检查，对前期维修质量检查中发现问题进行分析汇总，运用系统的方法对缺陷进行归类、区分重要程度和性质、对照现有维修标准制定提升目标，调整部分工作项目的维修间隔，同时制定检修标准，完善和修订对应工作单卡。基地清洁队制定了严格的清洁规范，确保C检针对日常运行中不易接近的部位展开深度清洁。

　　在B-2998飞机C8检期间完成深度翻新工作，维修技师更换了机门、过道入口天花板、头等舱区域的墙纸，前后卫生间地毯、厨房地毯、部分行李架门墙纸也在深度翻新中更换，重新喷涂了驾驶员座椅、乘务员座椅、旅客座椅金属件、烤箱门等，经整新后客舱设施焕然一新，环境整洁舒适。

　　按照项目开展计划，本年度内还将陆续完成3架客舱全面翻新和6架客舱深度翻新工作。

（资料来源：民航资源网）

　　思考：结合案例谈谈客舱基本的服务设备有哪些。

知识链接

一、乘务组登机检查工作

（一）乘务员登机检查

乘务员登机后，应开展登机检查工作，具体包括以下内容。

（1）乘务员应按照规定完成客舱设备检查，包括检查设备的有效性、可操作性及是否方便取用；经过检查，如发现设备有问题，应及时通报乘务长。

（2）乘务员应按照规定检查安全须知卡（图3-4），包括检查与机型是否匹配、卡上字迹图片是否清晰；经过检查，如发现安全须知卡有问题，应及时通报乘务长，并及时进行更换。

图 3-4 乘务员检查安全须知卡

（3）乘务员应按照规定检查厨房用具、机供品，要求所有餐车、用具箱等均能够固定，厨房中无不明物品。

（4）乘务员应按照规定对机供品、餐单进行清点，检查餐食数目、质量，并报告乘务长；同时，需在飞行全程做好餐食储藏工作，保证餐食品质。

（5）乘务员应按照规定检查客舱、卫生间，保证整齐、洁净，卫生间中无不明物品。

（6）乘务员应参加机组协同准备会，向飞行机组介绍自己，并了解相关航程信息。

（二）乘务长登机检查

乘务长登机后，应协助乘务员完成旅客登机前检查工作，具体包括以下内容。

（1）乘务长应确保乘务员客舱设备检查的有效性。

（2）乘务长应检查客舱记录本的内容，如有问题及时和地面机务或机组进行沟通，报告异常情况。

（3）乘务长应完成广播器、撤离等系统测试工作。

（4）乘务长应确认厨房设备完好，食品、机供品等检查工作已完成。

（5）乘务长应组织乘务组员参加机组协同准备会，机长根据获得的最具时效性的天气预报情况，向客舱机组告知飞行中可能出现颠簸的时间段及强度，并根据此预报确定或调整乘务组服务工作程序和注意事项，向乘务组传达有关信息及飞行机组对乘务组的要求。

（6）乘务长应将可能延误起飞的突发事件，及时通报机长和地面服务人员。

（7）乘务长应与食品公司、地面服务部门、现场调度、地面机务、乘务组、飞行机组协调准备工作，确保准时起飞。

（8）乘务长应确认文件齐全。

知识角

客舱记录本（CLB）

航空公司每架飞机均配有客舱记录本，客舱记录本是乘务员和维修人员记录飞机客舱内故障问题的记录本，能够帮助乘务员及时掌握客舱状况的相关信息。任何机组人员发现飞机客舱存在故障或缺陷，包括内话系统、广播系统、音像设备、应急设备、灯光照明及各种座椅、舱门／滑梯等，应如实告乘务长，乘务长应将故障或缺陷填写在客舱记录本上，以便维修人员及时维修。

每次起飞前，乘务长应查看《客舱记录本》，了解故障或过往的记录及所采取的维修措施；如果乘务长认为该故障或缺陷可能会影响到本次飞行安全，还应通知机长。

填写客舱记录本时，应按北京时间填写，要求字迹工整、清晰，签名时应使用全名，并前后一致，不能代签，原则上不可涂改信息，如确实写错需修改记录，应用单横线将其划掉，并填写签名和日期。在记录客舱故障或缺陷时，每一故障信息栏只记录一条故障或缺陷，一个航段记录一页，每页可记三条故障；在描述故障或缺陷时，使用说明性语言，一定要表述清晰、明确。

二、卫生间

（一）基本介绍

国内最常见的机型波音 737 飞机和空客 A320 飞机，设有 3 个卫生间。其中 1 个位于客舱前部，即前登机门左手边，也就是驾驶舱的门口，供头等舱旅客和机组人员使用；另外 2 个位于客舱后部，即后登机门旁边，也就是客舱最后一排座位的后面，供经济舱旅客使用。国内常见的大型双通道飞机一般在机身的中部还设有两个卫生间。

卫生间主要由卫生间门、抽水马桶、洗漱池、镜子、客舱扬声器、灯光、乘务员呼叫按钮、氧气面罩、水箱、水加热器、烟雾探测器、自动灭火装置、垃圾箱等组成。

（1）卫生间门（图 3-5）。当有人占用卫生间并把门闩锁上时，卫生间门上的显示牌显示"OCCUPIED"（有人）；卫生间空闲时，卫生间门上的显示牌显示"VACANT"（无

视频：卫生间

图 3-5　卫生间门

人）。同时，观察卫生间门顶上的灯色，若呈现红色，则有人，呈现绿色则无人。

特殊情况下，乘务员可以从卫生间门外部打开或锁上卫生间的门，方法是：打开卫生间门口显示牌上方的盖板，向左侧或右侧拨动盖板下的门闩即可。

（2）烟雾探测器。烟雾探测器（图3-6）在卫生间内部。飞机的货舱、电子设备舱、卫生间等都装有烟雾探测系统。目前，常见的烟雾探测器包括一氧化碳探测器、光电式烟雾探测器、离子型烟雾探测器和目测烟雾探测器。

图3-6　烟雾探测器

每架飞机卫生间的顶部均安有烟雾探测器，飞机上的烟雾探测器可以帮助驾驶员尽早发现火情，及时采取措施，防止航空安全事件发生。当卫生间烟雾达到一定浓度时，烟雾探测器会自动启动，烟雾探测器的红色警报指示灯亮起，发出警报。当烟雾驱散后，红色警报指示灯熄灭，警报声停止。

一氧化碳探测器用来探测空气中一氧化碳气体的浓度，常用于驾驶舱和客舱的火警探测。在正常时，空气中不含一氧化碳，只有在着火或有烟雾时才会出现一氧化碳。

光电式烟雾探测器广泛用于货舱和电子设备舱，它是利用烟雾对光的折射原理制成的。

离子型烟雾探测器一般用于卫生间的烟雾探测，它安装在每个卫生间的天花板上。离子型烟雾探测器采用少量的放射性材料，当两极加上电压后使探测器室内的空气电离，这样就会有一定的电流流过探测器。当有烟雾的空气通过探测器时，烟雾的微小粒子附着在离子上，使离子浓度降低，通过探测器的电流下降，当电流下降到预定警告值时，发出声光报警。

📖 阅读与思考 ●

女子在三亚飞往北京的航班上抽电子烟 被拘留7日

近日，一架由三亚飞往北京的航班上，在飞机下降过程中，一女子拿起挂在脖子上的电子烟抽了起来，机组人员发现后及时制止并报警。首都机场公安局北京首都国际机场西航站区派出所接到航空公司报警，该女子后被首都机场公安局处以行政拘留7日的处罚。

经查，女子叫姚某，今年26岁。姚某称，自己未注意到机舱里播报的禁烟广播，也不知道飞机上是禁止抽电子烟的。她以为电子烟可以通过安检带上飞机，就意味着可以在飞机上使用。根据相关规定，首都机场公安局给予了姚某行政拘留7日的处罚。

温馨提示：电子烟也是烟，虽不需要明火点燃，但同样会产生烟雾，对客舱环境造成污染，影响旅客身体健康。在机舱内吸烟更可能会触发烟雾探测器报警，干扰航

班的正常运行。民警再次呼吁广大旅客，若发现飞机上有类似情况，可以第一时间通报乘务、空保组，共同维护安全、健康、有序的乘机环境。

（资料来源：民航资源网）

思考：结合案例谈谈烟雾探测器的作用。

（3）自动灭火装置。卫生间的自动灭火装置位于卫生间洗手池的下方、卫生间废物箱上方，主要是为了熄灭卫生间废物箱起火而设置，包括1个海伦灭火器、2个指向垃圾箱的热启动喷嘴、1个温度指示器。通常情况下，灭火器的热熔帽是用密封剂封住的，当卫生间温度达到77℃时，热熔帽自动融化，灭火剂喷射。

（4）水加热器。卫生间洗漱池下都安装有420 W的水加热器，可提供冷、热用水，也可以使水温保持在52～56℃。加热器正常工作时，位于水加热器顶部的琥珀色指示灯亮。

（5）废物箱。废物箱盖板有隔绝空气阻燃的作用。

（6）卫生间排污系统。抽水马桶冲洗后的废水，排放到货舱夹层内。飞行高度低于4 800 m时，排污系统利用真空泵收集废水，并储存于废水箱中。飞行高度高于4 800 m时，系统利用客舱与外界压差，将废水从马桶排放到废水箱。

（7）灯光。飞机在地面时，卫生间的灯光由地面服务车提供电源，无论卫生间的门是什么状态，灯光都是亮的。飞行中，卫生间的门关闭，插上门闩时，灯光亮；卫生间的门未关闭时，灯光较暗。

（二）旅客登机前检查要求

（1）洗手间门、马桶内外、地板、台面、镜面、洗手池干净、无杂物、无水渍，无不明物品。

（2）马桶抽水系统工作正常。

（3）垃圾箱及马桶盖板工作正常，垃圾箱已清空，垃圾袋已更换。

（4）洗手池设备工作正常。

（5）烟灰缸盖开关正常。

（6）洗手间卫生用品齐全（包括擦手纸、卷纸、香水、洗手液、马桶垫纸、女性用品等），擦手纸、卷纸折成三角形，洗手液在拧开状态。

（7）污水已排空。

（8）检查自动灭火装置，国内主要机型波音737飞机，检查灭火器旁的温度指示牌，指示牌上的任一灰白点变为黑色即表示灭火器已经被使用或失效；检查灭火器的喷嘴，黑色为正常，铅色为已使用或失效。以上任何一种现象出现，必须通知地面维修人员处理。

（9）检查自动灭火装置，国内主要机型空客A320飞机，压力表指针应在绿色区域。

人在囧途之"厕囧"

飞机卫生间的故障是比较难排除的客舱故障之一，一旦出现堵塞，在空中几乎是不可能将故障排除的，需要在地面由机务维修人员来排除。可飞行中上经常会出现卫生间故障的情况，乘务组是听之任之、束手无策吗？也不是，乘务组还是有一些简单可行的办法的，可以概括为"一看、二听、三检查"。当接到卫生间故障的报告后，首先是第一时间停止这个卫生间的使用，乘务员进入卫生间查看。看马桶底部是否有卫生纸等异物堵塞，如果有，要立即取出来，这个时候可能只是异物堵在了马桶底部入口还未进入管道。飞机上是没有专门的工具的，需要带上清洁手套，使用较长且不易扭断的工具，不能用饮料搅拌棍或刀叉这类较短、易断的物品，否则易造成异物没取出来，反而进一步堵塞的情况。

在一些使用循环污水系统的飞机上，在马桶下部装有一个人工手柄，有些乘务员会拉动手柄加按压冲水按钮的方式来冲走堵塞物。这是不可取的方法，因为这个人工手柄是用于在马桶底部的冲洗活门被异物卡阻而不能作动时来人工作动活门的，主要供机务维修人员地面排故时使用。地面排故时人工作动活门，异物进入管道，维修人员会在清洗管道、抽吸污水系统时将异物清除掉，而在空中，人工作动活门异物进入管道只会引起进一步的堵塞。这也是机上不配备像家里面卫生间使用的抽吸的原因，使用它只会将异物压入管道，引起进一步的堵塞。

同样，在马桶里倒入大量清水，利用重力将异物压入排污管道也是不可取的，在短航线上可能会让马桶继续工作，但在长航线上，这些异物进入马桶共用管道，导致堵塞，会使其他马桶也不能使用。如果马桶底部的异物不能取出，只能关闭卫生间，停止使用。在实在没有卫生间可用，迫不得已时，才能使用这种权宜之计，这时建议倒入热水并加入蓝色的除臭消毒剂，促进纸类异物的溶解。

如果马桶底部没有异物堵塞，乘务员可以按压冲水按钮让真空泵工作听声音，没有声音说明真空泵故障，有声音而马桶没有吸力或吸力很小说明冲洗活门卡阻，更多的是排污管道堵塞了，这时应关闭卫生间，停止使用。乘务员可以查看机上乘务员控制面板（FAP），真空泵故障FAP面板上会有显示。在污水箱内装有几个水量传感器，一旦水满，顶部的传感器会发出信号，在FAP面板上显示污水箱满，如果污水箱满，马桶会停止工作。有一种情况，当顶部水量传感器被异物覆盖时，会触动传感器发出错误的信号，FAP面板上显示污水箱满，从而导致所辖管的厕所马桶都不工作。起飞后不久，按常理，污水箱是不会满的，如果FAP面板上显示污水箱满，几个马桶不工作，除总管堵塞外，水量传感器被异物覆盖发出错误信号也是原因之一。

一旦卫生间关闭停止使用，旅客如厕会不方便，增加排队等候的时间，旅客会抱怨，这时需要乘务员做好解释工作，耐心安抚，同时要加大其他卫生间的监控和检查，告知旅客卫生间设备的使用方法，不少初次乘机或者看不懂说明的旅客确实不知道怎样使用卫生间设备，乘务员要理解并提醒旅客不要将异物扔进马桶内，确保其他

卫生间不再发生堵塞故障。还有重要的一点是，要将情况及时报告机长，由机长综合判断决定是否返航、备降或继续飞往目的地。

（资料来源：民航资源网）

思考：当卫生间出现故障时应该做哪些工作呢？

三、厨房

视频：厨房

国内最常见的机型波音 737 飞机和空客 A320 飞机，一般设有 2 个厨房（图 3-7），分别位于客舱的前部和后部。客舱的厨房，电源多、设备多、餐车多，这就对安全提出了更高的要求，是乘务员最应着重注意的工作环节。无论是厨房失火，还是电源跳闸，或者餐车冲出厨房、旅客被砸伤，都是严重的事故。因此，在旅客登机前，乘务员应加强检查工作，杜绝隐患。

图 3-7 厨房图

（一）基本介绍

（1）断路器。断路器在接通后自动工作，当电路出现超载时，断路器跳开，切断电源。断路器起到保护相关电路、设备的作用。

注意事项如下。

1）当断路器跳开时，禁止立即重置跳开的断路器。

2）当断路器跳开时，需冷却 3 min 后重置。

3）重置断路器前需通知驾驶舱。

4）在客舱记录本上记录跳开的断路器。

（2）烤箱。烤箱（图 3-8）是用于加热食物的。使用烤箱时，应根据食物性质选定时间、温度后启动。

注意事项如下。

1）使用烤箱前，要区分烤箱种类，严格按照程序操作。

2）每次使用前，必须确保烤箱内除餐食外无其他物品，严禁放入纸片、塑料等易燃物品。

3）如果餐盒内有干冰，必须将干冰取出后再加热。

4）飞机滑行、起飞、降落过程中，严禁使用烤箱加热食物。

图 3-8 烤箱

5）起飞、降落过程中应切断电源。

（3）烧水器和烧水杯。烧水器和烧水杯都是用来烧煮热水的。烧水器可将冷水加热到 80 ℃，可满足旅客饮茶、喝咖啡时使用。使用烧水器时，应先打开水龙头检查是否有水，然后再打开电源开关，当工作灯亮起即可使用。

烧水杯（图3-9）可将热水器内的水加热到100 ℃。使用烧杯水时，将烧水杯装七八成水，插在电源插座上，旋转定时器，打开电源开关即可。

注意事项如下。

1）烧水器出现断电警告时，应立即切断电源，检查水阀、水压、水量是否出现问题；飞机起降过程中应切断电源。

2）烧水杯有水才可通电，在飞机起降过程中应切断电源，清空烧水杯，做好固定。

图3-9　烧水杯

（4）冰箱。冰箱是用于食品冷藏或冷冻的，在使用时，接通电源，选定冷藏（CHILL）或冷冻（FREEZE）。

注意事项如下。

1）冷藏状态可用于保存各类乳制品、饮料、果汁、豆浆、白葡萄酒、蛋糕等。

2）冷冻状态可用于保存冰块和其他必须冷冻的食品。

3）冰箱内严禁存放各种试剂、疫苗或其他生物化学类制剂、制成品。

4）飞机起降过程中必须断电。

（5）保温箱。保温箱是用于温热毛巾、加热陶瓷杯子、陶瓷餐具的，接通电源即可使用。

注意事项如下。

1）不得利用保温箱存放食物。

2）严禁将任何塑料制品如托盘、塑料杯等存入保温箱内。

3）在保温箱使用过程中应关注温度和湿度，适时关闭电源或调整毛巾湿度。

4）在滑行、起飞、降落期间禁止使用保温箱。

5）飞机起降过程中必须断电。

（6）餐车。餐车（图3-10）是用于存放各类食品、饮料，餐饮服务用具、用品的。

注意事项如下。

1）餐车不得用于存放各种试剂、疫苗或其他生物化学制剂、制成品。

图3-10　餐车

2）餐车应按规定位置存放，车门紧锁，踩好刹车，并用锁扣固定。

3）飞机起降过程中必须妥善存放（不超出规定限载重量），车门紧锁，踩好刹车，并用锁扣固定。

4）餐车推入客舱必须有人监管，人不离车；使用完毕必须推回、固定。

📖 **阅读与思考** ●

国航西南客舱部进行机上餐车大规模保养检修

国航西南分公司客舱服务部"百日安全"活动进入安全隐患全面排查阶段。客舱供应中心会同餐车供应商技术人员，对机上餐车进行了一次大规模的保养检修。

此次检修，不但对乘务员普遍反映的机上餐车内侧、轮子、餐车门进行保养检修，还模拟机上环境，对检修好的餐车进行现场试用，确保餐车上机后正常、安全使用。

（资料来源：民航资源网）

思考：常规检修对民航安全有哪些意义？

（7）储物柜。储物柜位于厨房内，用于放置各类机供品和乘务员物品。

注意事项：储物柜使用完毕后，应及时关闭。

（8）垃圾箱。垃圾箱是用来存放垃圾的。

注意事项：在不使用时，应盖好盖板。

（9）水阀、冷水管、下水槽。机上厨房均配有开关水阀；冷水管用于清洁物品；下水槽用于排水。

注意事项如下。

1）水阀开关指向 ON 位，打开水阀；水阀开关指向 OFF 位，关闭水阀。

2）冷水管中的水禁止直接饮用。

3）请勿向下水槽中扔杂物，防止堵塞。

（二）旅客登机前检查要求

（1）厨房配电板工作正常。

（2）烤箱、烧水杯、烧水器、冰箱、保温箱等设备工作正常，干净、无杂物、无油渍。

（3）餐车刹车装置工作正常，固定装置正常。

（4）厨房内储物格无变形。

（5）操作台、地板、壁板干净无污渍。

（6）垃圾箱盖板工作正常，垃圾箱已清空，垃圾袋已更换。

（7）下水槽畅通。

（8）饮用水水质符合标准。厨房乘务员在登机后必须对前舱饮用水的水质进行检查，要求如下。

1）打开冷水龙头及热水器水龙头检查水质是否清澈、不见异色、无异味、无杂物。

2）放置 5 min 后无沉淀。

3）过站加水结束后，厨房乘务员需重新检查确认。

（9）厨房中无任何不明物品。

四、飞机餐食

（一）基本介绍

飞机餐食是指民航飞机在航程中提供给旅客的食品和饮品。

飞机餐菜式由航空公司制定，一般由指定航食机构供应，在机场附近制作，并直接运送至飞机上，在航程中飞机平稳飞行时由客舱乘务员分发给旅客。飞机餐食分为旅客餐食和机组餐食两种。

（1）旅客餐食（图3-11）。旅客餐食按照舱位等级，在菜式、分量及成本等方面都有所不同。旅客餐食按舱位可分为头等舱餐食、公务舱餐食和经济舱餐食；按照航班时刻可分为正餐、简便餐、点心餐等；按航程可分为供一餐或者多次餐食。

图3-11　旅客餐食

（2）机组餐食。根据民航局要求，按照航班时刻为飞行机组配备的餐食，包括正餐、点心、水果等。机长的餐食与副驾驶员的餐食应有所区别，机长的餐食需要有特别的标记；如果提供给机长和副驾驶员的餐食相同，则应分时段进食，机长与副驾驶员的进餐时间间隔在1 h以上。

机上饮品一般分为以下5大类。

1）水。机上一般配备矿泉水或纯净水。

2）软饮料。软饮料是含有碳酸气体（二氧化碳）的饮料。

3）果汁。果汁是由水果制成的饮料，主要包括橙汁、苹果汁、番茄汁等。

4）热饮。热饮主要包括茶、咖啡等。

5）酒类。酒类是指含有酒精类的饮品，主要包括啤酒、红葡萄酒、白葡萄酒等。

（二）旅客登机前检查要求

（1）乘务员应清点餐食数量、检查餐食质量，确认无误，报告乘务长。

（2）飞行全程应做好餐食的保管工作、储藏工作，对需要冷藏、冷冻的食品做好处理。

📖 **阅读与思考** ●

全日空航空公司

全日空秉承为世界各地的人们提供美好体验的经营理念，以旅客为导向，在安全可靠的基础上，为旅客创建具有吸引力的环境，提供亲切的服务；回报社会，迎接新的挑战。全日空是全球第一家订购并使用波音787梦幻飞机（图3-12）的航空公司，拥有世界最大的波音787机队，航线遍布全球。

全日空机舱座椅在保证舒适性的同时，实现了座椅的简洁化，薄型可躺式座椅，最大限度上让旅客感受到空间的宽敞。同时配备通用电源和USB接口，搭载高分辨率触摸式液晶显示器，让旅客可以随时享受各种电影和音乐。

图3-12 波音787飞机

全日空的飞机餐也十分精致，全日空的"机内餐食总评选"始于2013年"和客人共同创造机内餐食"的想法。目前供应的是在SNS公开投票中当选日式料理第1名与西餐第2名的菜品。在2018年10月的机内餐食总评选中脱颖而出的当地咖喱菜品也在2019年3月供应。全日空商务舱的餐食更是由著名的主厨、专业的品酒师和咖啡师打造，菜单的内容也会根据季节和航线的不同进行变换，让出行成为一场美食盛宴之旅。去日本旅游的游客，在欣赏日本各地风光、品味日本特色佳肴前，不妨搭乘全日空航班，先体验一番贴心、用心、安心日式优质服务。

（资料来源：ANA中文官网）

思考：结合全日空的服务特色谈谈你的启示。

五、机供品

机供品是客舱服务重要的组成部分。机供品是指在航班上为旅客 **视频：机供品** 和机组配备物品的总称，包括服务用品、娱乐用品、清洁用品、饮料及食品等。机供品的管理水平直接影响到旅客满意度、企业的经济效益和低碳环保等。

根据旅客的需求、航班的特点和季节性的要求，乘务员要充分利用机上配备的机供品资源，合理地分配和使用机供品，充分发挥机供品的最大效能，提高旅客的满意度。首先，乘务员在服务过程中，要对各类机供品进行合理的调配和使用，才能使有限的资源发挥最大效益。其次，旅客满意度与机供品的质量具有高度相关性。受飞机空间局限性的影响，航班配备的机供品数量有限，极易发生供需矛盾，合理的计划和使用才能发挥机供品的最大效能。

　　机供品是航空公司变动成本的重要组成部分，乘务员应树立成本管理意识，加强对机供品的使用管理，推进精细化管理理念。首先，乘务员在服务过程中要本着绿色环保、厉行节约的原则，严格控制机供品的使用，降低成本，提高效益；其次，机供品的有效管理有助于践行绿色、环保理念，是减少环境污染的有效途径。绿色、低碳、环保是所有航空企业应当承担的社会责任，航空公司的乘务员一方面要控制、节约机供品使用；另一方面还要做好机供品的回收工作，做好垃圾的处理工作。

（一）基本介绍

（1）餐食。见上述四。

（2）饮品。见上述四。

（3）餐具。机上餐具一般分为以下几类。

1）杯具。塑料杯、纸杯、玻璃杯、葡萄酒杯、香槟杯、咖啡杯、咖啡壶、茶壶、咖啡棒等。

2）餐具。铝箔盒、纸餐盒、汤碗、汤勺、面包碟、沙拉碗、餐盘、不锈钢刀叉、塑料叉勺等。

3）辅助用品。纸巾、餐布、餐谱、面包夹、面包篮、大小托盘、保温桶、开瓶器、搅拌棒、摇酒壶、冰桶、毛巾夹、杯垫等。

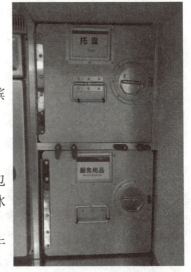

（4）餐车、储物箱。餐车、储物箱（图3-13）用于存放餐食、饮品、餐具等服务用品。餐车分为整餐车、半餐车、免税商品车和供酒车等。

图3-13　储物箱

（5）舒适用品。舒适用品包括毛毯（图3-14）、靠枕、拖鞋、被子、洗漱包和毛巾等。

图3-14　毛毯

（6）卫生间用品。卫生间用品一般包括洗手液、擦手纸、卷纸、马桶垫纸、护手液、清香剂等。

（二）旅客登机前检查要求

机供品由地面工作人员装载上机，存放于指定位置，乘务员登机后应完成清点工作，并确认签字。

（1）核查铅封。出于民航安全方面的考虑，机供品装载上机必须进行铅封。客舱乘务员应对上机的机供品进行铅封检查，核对铅封号，并对机供品进行全面的安全检查，防止外来物品被夹带上机。

（2）标准清点。乘务员要根据机供品单据的配备数量和种类进行核对，保证机供品的种类和数目相符。

（3）质量抽查。客舱乘务员要抽检机供品的质量，如餐食包装的完好度，卫生用品的质量等，保证机供品的品质符合要求，健康、卫生、安全。

（4）加强过站监控。航班过站期间，乘务员会对机供品进行增补，要加强过站期间的监控，做好餐食、饮料、餐具等用品的补充，保证客舱服务工作正常开展。

阅读与思考

中翼公司荣获"2021年度天空赏味奖"

2022年1月5日，由《中国民航》杂志主办的"天选·2021年度航旅榜单"颁奖典礼在北京正式举行。中航集团旗下中翼航空投资有限公司（以下简称中翼公司）以国航机上"盒你说"系列餐食服务（图3-15）、"袋你飞"系列餐食服务和机上节日特色餐食服务为代表，荣获"2021年度天空赏味奖"。

据悉，《中国民航》杂志作为中国最具品牌影响力和权威性的航机媒体之一，今年是首次发布"天选·2021年度航旅榜单"，榜单评审历时数月，数百家候选航旅品牌经过杂志编辑推选、网络投票和专家评审三个环节，最终揭晓榜单。

中翼公司作为中航集团全球餐饮供应管理及运行保障中心，全权代行国航全球航班餐食和机供品业务。公司始终致力于通过深挖旅客数据，调研旅客需求，提供让旅客

图3-15　"盒你说"系列餐食服务

满意的餐饮服务。经过深度研究旅客偏好，分析整合大数据，公司推出了年轻化、中国风、能够在旅客群体中引起共鸣并获得认同的"盒你说""袋你飞"系列餐食服务；并于春节、劳动节、国庆节等8个节假日期间，在国航航班上推出节日特色餐食服务，坚定文化自信，营造节日氛围，丰富旅客的乘机体验。

未来，中翼公司将继续秉持"以人为本，旅客至上"的服务理念，深挖旅客需求，创新服务产品，提升服务品质，以国航机上餐饮为媒介，发扬中华传统文化，彰显载旗航空的担当和责任。

（资料来源：民航资源网）

思考： 结合案例谈谈，在机供品、餐食方面，如何推陈出新。

视频：旅客服务组件

六、旅客服务组件

（一）基本介绍

（1）通风孔（图3-16）。转动通风孔可以调节空气。

（2）阅读灯及其开关（图3-16）。阅读灯用于旅客阅读刊物时照明。

（3）呼叫按钮（图3-16）。旅客需要帮助时，呼叫按钮用于呼叫乘务员。

（4）扬声器（图3-17）。扬声器用于收听客舱广播。

图3-16　通风孔和阅读灯及其开关和呼叫按钮

图3-17　扬声器和"请勿吸烟"信息指示灯

（5）氧气面罩储存面板。存放氧气面罩，在客舱释压时使用。

（6）信息指示灯（图3-18）。"请勿吸烟""请系好安全带"信息指示灯，其开关在驾驶舱。

（7）旅客座椅（图3-19）。头等舱座椅通常为两联式，椅面较宽较深；经济舱座椅有两联和三联之分，椅面较窄。国内最常见的机型波音737-800型飞机，客座数在158～170座，常用的座椅布局包括头等舱8座、经济舱162座，头

图3-18　信息指示灯

等舱 8 座、经济舱 156 座等布局；国内最常见的空客 A320 飞机，客座数在 158 座，其中头等舱 8 座，经济舱 150 座。

图 3-19　旅客座椅

1）靠背。旅客座椅的靠背是可以调节的，调节按钮位于座椅扶手上，压下扶手上的按钮可将椅背向后调节至少 15°；在飞机起飞、降落、应急撤离时，旅客座椅的靠背必须调直；位于紧急出口位置附近的座椅靠背是不可以调节的，方便在发生紧急情况时快速撤离飞机。

2）扶手。客舱座椅扶手上安装有椅背调节按钮、耳机插孔、音频调节按钮等。在飞机上，部分位于过道的座位的外侧扶手可向上抬起，方便使用轮椅的旅客就座；旅客座位间的扶手通常可以向上抬起或拆卸。

3）坐垫。飞机在水上迫降时，坐垫可用作漂浮物。

4）安全带。安全带主要由锁扣、织带和座椅连接部分组成，在飞机起飞、下降、颠簸等情况下要系好安全带，以保证安全。

安全带的织带是用尼龙或聚酯等合成纤维织成的宽约 51 mm、厚约 1.2 mm 的带子，能够承受足够的载荷以抵抗巨大的冲击力，同时具有阻燃和毒性小的特点。

安全带的锁扣包括插片和锁扣。插片和锁扣是系紧和解开安全带的装置。将插片插入锁扣内就可以将安全带系好，而向上提起锁扣的金属片则可以拉出插片。

安全带的座椅连接部位非常牢固，经过上万次的测试，以便牢固地将安全带和座椅连接在一起。

5）行李挡杆。行李挡杆在经济舱座椅下方，在飞机起飞、下降时起到固定行李的作用。

6）小桌板（图3-20）。经济舱的小桌板位于座椅背后，供旅客用餐时使用；经济舱第一排的小桌板是折叠式的，位于座椅扶手内；头等舱的小桌板也是折叠式的，位于座椅扶手内；在飞机起飞、降落、应急撤离时必须收起小桌板。

图3-20　小桌板

7）座椅口袋。座椅口袋位于座椅背后，在口袋中放有旅客《安全须知》卡、航空公司宣传杂志、清洁袋等物品。

民航客机上配备与机型相符的、带有图示的旅客《安全须知》卡，卡上的图示、图表、词语，皆使用国际的公认的符号、描述识别和操作方法。旅客《安全须知》卡能够为旅客提供下列信息。

①系紧、调整和解开安全带的说明。

②指示通往最合适的出口路线。

③插图描绘打开出口手柄移动的方向。

④安全姿势。

⑤氧气面罩的位置及使用方法。

⑥救生衣的使用方法及表明不能在客舱内充气（儿童除外）的说明。

8）救生衣存放袋。在每个旅客座椅下方或扶手旁的口袋内，均备有一件救生衣，用于水上逃生时使用。

（8）乘务员座椅。乘务员座椅（图3-21）是为机组人员所设的，通常是自动折叠座

图3-21　乘务员座椅

椅。乘务员座椅由弹跳式座席、肩带、腰带束紧式安全带、防冲撞头垫组成。乘务员在飞机起飞、下降、滑行时须回到自己座位上系好安全带。

（9）舷窗与遮光板。客舱的舷窗（图3-22）用于观察机外情况；客舱的遮光板（图3-22）用于遮挡阳光。

图3-22　舷窗和遮光板

1）飞机起飞、下降时必须打开遮光板。

2）舷窗的机外层与中间层玻璃有时会有裂纹，需立即报告驾驶舱，并将这个舷窗附近的旅客调至其他座位，广播通知旅客"系好安全带"。

3）舷窗的机内层玻璃出现裂纹，需将情况报告乘务长，并在客舱记录本上作好记录。

📖 **阅读与思考** ●

深航飞机窗户出现裂纹

2019年1月7日，深圳市民杨先生从北京搭乘深圳航空的航班返回深圳，在飞行过程中，杨先生发现飞机窗户疑似出现裂痕。杨先生说，他当时很害怕。差不多同时，坐在他旁边的旅客也发现了窗户上的疑似裂痕，二人赶紧叫来乘务员询问情况。空姐查看后表示飞行一切正常，飞机快降落了，等降落后再检查。

1月10日，深圳航空相关负责人表示，经过与乘务组及维修工程部了解，出现细微裂痕的为舷窗的内层玻璃，材质实际上为塑料，不会影响飞行安全。机务组认为杨先生反映的裂痕可能是塑料件热胀冷缩造成的细纹，不会对这层塑料板的强度造成影响。但会在下一次C类检查时进行更换。

飞机除日常检查外，在飞行前都会进行放行检查。放行检查包括机务检查、机长绕机检查、乘务员机舱内检查。所有的检查达到标准，才会起飞。深圳航空相关负责人表示，希望旅客放心。

（资料来源：网易）

思考：结合所学谈谈内外侧玻璃出现问题的不同处置方法。

　　（10）衣帽间。在飞机的前部设有一个较大的衣帽间（图3-23），内设衣物挂架，主要用于存放头等舱旅客的衣物。在飞机的后部设有一个较小的衣帽间，内设衣物架，主要用于存放客舱乘务员飞行所需物品。

（二）旅客登机前检查要求

　　在对头等舱检查中，要求如下。
　　（1）地板、通道干净整洁、无杂物。
　　（2）行李架、壁板、旅客服务组件干净、无污痕。
　　（3）舷窗、遮光板干净、无污渍。
　　（4）座椅扶手、小桌板干净、无污渍。
　　（5）座椅设备的各类凹槽干净、无杂物。
　　（6）枕头、安全带摆放整齐。
　　（7）安全须知卡、清洁袋、杂志等物品摆放整齐，座椅口袋内无杂物。

图3-23　衣帽间

　　在对经济舱的检查中，要求如下。
　　（1）地板、通道干净整洁、无杂物。
　　（2）行李架、壁板、旅客服务组件干净、无污痕。
　　（3）舷窗、遮光板干净、无污渍。
　　（4）座椅扶手、小桌板干净、无污渍。
　　（5）座椅设备的各类凹槽干净、无杂物。
　　（6）安全带摆放整齐。
　　（7）安全须知卡、清洁袋、杂志等物品摆放整齐，座椅口袋内无杂物。

视频：舱门

七、舱门

　　飞机舱门是用于进出机舱的一种部件，民用飞机的舱门可以简单分为地板以上舱门和地板以下舱门。

　　地板以上舱门主要是客舱舱门，分为登机门、服务门和应急门。在正常情况下，人面向飞机机头，左侧舱门为登机门，供旅客、机组上下飞机使用；右侧舱门为服务门，供对接食品车、清洁车等车辆使用。登机门又分为前登机门和后登机门，前登机门位于客舱前部左侧，后登机门位于客舱的后部。客舱中段的舱门叫作翼上应急门，坐在这个位置的旅客在飞机发生紧急情况时需配合机组人员完成撤离。在紧急情况下，所有舱门都可以作为应急出口使用。

　　地板以下舱门主要是货舱舱门，分为前货舱门、后货舱门和散货舱门。前后货舱门分别在机翼前后，散货舱门位于后货舱门后面。

知识角

飞机应该有多少个出口

考虑安全因素，飞机出口数量与最大载客量受到严格管理。根据民航法规要求，飞机的安全出口数量必须与客舱最大载客量相匹配，以保证所有旅客在90 s内从单侧通道即可撤离飞机。即在一半可利用的出口被堵塞的情况下，在90 s内能够完成撤离的最大旅客量，这里的旅客量包括旅客、机组人员、客舱乘务员，即最大载客量。1976年，FAA已经对飞机上应急出口数量和位置做出明确要求。

（1）对给定的旅客数量必须提供特定类型和数量的出口。

（2）出口必须位于能够提供旅客撤离的最有效方式的地方。

（3）出口必须按照旅客座位实际情况均匀分配。

（4）出口的排列、部署和标记、应急照明必须满足特定标准。

1. 波音 737-800 型飞机舱门基本介绍

国内常见机型波音737-800型飞机，客舱舱门共4扇，分别是L1门、L2门、R1门、R2门，同时机翼两侧共有4个应急出口，每侧两个。波音737-800型飞机客舱舱门（图3-24）由滑梯红色预位警示带、观察窗、舱门手柄、舱门辅助手柄、滑梯包、滑梯压力指示表、滑梯杆、收藏装置、待命装置、阵风锁等组成。

视频：波音 737-800 型飞机舱门介绍

动画：波音 737-800 型飞机舱门

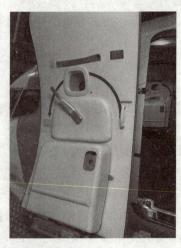

图 3-24　波音 737-800 型飞机客舱舱门

视频：空客 A320 型飞机舱门介绍

2. 空客 A320 型飞机舱门基本介绍

国内常见机型空客A320飞机，客舱舱门共4扇，分别是L1门、

动画：空客 A320 型飞机舱门

L2 门、R1 门、R2 门，同时机翼两侧共有 4 个应急出口，每侧两个。空客 A320 型飞机客舱舱门（图 3-25）由开门把手、辅助把手、观察窗、防风锁、门锁指示器、安全销插孔、滑梯待命警告、客舱压力差指示等组成。

📖 阅读与思考 ●

这张机票可贵了

2022 年 4 月 10 日美国中文网消息，联邦航空管理局 FAA 周五向两名在飞机上闹事的旅客分别开出 8 万元的天价罚单，创下航空旅客单笔罚单的最高纪录。

图 3-25　空客 A320 型飞机客舱舱门

根据官方通报，两名旅客分别得到 81 950 元和 77 272 元的罚单。

前者被控 2021 年 7 月在一趟美国航空的航班上反复击打一名空乘的头部。在那之前这名旅客试图在空中打开机舱门，被空乘制止。而在被制服之后，这名旅客仍在踢打空乘和其他旅客，并向他们吐口水。

最终航班在夏洛特降落，这名旅客被移交给执法机构。美联航已将此人列入禁飞名单。

另一位被罚 77 272 元的旅客则是被指控"试图拥抱、亲吻坐在邻座的旅客；在飞行中走到飞机前端试图开门下飞机；拒绝返回座位并多次咬其他旅客"。

自从 2021 年推出"零容忍"政策后，FAA 已经给旅客累计开出 360 万元的罚单。2021 年全年，FAA 接到了近 6 000 起航空旅客暴力或扰乱飞行事件报告。

（资料来源：民航资源网）

思考：案例中的机上违法行为会对民航飞行造成哪些问题？

八、乘务员控制面板

（一）波音 737-800 型飞机基本介绍

国内常见机型波音 737-800 型飞机设前乘务员控制面板、后乘务员控制面板和客舱通信系统。

1. 前乘务员控制面板

前乘务员灯光控制面板（图 3-26）主要由客舱区域灯光控制、前舱入口区域灯光控制、后舱入口区域灯光控制组成。

图 3-26　波音 737-800 型飞机前乘务员控制面板

2. 后乘务员控制面板

后乘务员控制面板（图3-27）主要由灯光系统、应急灯组成。

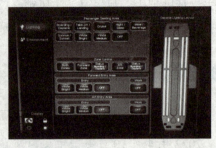

图3-27 波音737-800型飞机后乘务员面板

（1）客舱区域灯光。客舱区域灯光，共有9种模式，分别是：

① Boarding/Deplane：登机/下机灯光　② Take-off/Landing：起飞/落地灯光

③ Cruise：巡航灯光　④ Night/Sleep：夜航灯光

⑤ Meal/Beverage：餐饮灯光　⑥ Sunrise/Sunset：日出日落灯光

⑦ White Bright：明亮　⑧ White Medium：中亮

⑨ OFF：关闭档位

（2）前舱入口区域灯光。前舱入口区域灯光，共有3个挡位，分别是：

① White Bright：明亮挡位　② White Medium：中亮挡位

③ OFF：关闭挡位

（3）后舱入口区域灯光。后舱入口区域灯光，共有3个挡位，分别是：

① White Bright：明亮挡位　② White Medium：中亮挡位；

③ OFF：关闭挡位

（4）乘务员工作灯。乘务员工作灯，共有两个挡位，分别是：

① ON：开位挡　② OFF：关位挡

（5）应急灯（EMEGENCY LIGHTING）。当发生紧急情况时，客舱内应急灯光未亮或失效，需打开盖板直接按压，以强制开启应急灯光。

3. 客舱通信系统

乘务员座椅处设有广播器、前后服务间设有呼叫显示面板。

（1）客舱广播器。客舱广播器（图3-28）具有内话、广播、报警功能。客舱广播器主要用于对客舱进行广播，客舱广播器能够呼叫驾驶舱、呼叫乘务员、进行客舱广播、应急呼叫等，可以实现驾驶舱成员、客舱乘务员及全机各个维护和服务区域之间的通话。客舱广播器通过扬声器从驾驶舱或客舱乘务员处向客舱区

图3-28 客舱广播器

域、厨房区域和盥洗室区域进行旅客广播，飞行中的驾驶舱广播、乘务员广播、预录通告都是通过旅客广播系统完成的。客舱广播器由以下四个部分组成。

①听筒。

②键盘。

③话筒。

④送话器。

在进行客舱内话时，从支架上取下内话机，然后按相应按键呼叫相关人员。

① 2 键：呼叫驾驶舱。

② 5 键：呼叫乘务员。

③ 8 键：客舱广播（先按下数字键"8"，然后在广播时需持续按住"PUSH TO TALK（PTT）"按键）。

④ RESET 键：复位，通信终止。

知识角

客舱广播的顺序

第一，驾驶舱的广播优先于乘务员广播。

第二，乘务员的广播优先于预录广播。

第三，预录广播优先于录像音频。

第四，机上录像优先于登机音乐。

第五，登机音乐优先于耳机频道。

（2）呼叫显示面板。呼叫显示面板位于前、后乘务员工位上方。

①当旅客按下位于座椅上方服务组件上的呼叫按钮，呼叫按钮的显示灯亮起；位于前、后乘务员工位上方的呼叫显示面板的蓝色呼叫灯亮起；同时，乘务员工作岗位会响起一声高音钟声。

②当旅客在卫生间呼叫乘务员时，按下位于洗手盆橱柜上方的呼叫按钮，卫生间外的呼叫灯亮起；乘务员工位呼叫显示面板的琥珀色灯亮起；同时，乘务员工作岗位会响起一声低音钟声。

③当驾驶舱呼叫时，乘务员工位呼叫显示面板的粉色灯亮起。

④当机组之间呼叫时，乘务员工位呼叫显示面板的粉色灯亮起。

（二）空客 A320 机型飞机基本介绍

国内常见机型空客 A320 机型飞机设有前乘务员控制面板、后乘务员控制面板、乘务员显示面板等。

1. 前乘务员控制面板

前乘务员控制面板包括灯光面板、音频面板、水系统指示面板、杂项面板。

（1）灯光面板。

① MAIN ON/OFF：总开关（打开时为绿色，关闭为灰色）。

② WDO：侧窗灯。

③ CLG：顶灯。

④ CABIN FWD：前舱灯光且 100% 亮度。

⑤ CABIN AFT：后舱灯光且 100% 亮度。

⑥ DIM 1：50% 亮度。

⑦ DIM 2：10% 亮度。

⑧ ENTRY FWD：前入口灯。

⑨ ENTRY AFT：后入口灯。

⑩ LAV：厕所灯光。

⑪ ATTN：乘务员工作灯。

⑫ READ：旅客阅读灯。

（2）音频面板。

① MUSIC：登机音乐。

② ON/OFF：开关。

③ SEL：选频。

④ +、−：音量调节大、小。

⑤ 0−9：数字键。

⑥ ENTER：输入。

⑦ CLEAR：清除。

⑧ START ALL：播放全部预设的广播。

⑨ START NEXT：逐条播放预设的广播。

⑩ STOP：停止播放。

⑪ MEMO1−05：预设广播的播放顺序。

⑫ PES ON/OFF：旅客座位音响系统开关。

（3）水系统指示面板。

① WASTE QUANTITY：机上污水显示，灰色表示机上污水实际容量百分比。

② WATER QUANTITY：机上净水显示，蓝色表示机上净水实际容量百分比。

③ RESET WARN：机务维修人员操作。

（4）杂项面板。

① EMER：人工接通应急灯光。

② SMOKE LAV：任一厕所烟雾警告。

③ EVAC CMD：撤离指令键。

④ EVAC：撤离警告指示键。

⑤ RESET：按下，取消相关客舱各类警告。

⑥ CIDS CAUT：CDS 系统或相关系统故障提示灯。

图 3-29　空客 A320 型飞机后乘务员控制面板

⑦ PNL LIGHT TEST：液晶屏及前乘务员控制面板按键测试。

2. 后乘务员控制面板（图 3-29）

① EVAC：撤离警告指示键。

② RESET：取消客舱警告。

③ AFT BRT DIM1—DIM2：调节客舱灯光亮度。

3. 乘务员显示面板

乘务员显示面板包括信息显示面板和区域呼叫面板。

（1）信息显示面板。信息显示面板安装在所有乘务员站位上，显示客舱广播、内话系统的拨号和呼叫信息。

（2）区域呼叫面板。区域呼叫面板安装在乘务员站位附近过道的天花板上，每块面板都有 4 个可独立控制的指示区域和彩色 LED，灯光可以持续闪亮，提供关于呼叫系统信息的远程视觉显示。

知识角

空客 A320 飞机的客舱通信系统

1. 机内广播操作

（1）首先，取下话筒。

（2）按 PA ALL 可实现整个客舱广播。

（3）按 FWD 可实现前舱广播。

（4）按 AFT 可实现后舱广播。

（5）在广播过程中要始终按住 PUSHTO TALK 键。

（6）复位话筒，切断广播。

2. 内话广播操作

（1）首先，取下话筒。

（2）按 CAPT 键呼叫驾驶舱。

（3）按 EMER CALL 应急呼叫驾驶舱。

（4）按 FWD ATTND 呼叫前舱乘务员。

（5）按 AFT L ATTND 呼叫左后舱乘务员。

（6）按 AFT R ATTND 呼叫右后舱乘务员。

（7）按 ALL ATTND 呼叫全体乘务员。

（8）按 SVCE INTPH 呼叫地面维护人员。

（9）按 RESET 重置系统。

（10）复位话筒，切断内话广播。

（三）旅客登机前检查要求

乘务长应完成通信系统的测试工作。

知识角

乘务员常见缩略语

AAP：后乘务员控制面板	A/C，AC：飞机
ACP：区域呼叫面板	AIP：乘务员显示面板
ALT：高度	APU：辅助动力装置
ARPT：机场	ATC：空中交通管制
B/C，BC：公务舱	BGM：登机音乐
CAB：客舱	CAPT：机长
CAS：客舱乘务员座椅	CAUT：警戒
E/C：经济舱	EMER：应急
EMER EXIT：紧急出口	EVAC：撤离
F/A：急救	FAIL：失效
FAP：前乘务员控制面板	F/C，FC：头等舱
F/O：副驾驶	FWD：前进口灯开关
ICAO：国际民航组织	LAV：卫生间
LSU：卫生间组件	MAINT：维护
MAN：人工	MED：中间
MIC：麦克风	NORM：正常
NS：禁止吸烟	OXY：氧气
PA：旅客广播	PAX：旅客
PCU：旅客控制组件	PNL：面板
PSU：旅客服务组件	PURS：乘务长
PWR：电源	R/L：阅读灯
RTE：航路	RTS：返回座位
S/R：座位排号	STBY：备用
STR：标准	WDO：舷窗

任务实训

实训任务 1：卫生间设备的使用和检查。

实训目标：

1.知识目标：掌握卫生间设备的使用方法和旅客登机前检查要领。

2.技能目标：会安全使用卫生间设备，会进行旅客登机前检查。

3.情感目标：培养高度的岗位责任心，严谨、认真的工作态度；树立民航安全意识；培养团队合作精神。

实训要求：每5～6人为一个乘务组，1人为乘务长，其余为各号位乘务员，执飞LF航空公司2020年12月9日LF5101航班，进行卫生间设备使用练习，并进行旅客登机前卫生间检查。

实训形式：乘务组形式，乘务长负责制。

实训步骤：

1.每位乘务员进行卫生间设备使用练习。

2.每位乘务员练习旅客登机前卫生间设备检查。

3.乘务组练习旅客登机前卫生间设备检查。

实训总结：乘务组自行分析和乘务组间互相分析，乘务教员总结。

实训任务 2：厨房设备的使用和检查。

实训目标：

1.知识目标：掌握厨房设备的使用方法和旅客登机前检查要领。

2.技能目标：会安全使用厨房设备，会进行旅客登机前检查。

3.情感目标：培养高度的岗位责任心，严谨、认真的工作态度；树立民航安全意识；培养团队合作精神。

实训要求：每5～6人为一个乘务组，1人为乘务长，其余为各号位乘务员，执飞LF航空公司2020年12月9日LF5101航班，进行厨房设备使用练习，并进行旅客登机前厨房检查。

实训形式：乘务组形式，乘务长负责制。

实训步骤：

1.每位乘务员进行厨房设备使用练习。

2.每位乘务员练习旅客登机前厨房设备检查。

3.乘务组练习旅客登机前厨房设备检查。

实训总结：乘务组自行分析和乘务组间互相分析，乘务教员总结。

任务小结

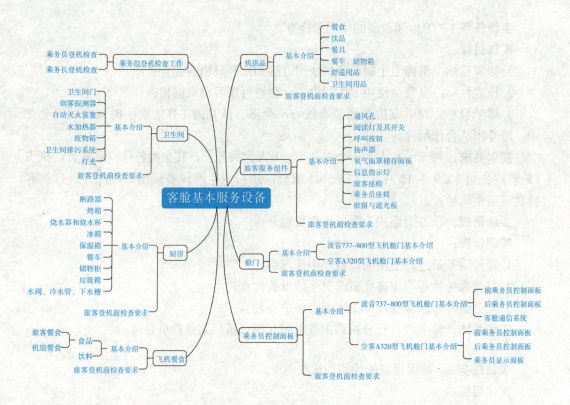

客舱基本服务设备

- 乘务组登机检查工作
  - 乘务员登机检查
  - 乘务长登机检查
- 卫生间
  - 基本介绍
    - 卫生间门
    - 烟雾探测器
    - 自动灭火装置
    - 水加热器
    - 废物箱
    - 卫生间排污系统
    - 灯光
  - 旅客登机前检查要求
- 厨房
  - 基本介绍
    - 断路器
    - 烤箱
    - 烧水器和烧水杯
    - 冰箱
    - 保温箱
    - 餐车
    - 储物柜
    - 垃圾箱
    - 水阀、冷水管、下水槽
  - 旅客登机前检查要求
- 飞机餐食
  - 食品
    - 旅客餐食
    - 机组餐食
  - 基本介绍
    - 饮料
  - 旅客登机前检查要求
- 机供品
  - 基本介绍
    - 餐食
    - 饮品
    - 餐具
    - 餐车、储物箱
    - 舒适用品
    - 卫生间用品
  - 旅客登机前检查要求
- 旅客服务组件
  - 基本介绍
    - 通风孔
    - 阅读灯及其开关
    - 呼叫按钮
    - 扬声器
    - 氧气面罩储存面板
    - 信息指示灯
    - 旅客座椅
    - 乘务员座椅
    - 舷窗与遮光板
  - 旅客登机前检查要求
- 舱门
  - 基本介绍
    - 波音737-800型飞机舱门基本介绍
    - 空客A320型飞机舱门基本介绍
  - 旅客登机前检查要求
- 乘务员控制面板
  - 基本介绍
    - 波音737-800型飞机舱门基本介绍
      - 前乘务员控制面板
      - 后乘务员控制面板
      - 客舱通信系统
    - 空客A320型飞机舱门基本介绍
      - 前乘务员控制面板
      - 后乘务员控制面板
      - 乘务员显示面板
  - 旅客登机前检查要求

任务三　客舱应急设备

案例导入

再熟悉不过的客舱，是他们忙碌的身影

2018年9月15日凌晨0时32分，由东航广东分公司执飞的航班MU5311和往常一样安全落地。此时机上旅客们的脸上已写满了倦意，迫不及待地收拾好行李。而执行此次航班任务的乘务组仍然面带微笑，送走旅客。之后，乘务组抓紧时间做好清舱工作，把好最后一道关，做好安全工作，也为飞机的下一次飞行做好准备。

五个小时后，舱内灯光将会重新点亮，绚丽多彩的机舱灯光与昏黄的机坪照明交相辉映，执行早班任务MU9605的机组登机了。又是一轮新的忙碌：在机下，机长打着手电筒进行绕机检查，严查每一个死角；在机上，乘务员检查设备。"报告乘务长，应急设备检查完毕，设备固定在指定位置，数量正确，功能完好。""服务设备检查完毕。"

翱翔于蓝天之上的乘务员有着令外界羡慕向往的工作。但是光鲜亮丽的外表下，他们经过专业培训的磨炼。在航程中，他们是旅客的贴心小管家；在飞机遇到紧急情况时，他们是旅客身边最专业的安全卫士；在航班上遇到旅客突发疾病时，他们又是受过专业急救培训的医护人员。多重角色下，他们是专业的。

（资料来源：民航资源网）

思考：在很多看不到的地方，民航乘务员都默默付出努力，分析民航乘务员的多重角色。

知识链接

根据中国民航局 CCAR-121FS-R5 中相关规定，飞机上配备的应急设备种类、数量、位置均有相应的要求，基本原则是一致的。机上通用应急设备分为客舱灭火设备、客舱供氧设备、应急医疗设备和紧急撤离设备。客舱发生突然情况时，正确使用应急设备有效处置，能最大限度确保旅客人身财产安全。

视频：客舱应急设备

一、水剂灭火器

（一）基本介绍

水剂灭火器（图 3-30）用于熄灭灰烬类起火，即 A 类火情。

（二）旅客登机前检查要求

（1）在位。

（2）铅封完好。

（3）二氧化碳筒心可见。

 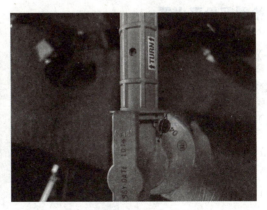

图 3-30 水剂灭火器

二、瓶身矮胖型海伦灭火器

（一）基本介绍

瓶身矮胖型海伦灭火器（图3-31）用于熄灭各种类型起火。

（二）旅客登机前检查要求

（1）在位。
（2）安全锁扣在位。
（3）铅封完好。
（4）压力表指示在绿色区域。

图 3-31　瓶身矮胖型海伦灭火器

三、手枪型海伦灭火器

（一）基本介绍

手枪型海伦灭火器用于熄灭各种类型起火。

（二）旅客登机前检查要求

（1）在位。
（2）铅封完好。
（3）压力表指示在绿色区域。
（4）红色 full 标志可见。

四、瓶身长海伦灭火器

（一）基本介绍

瓶身长海伦灭火器（图3-32）用于熄灭各种类型起火。

（二）旅客登机前检查要求

（1）在位。

（2）安全销在位。

（3）铅封完好。

（4）压力表指示在绿色区域。

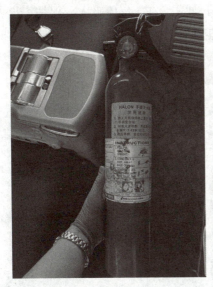

图 3-32　瓶身长海伦灭火器

知识角

火灾的类型

根据可燃物的类型和燃烧特性，火灾可分为以下六类。

A类火灾：指固体物质火灾。这类物质通常具有有机物性质，一般在燃烧时能产生灼热的余烬，如木材、煤、棉、毛、麻、纸张等。

B类火灾：指液体或可熔化的固体物质火灾，如煤油、汽油、柴油、原油、甲醇、乙醇、沥青、石蜡等燃烧的火灾。

C类火灾：指气体火灾，如煤气、天然气、甲烷、乙烷、丙烷、氢气等燃烧的火灾。

D 类火灾：指金属火灾，如钾、钠、镁、铝镁合金等燃烧的火灾。

E 类火灾：指带电火灾，如物体带电燃烧的火灾。

F 类火灾：指烹饪器具内的烹饪物，如动植物油脂燃烧的火灾。

五、防护式呼吸装置

（一）基本介绍

防护式呼吸装置（Protective Breathing Equipment，PBE），如图 3-33 所示。在客舱封闭区域失火和有浓烟时使用，可以防止烟雾、有毒气体吸入，保护灭火者的眼睛和呼吸道不受伤害，适用于封闭区域，如卫生间、客舱内的灭火。客舱失火时，乘务员可以戴 PBE 来保护眼睛和呼吸道。每个防护式呼吸装置可为使用者提供大约 15 min 的氧气，其主要类型包括头戴式、半身式等，具体配备类型无机型限制。

图 3-33　防护式呼吸装置

（二）旅客登机前检查要求

（1）在位。

（2）包装盒，标牌完好。

六、便携式氧气瓶

（一）基本介绍

便携式氧气瓶（图3-34），通常在飞行过程中供突发疾病的旅客使用，提供急救用氧。另外，还可以在客舱释压的应急情况下使用。

（二）旅客登机前检查要求

（1）在位。

（2）面罩在位。

（3）氧气输出口的防尘帽阻塞在位或面罩接插正常。

（4）压力表最小值为1 600 psi。

图3-34　便携式氧气瓶

📄 素养提升

海航搭建"空中绿色生命急救通道"

2015年9月28日19:52，海南航空HU492航班从布鲁塞尔起飞，起飞1 h后，机组卫星电话通报AOC（运行控制中心），有一名旅客腹部疼痛，此时飞机已爬升至万米高空。AOC值班签派员紧急联系航医，由航医通过卫星电话向机组提供支持，指导乘务员给旅客服用客舱药箱中常备的缓解胃肠道痉挛的药，并继续关注旅客情况。

20 min后，旅客情况突然恶化，腹痛难忍，此时航班即将进入俄罗斯领空，由于事发突然，为给病人及时救治争取时间，机组和值班签派员商议后决定就近备降圣彼得堡。虽然紧急备降增加成本，但在生命面前，旅客的安危才是头等大事。

AOC值班签派员随即联系海南航空圣彼得堡营业部，要求紧急安排地面保障，联络机场急救中心，确保病人在落地后第一时间接受救治。同时协调俄方海关边防，确

保旅客入境治疗无签证阻碍。在各保障单位的共同努力和配合下，海南航空迅速为旅客搭建起一条飞往圣彼得堡的"空中绿色生命通道"。

北京时间22:48，HLI492航班在圣彼得堡安全落地。此时救护车已在机下等候，航班到位后医护人员第一时间将旅客抬下飞机。经急救人员初步诊断，病人已不适合继续飞行，考虑语言交流等问题，海航又安排圣彼得堡当地负责人全程陪同将病人送往当地医院进行检查及治疗，悉心照料和观察患病旅客情况。

海航在应对国际航班因空中突发事件备降方面已经建立了一套较成熟的处理程序及保障预案，也成功处置了多起类似事件。在这背后，正是因为有这么一群坚守一线、无私奉献的海航人对安全的守护和重视，对旅客至真至诚的服务，才能赢得广大旅客的信任。

（资料来源：中国民用航空网）

思考：谈谈你对"生命面前，旅客的安危才是头等大事"的理解。

七、应急定位发射器

（一）基本介绍

应急定位发射器（图3-35），也称应急电台，有便携式和机载固定式两种。便携式应急定位发射器一般位于左后乘务员座椅后面，有时候安放在飞机前部行李架内；机载应急定位发射器一般位于后乘务员站位头顶板附近。

应急定位发射器的作用是在飞机迫降后，为救援人员提供一个方位信号。当飞机发生剧烈撞击或触水时，机载应急定位发射器自动开启并发射应急信号，国际卫星搜救组织的卫星系统可以接收信号。应急定位发射器每次只能使用1个，一旦接通将持续发射48 h，作用范围约350 km。应急定位发射器在咸水中比在淡水中发射时间长，在冷水中比在热水中发射时间长。

图3-35　应急定位发射器

（二）旅客登机前检查要求

（1）在位。

（2）天线、塑料袋缠绕完好。

八、其他应急设备

（一）基本介绍

（1）防烟镜。一般在充满烟雾的驾驶舱使用，可以保护机组人员的眼睛不受伤害，从而保证继续飞行。

（2）石棉手套。石棉手套位于驾驶舱的储藏箱内，具有防火隔热的作用，当驾驶舱失火时，飞行员戴上它可以继续操控飞机；乘务员灭火时也可以使用。

（3）烟雾探测器。在烟雾达到一定浓度时，烟雾探测器能够及时自动发出警报，以便乘务员及时处理。

（4）自动灭火器。自动灭火装置是在客舱卫生间温度达到一定高度时，自动启动，喷射海伦灭火剂灭火。

（5）氧气面罩。在客机上，氧气面罩是为旅客提供氧气的应急救生装置。在发生紧急情况下，氧气面罩可供机上人员吸氧。

飞机上的氧气面罩分别储藏在驾驶舱控制台座席前面、旅客座椅上方的旅客服务组件内、乘务员座椅上方和卫生间。

氧气面罩是通过一根细长的橡胶供氧管和卡口接头连到自动连接器上，氧气连续流到面罩的储气袋里，储气袋先储气，然后慢慢胀大，当旅客深吸气把储气袋吸空时，面罩上的进气活门则再次进入氧气。

当飞机的座舱高度超过 4 200 m 时，氧气面罩会自动脱落。另外，旅客座椅上方的氧气面罩也可由驾驶舱人工操作使其脱落。

（6）救生衣。救生衣一般位于旅客座椅下方或座椅侧面的口袋里，在水上迫降时使用。

救生衣有黄色与红色两种颜色，两种颜色都是警告色，帮助救援人员区别和发现旅客。其中，红色供机组人员使用，黄色供旅客使用。

救生衣是用尼龙材料做成的上下两个气囊，能起到双重保险的作用。附件中左右各有一个高压气瓶，分别拉动两边的红色把手，可在 2 s 内完成自动充气，还可以使用两侧的口吹管人工充气，以增大浮力。定位灯的电源由海水激活，供电时间超过 12 h，在夜晚极易被发现。同时，救生衣还配有哨子，用于呼叫；镜子用于反射光线。

救生衣在使用时取出，经头部穿好，将带子扣好、系紧，但在客舱内不要充气，当撤离至出口时，拉开充气阀门充气，充气不足时用嘴向里充气。

（7）救生船。救生船用于水上迫降时撤离旅客。救生船为圆形或椭圆形，折叠后装入包装袋中，储藏在行李箱或舱顶。在发生紧急情况时，应迅速为救生船充气并投入使用。救生船的断开手柄、人工充气手柄、缠绕好的系留绳位于包装袋上一块颜色鲜明的盖布下。救生船上的设备如下。

1）救命包。救命包用于迫降后求救和逃生，按说明书使用其中物品。

2）天棚。天棚用于迫降时遮风挡雨、防寒、防晒，还可以做求救信号用。

3）天棚支柱。天棚支柱用于连接固定天棚，加宽船内空间。

4）通风窗口。通风窗口位于天棚上，用于使空气流通。

5）海锚。当救生船到达安全区域后，抛出海锚可以固定救生船。

6）刀子。刀子用于割断救生船与飞机之间的连接绳。

7）定位灯。定位灯遇水自动发光，用于显示救生船的位置。

8）救助绳。救助绳用于救助落水者。

9）充气孔。充气孔位于船头，用于给救生船充气。

📖 阅读与思考 ●

全美航空 1549 号航班迫降事件

全美航空 1549 号班机是从纽约到北卡罗来纳州的夏洛特再飞往西雅图的航班。在 2009 年 1 月 15 日起飞后 6 min 在纽约哈德逊河紧急迫降。

起飞一分钟左右，1549 号班机机长沙林博格向机场塔台报告，指飞机上两具引擎都撞上鸟而失去动力，要求立即折返机场。机场方面随即指示 1549 号班机立即折返，但沙林博格机长发现不能掉头折返机场，于是准备安排客机飞往新泽西的泰特伯勒机场紧急降落；但其后机长又发现当时飞机的高度及下降速率，无法让客机安全降落于泰特伯勒机场。于是，机长决定避开人烟稠密地区，冒险让客机紧急降落在贯穿纽约市的哈德逊河上。拉瓜迪亚塔台在机长告知即将降落哈德逊河 23 s 后失去与班机联系。飞机飞进哈德逊河河道上空，并以滑翔方式缓缓下降。飞机机尾首先触水，其后以机腹接触水面滑行，飞机左侧的一号引擎于水面滑行期间脱落沉入河底。最后，飞机于曼克顿附近停止滑行，机身大致保持完整。

事发后机长被美国民众推崇为英雄，因他于飞机出事时临危不乱，以高超技术急降飞机于河面上，飞机保持完整，令机上所有人生还，而且在疏散旅客时，他两度检查机舱，确保没有旅客被困才最后一人离开机舱。

（资料来源：百度百科）

思考：结合所学谈谈水上迫降时需要哪些应急设备。

（8）应急照明灯。当发生紧急情况，飞机主电源失效时，机上应急照明灯会自动运行。机上应急灯照明包括机内照明和机外照明两部分。机内照明包括区域应急灯、出口指示灯和出口路径灯。机外应急灯为逃生滑梯提供照明。

（9）应急出口。在民航客机上，除登机门、服务门外，还有应急门，即应急出口。应急出口（图 3-36）是专门为应急情况发生后逃生准备的，飞机应急迫降后，旅客和机组人员可由此撤离飞机。当发生意外事故迫降着陆后，将应急门拉手拉到应急打开的位置，应急门就会自动打开。

图 3-36　应急出口

坐在应急出口座位上的旅客在发生紧急情况时，需要协助机组成员完成撤离。为了确保在紧急情况下快速有效地撤离，要求应急出口座位下不能放置任何行李物品，同时应急出口的座椅靠背不可调节。

国内常见机型波音 737-800 型飞机的客舱机翼上有 4 个翼上应急出口，机身两侧各 2 个。翼上应急出口为舱盖式出口，由机械锁固定，可由位于舱门顶部的弹力手柄从内部或外部开启。国内常见机型空客 A320 型飞机的客舱机翼上有 4 个翼上应急出口，机身两侧各 2 个。

（10）手电筒。在乘务员座椅下方备有手电筒（图 3-37），从座椅下方取出后会自动亮起。当飞机遇到紧急情况中止照明时，乘务员可迅速取出手电筒提供照明。

图 3-37　手电筒

（11）应急医疗箱和急救药箱。根据我国民用航空局规定，民航飞机在载客时，应配备至少一个应急医疗箱（图3-38），以及与飞机所容纳人数相对应的数个急救药箱（图3-39），存放在机组人员便于取用且防尘、防潮、防损坏的地方。

图3-38　应急医疗箱

图3-39　急救药箱

（二）旅客登机前检查要求

（1）在位。
（2）设备正常或未被使用。

📖 阅读与思考 ●

四川航空8633号事件

四川航空8633号班机（3U8633）是由四川航空公司运营的中国国内航线航班。该航班于2018年5月14日从重庆江北国际机场起飞，执飞机型为空中客车A319，机长为刘传健，副驾驶为徐瑞辰。起飞约40 min后在32 100英尺（约9 800 m）高度巡航时，驾驶舱右座风挡玻璃破裂脱落，飞机瞬间发生快速减压，正副机长克服低温、大风、噪声、通信困难、机件故障及高原飞行、紧急下降高度限制等一系列不利因素，于7:46安全备降在成都双流机场，所有旅客平安落地。

（资料来源：百度百科）

思考：在客舱发生紧急情况时，哪些设备可以帮助旅客逃生？

任务实训

实训任务：应急设备的检查。

实训目标：

1. 知识目标：掌握应急设备航前检查要领。

2. 技能目标：会进行旅客登机前应急设备的检查。

3. 情感目标：培养高度的岗位责任心，严谨、认真的工作态度；树立民航安全意识，遵守旅客生命至上原则。

实训要求：每 5～6 人为一个乘务组，1 人为乘务长，其余为各号位乘务员，执飞 LF 航空公司 2020 年 12 月 9 日 LF5101 航班，进行应急设备旅客登机前检查。

实训形式：乘务组形式，乘务长负责制。

实训步骤：

1. 每位乘务员进行应急设备检查练习。

2. 乘务组练习旅客登机前应急设备检查。

实训总结：乘务组自行分析和乘务组间互相分析，乘务教员总结。

任务小结

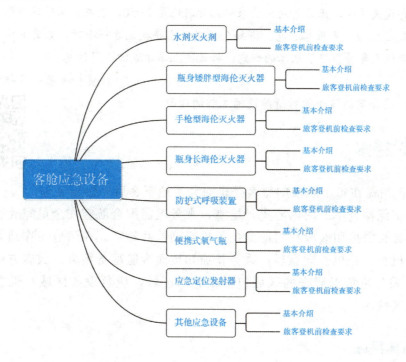

任务四　清舱

📖 案例导入

　　航班落地后，乘务员令狐友倩在清舱时发现座椅下方止滑杆内有一个小包，赶紧报告乘务长张月。张月与安全员打开记录仪后，查看发现包内有身份证、医保卡、驾照等证件及近2 000元现金。按照程序，乘务组联系了地服工作人员，由于飞机停靠远机位，此时地服同事已经和摆渡车一起离开，不便交接，最方便的处理方式是由乘务组把包带回公司，第二天再由地服同事带到现场。

　　"夏女士找不到包一定很着急。""夏女士身份证显示不是昆明本地人，今天是国庆第一天，万一过来旅游，很有可能连酒店都住不了……"想到这些，本已回到公司的令狐友倩决定再跑一趟，打车返回机场。对照身份证、驾照上的信息，令狐友倩回忆起夏女士是最后一个走下飞机的旅客，依稀有些印象，但没有旅客的联系方式，只能去旅客可能前往的地方碰碰运气。

　　在旅客到达处，令狐友倩询问工作人员后，等待了一会儿。没等到夏女士，又决定去出发层的川航柜台问问。途中，机场安保建议去派出所找一找。果然，旅客着急前往蒙自市，却遗失了包，正哭着向民警求助。此时已是23:50，已在公司休息的张月得知后立即开车赶往机场，为旅客送包。得知令狐友倩已寻找她近一小时，旅客非常感动，执意酬谢。两位乘务员拒绝了旅客的好意，将她送上车才返回公司休息。

（资料来源：民航资源网）

　　思考：结合案例谈谈你对清舱这项工作的理解。

📖 知识链接

视频：清舱

　　民航机组需在每个航段的旅客登机前和落地下客后，按照《航空器客舱安保检查单》的内容进行检查，乘务组需配合航空安全员完成客舱清查工作，乘务长需按照航段在对应的位置进行确认并签字。在清舱工作结束后，乘务长报告机长，经机长同意后，乘务长通知地面客舱准备结束，旅客方可登机。在这里，乘务组负责清查的区域包括服务间区域、应急设备区域、机组休息区域、客舱区域。

一、服务间区域

　　（1）舱顶、四壁、地板及连接处。

（2）厨房的烤箱、冰箱、橱柜、储物间。

（3）机供品、餐车及周围区域。

（4）服务间衣帽间。

（5）乘务员座椅、救生衣及座椅下方区域。

二、应急设备区域

（1）应急设备存放处，急救药箱。

（2）客舱门、驾驶舱门、应急出口。

三、机组休息区域

（1）舱顶、四壁、地板及连接处。

（2）氧气面罩隔间及其他隔间。

（3）室内储物格。

（4）床铺、床垫及周围区域。

四、客舱区域

（1）旅客座椅，包括椅垫、椅袋、座椅下方区域。

（2）救生衣、演示包、安全带。

📖 素养提升 ●

南航贵州"蓝天卫士"全力备战北京冬奥会

2022年1月7日消息：2022年北京冬奥会开幕在即，1月起，南航贵州公司全体空警、安全员对空防安全保障工作进行全面升级，为这一体育盛会顺利召开增添助力。

"蓝天卫士"们除了日常训练中加强安保队伍机上特情处置能力，同时全面提升全员安全意识，严肃执勤作风纪律，持续强化全体空警安全员"打好开局战"的责任意识，筑牢开局期间思想屏障。

"北京冬奥会势必会对空中交通安全运输提出更高的要求，因此，我们必须从专业的角度去发现问题，解决问题，才能更精准、及时地消除事故隐患苗头，为建设'平安民航'增砖添瓦，确保重要时期空防绝对安全。"南航贵州公司保卫部部长胡康泉表示，自2021年12月15日贵阳T3航站楼正式启用暨南航转场运营后，公司开展为期十天的"航班天天查"整治活动。其间，空保检查组制定专项检查单，围绕民航局与公司各项规章要求，对贵阳出港航班空中安保人员职业形象、作风纪律、航前

协作、航前航后清舱及业务知识等进行现场检查考核，并对检查出的问题进行立即整改。通过开展安全大整顿活动、前移安全关口，从而落实空中安全隐患的闭环管理，规范了检查程序标准及清舱检查效率。

值得一提的是，在严密、严谨、严格的队伍作风影响下，开年以来，南航贵州蓝天卫士们认真执行每一次飞机清舱任务，不仅为旅客出行安全保驾护航，更成为机上遗失物品的"守护者"。据统计，截至1月7日，"蓝天卫士"们在对机舱进行安保检查过程中，共找回旅客遗失现金1710元、手机2部、笔记本电脑1台、钱包3个、身份证件3张及若干行李箱，并全部完好、及时交还旅客，以实际行动践行"人民航空为人民"的深刻含义。

"机上安保检查工作不仅是为了发现旅客的遗留物品，第一时间物归其主，减少旅客财产损失；同时也有效降低了各类危险品与外来物品等潜在风险或直接威胁。"目前，南航贵州公司已连续保障了331个月的空防安全记录，"蓝天卫士"们将不懈坚持"预防为主"的工作方针，努力提高业务水平与安全保障能力，为本次北京冬奥会圆满举办贡献"空中力量"。

（资料来源：民航资源网）

思考：谈谈清舱工作的重要意义。

任务实训

实训任务：清舱。

实训目标：

1. 知识目标：掌握清舱的程序和内容。

2. 技能目标：会进行旅客登机前清舱。

3. 情感目标：培养高度的岗位责任心，严谨、认真的工作态度；树立民航安全意识，遵守旅客生命至上原则。

实训要求：每5～6人为一个乘务组，1人为乘务长，其余为各号位乘务员，执飞LF航空公司2020年12月9日LF5101航班，进行旅客登机前清舱。

实训形式：乘务组形式，乘务长负责制。

实训步骤：

1. 每位乘务员进行清舱练习，熟悉程序内容。

2. 乘务组练习旅客登机前清舱。

实训总结：乘务组自行分析和乘务组间互相分析，乘务教员总结。

任务小结

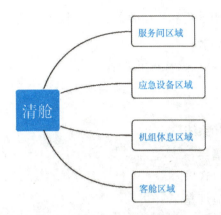

项目总结

　　本模块共四个任务：乘务员上机个人准备的基本内容，包括乘务员进场的时间、秩序基本要求；客舱服务设备航前检查工作，服务设备主要包括卫生间设备、厨房设备、飞机餐食、机供品、旅客服务组件、舱门、乘务员控制面板、客舱通信系统等的航前检查；客舱应急设备的航前检查，应急设备主要包括灭火设备、供氧系统、紧急撤离设备等的航前检查；旅客登机前的最后清舱。通过学习，要求每名乘务员都能严格按照进场的时间、秩序要求进场，井然有序，乘务员上机后能安排好个人物品；能在旅客登机前完成卫生间、厨房、旅客服务组件、餐食、灭火设备、供氧系统、紧急撤离设备、应急设备、乘务员控制面板的检查工作；能完成清舱工作，为旅客登机做好准备。

项目实训

　　实训任务：旅客登机前准备。
　　实训目标：
　　1.知识目标：掌握卫生间、厨房、旅客服务组件的操作与检查，掌握飞机餐食、机供品、灭火设备、供氧系统、紧急撤离设备、应急设备的检查；掌握乘务员控制面板、客舱通信系统的操作与检查。

实训：旅客登机前准备

　　2.技能目标：能在旅客登机前完成卫生间、厨房、旅客服务组件、飞机餐食、灭火设备、供氧系统、紧急撤离设备、应急设备、乘务员控制面板的检查工作；
　　3.情感目标：培养高度的岗位责任心，严谨、认真的工作态度，勤勤恳恳的工作作风；树立民航安全意识；遵守旅客生命至上原则；培养团队合作精神。

实训要求： 每 5～6 人为一个乘务组，1 人为乘务长，其余为各号位乘务员，执飞 LF 航空公司 2020 年 12 月 9 日 LF5101 航班，自北京首都—上海虹桥 8:30—10:45，旅客 10 人，餐食为鸡肉米饭 5 份和牛肉面条 5 份，饮料有茶、可乐、雪碧、橙汁、苹果汁，做好旅客登机前准备。

实训形式： 乘务组形式，乘务长负责制。

实训步骤：

1. 五人制工作步骤

（1）乘务长检查音频系统。

（2）乘务长检查广播器。

（3）乘务长检查登机音乐。

（4）乘务长打开客舱灯光。

（5）2 号位检查和摆放安全演示设备。

（6）3 号位检查客舱、整理安全带等，准备出口座位卡和安全须知卡。

（7）4 号位检查机供品和饮料。

（8）5 号位检查餐食和特殊餐食。

（9）清舱。

（10）报告乘务长客舱准备情况。

（11）乘务长报告机长客舱准备完毕，旅客准备登机。

（12）广播旅客登机。

2. 六人制工作步骤

（1）乘务长检查音频系统。

（2）乘务长检查广播器。

（3）乘务长检查登机音乐。

（4）乘务长打开客舱灯光。

（5）2 号位检查和摆放安全演示设备。

（6）3 号位检查客舱、整理安全带等，准备出口座位卡和安全须知卡。

（7）4 号位检查机供品。

（8）5 号位检查餐食和特殊餐食。

（9）6 号位检查饮料。

（10）清舱。

（11）报告前后客舱的准备情况。

（12）乘务长报告机长客舱准备完毕，旅客准备登机。

实训总结： 乘务组自行分析和乘务组间互相分析，乘务教员总结。

拓展阅读：职业教育集团化视角下校企深度合作模式的构建与优化

拓展练习

一、选择题

1.（　　）是水上脱离飞机时使用的。

　　A.防火衣　　　　　　　　　　　　　B.防烟面罩

　　C.救生衣　　　　　　　　　　　　　D.氧气面罩

2.水灭火瓶适用于（　　）火灾。

　　A.纸、木、布　　　　　　　　　　　B.油脂、易燃液体

　　C.电器　　　　　　　　　　　　　　D.各类

3.飞机上的（　　）适用于各种火灾。

　　A.二氧化碳灭火瓶　　　　　　　　　B.水灭火瓶

　　C.海伦灭火瓶　　　　　　　　　　　D.以上均正确

4.座椅上方的旅客服务组件包括（　　）设备。

　　A.阅读灯、呼唤铃、座椅排号识别

　　B.扬声器

　　C."禁止吸烟"及"系好安全带"标志灯

　　D.以上均正确

5.B类火灾指液体或可熔化的固体物质火灾，不包括（　　）。

　　A.棉、毛　　　　　　　　　　　B.煤油、汽油、柴油、原油

　　C.甲醇、乙醇　　　　　　　　　D.沥青、石蜡

6.乘务组和机组应该严格按规定时间进场，并在进场时间上应保持一致。一般来说，国内航线，始发航班进场时间不得晚于航班起飞前（　　）min。

　　A.60　　　　　　B.70　　　　　　C.80　　　　　　D.30

7.国际航线，中窄体机进场时间不得晚于起飞前（　　）min。

　　A.60　　　　　　B.70　　　　　　C.80　　　　　　D.30

8.国际航线，宽体机进场时间不得晚于航班起飞前（　　）min。

　　A.70　　　　　　B.60　　　　　　C.80　　　　　　D.90

9.国内最常见的机型波音737飞机和空客A320飞机，设有（　　）个卫生间。

　　A.1　　　　　　　B.2　　　　　　C.3　　　　　　D.4

10.观察客舱卫生间门顶上的灯色，若呈现红色，则（　　）。

　　A.不可以使用　　　　　　　　　　B.可以使用

　　C.起飞前可以使用　　　　　　　　D.起飞后可以使用

二、判断题

1.成人穿好救生衣后不能在客舱内立即充气。　　　　　　　　　　（　　）

2.海伦灭火瓶不能用于电器失火和油脂类失火。　　　　　　　　　（　　）

3. 客舱释压时，乘务员要迅速使用最近的氧气面罩。　　　　　　（　　）

4. 乘务长是乘务组进场时的负责人，对乘务组在进场时的秩序和职业化形象进行监管。　　　　　　　　　　　　　　　　　　　　　　　　　　　（　　）

5. 乘务员统一用右手拉飞行箱，左肩挎飞行挎包。　　　　　　　（　　）

6. 乘务员的行李可放在专用储物柜，不得将行李存放于有紧急设备的行李架内，影响紧急设备的取用。　　　　　　　　　　　　　　　　　　　　（　　）

7. 观察客舱卫生间门顶上的灯色，若呈现红色则有人，呈现绿色则无人。（　　）

8. 卫生间灭火器的热熔帽是用密封剂封住的，当卫生间温度达到 77 ℃时，热熔帽融化，灭火剂自动喷射。　　　　　　　　　　　　　　　　　　（　　）

9. 飞机滑行中，可以使用烤箱加热食物。　　　　　　　　　　　（　　）

10. 餐车应按规定位置存放，车门紧锁，踩好刹车，并被锁扣固定。餐车应按规定位置存放，车门紧锁，踩好刹车，并被锁扣固定。　　　　　　　　（　　）

11. 飞机饮用水水质符合标准，放置 15 min 后无沉淀。　　　　　（　　）

12. 位于紧急出口位置附近的座椅靠背是不可以调节的，方便在发生紧急情况时快速撤离飞机。　　　　　　　　　　　　　　　　　　　　　　　（　　）

13. 应急定位发射器的作用是在飞机迫降后，为救援人员提供一个方位信号。应急定位发射器每次能使用 2 个，一旦接通将持续发射 48 h。　　　　　（　　）

三、论述题

1. 乘务员登机后应开展的检查工作包括哪些？

2. 乘务组清舱的主要区域和内容是什么？

习题答案

项目四
欢迎旅客登机

掌握迎接旅客服务的要点；掌握安全演示的方法；掌握应急出口确认的要点；掌握安全检查的要点等。

会欢迎旅客登机，会出口确认；会操作舱门与预位；能整齐划一地进行安全演示；会进行起飞前安全检查等。

树立安全服务意识；培养严谨、认真、一丝不苟的工作作风，耐心、细致、热情的工作态度；具备组织管理能力与团队合作精神。

思维导图

任务 欢迎旅客登机具体工作内容

案例导入

接同胞回家！海南航空圆满完成乌克兰撤侨航班保障任务

随着乌克兰紧张局势急剧升级，约有6 000多名中国公民滞留乌克兰。为确保中国公民的安全，在党中央、国务院的统一领导下，在外交部的统筹协调下，在各部委、民航局及各地方政府的指导支持下，海南航空接到撤侨任务后，立即成立"撤侨任务临时党支部"，迅速推进各项工作，3月共计执行布加勒斯特客运包机4班次，累计运输旅客916名，运输援助物资21 t。

"我们在登机口迎接同胞们登机，可以想象，此时，小小的登机门在同胞们眼里就是一扇强大的国门，一扇温暖的家门。我们的工作再苦再累也值得！"谈到这段特殊的保障经历，海南航空客舱经理张博仍然十分激动。

鲜艳的五星红旗，指引着回家的路。为安全快速接同胞回家，海南航空各级党组织高度重视、反应迅速，召开撤侨临时党支部紧急会议，全面启动准备工作，挑选政治过硬、作风优良、责任心强、业务精湛的飞行组、乘务组和安保组执行运输任务，并安排欧洲其他航点保障人员赴布加勒斯特开展现场保障。

为了让同胞们感受到祖国的温暖，乘务员们细心地在防护服上写上"欢迎回家"四个字，在客舱门口手举两面鲜艳的五星红旗欢迎旅客登机，还为每位同胞赠送了一面小国旗，客舱内目光所及之处也张贴了国旗海报，整个客舱被温暖的中国红包围。

"五星红旗迎风飘扬，胜利歌声多么响亮！……"手中有国旗，心中有力量，乘务员与旅客们一起挥舞手中的国旗，唱起了《歌唱祖国》《我和我的祖国》《红旗飘飘》等红色歌曲，许多同胞的眼眶中噙满了感动的泪水，哽咽地说道："感谢伟大祖国，感谢海航来接我们，从踏进客舱的那一刻就仿佛投入祖国母亲的怀抱，我们要回家了！"

（资料来源：民航资源网）

思考：迎客服务在客舱服务中的重要作用是什么？

知识链接

视频：欢迎旅客登机

一、迎客

旅客登机时，乘务员应根据规定站在指定的位置（如舱门口、过道里），热情地迎接旅客，主动向旅客问好（图4-1）。在旅客登机时，乘务长应开展迎客服务，同时与地面工作人员、驾驶舱保持联系，随时处理在登机时发生的各种问题。

旅客登机时，特殊旅客优先登机，特殊旅客登机结束后普通旅客再登机。

二、安排旅客就座

为旅客介绍座位号码，按号码入座（图4-2）。

图 4-1　欢迎旅客　　　　　图 4-2　安排旅客就座

阅读与思考

暖如朝阳与旅客一路同行

"工作中，我们每天都会遇到旅途中形形色色的人，但是只要怀揣一颗向善的心，这个世界或许会被你照亮，你的温度或许能温暖这一路同行的人。"赵楠是海南航空控股股份有限公司（简称"海南航空"）的一名乘务员，在做好本职工作的同时，她时刻提醒自己，给旅客多一点关心和帮助，多一点耐心和理解。

在执行一次由广州飞往成都的航班任务时，赵楠在迎客过程中关注到一个三口之家：年轻的父母不仅要照顾看起来刚满一岁的宝宝，还提了一大堆行李，步履艰难。只见男士大包小裹提着行李一路小跑向前，额头冒汗却无暇擦拭，赵楠赶紧上前和男士一起安放行李，随后她转身帮宝妈把宝宝的小书包和随身用品进行整理、安置。

赵楠给这对夫妇介绍了服务按钮和用途，并且拿来了婴儿安全带，细心地向宝妈讲解如何使用，但是小宝宝貌似很不喜欢被束缚着，突然哭闹起来。拿出奶瓶试图安抚小宝宝的宝妈看着并不买账、越哭越大声的宝宝，神情窘迫。赵楠灵机一动，想到飞机上配备了小饼干，于是拿来放在宝宝眼前边摇晃边逗他。宝宝被哗啦啦的响声吸

引了，开始想要抓她手上的小饼干，渐渐地，哭声变小了，挂着眼泪的小脸蛋露出了微笑，一旁的宝妈也松了口气。赵楠向周围旅客说："我们的航班上都会备有防噪耳塞，一会儿会发给需要的旅客，各位不必担心，有任何需求都可以叫我们。"大家纷纷表示理解，善意的安慰让这对年轻夫妻露出了笑容，连忙道谢。

"我相信耐心地去聆听、理解和帮助，用温暖的话语化解旅客的窘境，真的可以温暖旅客的心。"作为一名海航乘务员，赵楠时刻提醒自己，每一个航班对自己来说可能是一个普通航班，但对于每一位需要帮助的旅客来说，自己的举手之劳可能给旅客带来的是温暖、开心，让他们的旅行更惬意、更愉快，所以在工作中一定要多想一点，多做一点。

从创立之初，海南航空便秉承海航"店小二"服务精神，以"真情服务"和最美微笑迎接全球旅客，并一直将旅客的需求放在心上。

（资料来源：民航资源网）

思考：海航"店小二"服务精神的本质是什么？

三、安排行李

及时引导乘客就座并协助乘客安放行李，确保行李恰当存放，关闭行李架，并锁定（图4-3）。如果发现不符合客舱安全规定的行李物品，例如行李过大，应及时向乘务长报告，请地面人员处理。

应急出口座位不得摆放行李物品。

图4-3 安排行李

知识角

行李

行李是旅客在旅行中为了穿着、使用、舒适或方便的需要而携带的物品。

托运行李的质量每件不能超过 50 kg，体积为 40 cm×60 cm×100 cm。持有成人或儿童头等舱客票的旅客，每位旅客的免费行李额（包括托运和自理行李）为 40 kg，持有公务舱客票的旅客为 30 kg，持有经济舱客票的旅客为 20 kg。持婴儿票的旅客，无免费行李额。

旅客可以免费自行携带零星小件物品乘机，作为随身携带物品。航空公司对随身携带物品的体积及质量有限制：经济舱每人可携带一件物品，每件的体积不超过 20 cm×40 cm×55 cm，质量不超过 5 kg；头等舱旅客可以携带两件。打火机、液体、刀具等不得作为随身携带物品带上飞机。

在办理乘机手续时，不符合尺寸、质量要求的随身携带物品应托运。如在安全检查时被查扣，可以补办托运、寄存或放弃；如在登机后发现，乘务员报告给乘务长，通知地面值机人员办理托运手续。

四、确认应急出口

视频：确认应急出口

📖 **阅读与思考** ●

空乘不仅是旅客的服务员，更是飞行安全的守卫者

一段关于春秋航空某航班上，空乘与旅客发生争执的视频引起了广泛关注。一名坐在飞机紧急出口座位的旅客，疑似频繁触碰机舱安全门，甚至直接用手深入应急出口的盖板把手，进而与前来劝阻的乘务员爆发了争执。事后，春秋航空对当班的乘务员和机组进行了奖励。随着视频的传播，机组的处置也得到了大家广泛的支持。

毫无疑问，对于此类潜在威胁飞行安全的行为，乘务员在事件中的处置合法合规，面对乘客的质疑，其据理力争的表现也得到了大多数人的理解与支持。从这起事件出发，结合这些年所出现的几起典型"应急舱门"事件，乘务员与旅客冲突事件，在此希望从空乘职责双重性的角度，来谈谈为何起落安妥是旅客、机组与航司的共同责任。面对日后的类似事件，我们又该如何构建和谐的旅客运输环境？

擅自触碰应急舱门并非小事。2018年4月，一航班在抵达四川绵阳机场下机途中，一位旅客因觉得机舱闷热，便顺手打开了一旁的应急舱门。2019年3月，又一名旅客庄某在一南航航班降落珠海机场后，擅自打开了座位旁的飞机应急舱门。2020年8月，在一趟飞往厦门的航班落地后，一名大三学生出于好奇将应急舱门的盖板取下并扳动红色把手，好在当时因触发报警器，及时被空乘发现制止而未酿成更为严重的安全事故。该名学生也因为自己的行为，而遭到行政拘留10日的处罚。就在此事件刚刚发生一个月后，2020年9月，一名旅客在搭乘南航CZ2047航班时，同样也是出于好奇心，在飞机降落后，打开了座位旁的应急舱门，造成应急滑梯弹出。

不难看出，关于旅客乘机中擅自开启飞机应急舱门的事件，几乎在国内每年都在发生。频繁发生类似事件体现了对安全知识、行为后果和责任的认识不足。

（资料来源：民航资源网）

思考：结合案例分析，非法触碰安全门可能引发的问题有哪些。

为了安全需要，飞机客舱设有应急出口。民航法规要求，在发生紧急情况时，坐在应急出口的旅客应该能够协助机组人员完成紧急撤离工作。在应急出口旅客入座后，乘务员应该在第一时间对其进行评估，包括目测、口头确认和报告乘务长（图4-4）。

图 4-4　确认应急出口

（一）目测

目测，即用眼睛看，评估旅客是否适合。经目测，适合坐在应急出口的旅客，乘务员需要进行口头确认。通常，应急出口座位不允许安排老、弱、病、残、孕、幼等旅客就座。当出现以下情况时，旅客不适合坐在应急出口。

（1）旅客的两臂、双手和两臂缺乏足够的运动能力、体力或灵活性。

1）向上、向旁边和向下达不到应急出口位置和应急滑梯操纵机构。

2）不能握住并推、拉、转动或者不能操作应急出口操纵机构。

3）不能推、撞、拉应急出口舱门操纵机构或者不能打开应急出口。

4）不能把与机翼上方出口窗门的尺寸和重量相似的物品提起、握住、放于临近的座椅上，或将其越过椅背搬到下一排去。

5）不能搬动其尺寸和重量上与机翼上方出口门相似的障碍物。

6）不能迅速到达应急出口。

7）当移动障碍物时不能保持平衡。

8）不能迅速通过应急出口。

9）在滑梯展开后不能使滑梯稳定。

10）不能协助他人使用滑梯撤离。

（2）不能握住并推、拉、转动操纵机构。

（3）无能力打开应急出口。

（4）旅客不足 15 岁，或没有陪伴的监护人、亲属的协助，缺乏履行上述条款所列的一项或多项能力。

（5）缺乏阅读、理解及语言能力。

（6）视觉不佳，主要指旅客的视力必须通过除隐形眼镜或普通眼镜以外的视觉器材的帮助才能达到足够的视觉能力。

（7）缺乏听觉能力，主要指旅客的听力必须通过除助听器以外的器材才能达到足够的听觉能力。

（8）缺乏口头传达能力。

（9）遣返旅客、在押犯人及其押解人员。

（10）旅客需照顾婴幼儿。

（11）过度肥胖旅客。

（12）不愿意或无能力遵守出口座位规定，如旅客履行应急出口功能有可能伤害其身体。

（二）口头确认

对于适合坐在应急出口座位的旅客，必须告知旅客他们可能会被要求完成以下动作。

（1）操作一个应急出口。

（2）评估一个出口处的外部情况，确保安全撤离。

（3）跟随由一个机组成员口头发出的指示和／或手势行动。

（4）打开和固定好一个应急出口，以便使它不会妨碍旅客撤离。

（5）评估滑梯的可使用性，协助其他人撤离。

（6）沿着安全通道快速通过应急出口撤离。

在应急出口确认时，话术一般表述为："女士、（先生）您好，您坐的是应急出口座位，带有红色标志的地方请不要动，也不要让别人动。这是出口座位卡和安全须知卡，请您仔细阅读。当飞机遇有紧急情况时，请您协助机组人员打开这个出口，但要听从机组人员的指挥，可以吗？谢谢您的合作！"

（三）不愿意或不能坐在应急出口座位

民航法规定：旅客应遵守关于应急出口座位的限制，如果旅客不能或不愿承担上述所有要求，必须更换该旅客的座位。

（1）旅客应遵守应急出口座位的限制，如果旅客不能或自己不愿承担应急出口座位的相关义务，如可能，乘务员应将该旅客换至非应急出口座位，且应急出口座位旅客要求更换座位时，乘务员不得要求旅客讲明理由。

（2）如果没有符合标准的旅客愿意被调换至应急出口座位，本次航班即被认为过满，应劝其自愿离开飞机，如没有自愿者，要求非应急出口座位的旅客将被拒绝登机。

（3）当在登机口时，要求地面代理人帮助选择和更换旅客座位。

（4）如果飞机已处于滑行中，必须报告机长，由机长决定是否返回登机口，飞机必须完全停稳后才能更换旅客座位，以防止因调换座位引起的旅客受伤。

对于不能坐在应急出口座位的旅客，对其座位进行调换。"女士、（先生）您好，您坐的是应急出口座位，为了您的方便，请您调换到这个座位。我可以帮您拿行李吗？谢谢您的配合！"

对于不愿意坐在应急出口座位的旅客："对不起，我马上给您重新安排一个座位。"

（四）报告乘务长

完成应急出口旅客评估工作后，应报告乘务长，应急出口确认完毕。

知识角

翼上应急出口的操作

国内常见机型波音 737-800 型飞机翼上应急出口的操作方法如下。

1. 内部开启

（1）向内、向下拉动手柄，松开。

（2）应急出口门会向外、向上自动打开。

（3）拉出应急出口门框上的应急绳，连接到机翼表面的环上。

2. 外部开启

（1）用膝盖顶住出口下部。

（2）推面板。

（3）紧急出口会向外、向上自动打开。

国内常见机型空客 A320 型飞机翼上应急窗的操作方法如下。

（1）取下手柄盖，滑梯预位指示灯亮起。

（2）向下拉动操作手柄。

（3）抓住底部扶手，把应急窗从框上拿下来。

（4）把应急窗扔到机外，机头方向。

（5）滑梯自动充气，充气不足时，拉窗框内的人工充气把手。

五、特殊旅客安排

适时为登机旅客提供帮助，向需要特殊照顾的旅客做个别介绍，详见项目七。

六、清点人数

乘务员清点旅客人数，并与地面工作人员、机组及旅客舱单进行核对。之后报告乘务长，旅客已齐（图4-5）。

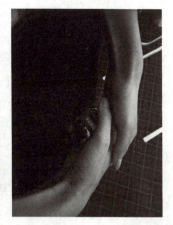

图 4-5　清点人数

七、关舱门

舱门操作是乘务员工作十分重要的环节，这项工作非常重要，不能受任何外部因素的影响。在航班正常运行中，舱门的关闭必须由责任乘务员完成，严禁其他乘务员代替操作。在关舱门前，应确认以下事项。

视频：关舱门和操作舱门分离器

（1）乘务员已妥善、合理地安放旅客行李，行李架已锁好，确认出口畅通，并已报告乘务长；乘务长对客舱行李进行确认。

（2）应急出口旅客评估、确认完毕，并已报告乘务长。

（3）乘务员完成数客工作，并已报告乘务长；乘务长与地面工作人员确认旅客登机数和舱单上的旅客人数一致，无关人员已下机，规定文件齐全。

（4）已完成电子设备使用须知，锂电池、充电宝使用须知的广播。

（5）乘务长报告机长：一切准备就绪。

（一）波音 737-800 型关舱门

（1）向下按住阵风锁，解除舱门的锁定。

（2）握住舱门辅助手柄，将门向内拉动。

（3）反方向转动舱门手柄 180°，将舱门关好。

（4）检查舱门的锁定及密封情况，确认舱门周围没有杂物。

视频：波音 737-800 型关舱门　　动画：波音 737-800 型关舱门

（二）空客 A320 型关舱门

（1）压下防风锁按钮，解除舱门的锁定。

（2）握住舱门辅助手柄，将门向内拉动至门框。

（3）将门把手向内、向下压至关闭位。

（4）检查锁定显示在绿色 LOCKED 位置。

视频：空客 A320 型关舱门　　动画：空客 A320 型关舱门

知识角

在舱门外关舱门的方法

1. 国内主要机型波音 737-800 型关舱门

（1）收回阻拦绳。

（2）确认舱门内、外无障碍物。

（3）按下阵风锁。

（4）将舱门推回至舱内。

（5）将舱门外部控制手柄拉出，反方向旋转 180°，关好舱门将控制手柄复位。

（6）检查舱门密封状况，确认舱门无异物。

2. 国内主要机型空客 A320 型关舱门

（1）将阻拦绳收回。

（2）确认舱门内、外无障碍物。

（3）按下阵风锁解除按钮。

（4）将舱门推回至舱内。

（5）将舱门外部控制手柄压至与舱门平齐。

（6）检查舱门密封情况，确认舱门无异物。

八、操作舱门分离器

操作舱门分离器的作用是把启动飞机滑梯的设备连接到飞机客舱门上。在紧急情况下，打开舱门时，滑梯就会自动弹出，完成紧急情况下的撤离工作。操作舱门分离器是乘务员工作十分重要的内容，此阶段非常重要，不能受任何其他因素的影响。在航班正常运行中，操作舱门分离器必须由责任乘务员完成，严禁代替操作。

（一）波音 737-800 型操作舱门预位

（1）将滑梯预位警示带斜跨过安全窗固定。

（2）将滑梯杆从滑梯挂钩上取下，连接到地板支架上。

（3）确认舱门已预位，并互检。

（4）报告乘务长。

视频：波音 737-800 型操作舱门预位　　动画：波音 737-800 型操作舱门预位

（二）空客 A320 型操作舱门预位

（1）打开保护盖。

（2）拔出安全销（有红色的飘带）。

（3）把待命把手放在"待命 ARMED"位置。

视频：空客 A320 型操作舱门预位　　动画：空客 A320 型操作舱门预位

（4）合上保护盖。

（5）存放安全销（红色飘带不可见）。

（6）确认舱门已预位，并互检。

（7）报告乘务长。

（三）关闭机门后，重新开舱门

关闭机门后，如需重新开舱门，乘务长应做以下工作。

（1）关闭机门后如需重新开启舱门，乘务长应请示机长是否可以再次开门。

（2）得到机长允许后，发布滑梯解除待命的指令。

（3）完成滑梯解除待命操作后，通过内话系统逐一进行确认。

（4）再次与机长确认滑梯待命已解除，请示是否可以开舱门。

（5）得到机长允许后，向客舱广播"所有机门已解除待命，可以开门"。

关闭机门后，如需重新开舱门，乘务员应做以下工作。

（1）在需要重新停靠廊桥或客梯车的情况下：确认滑梯待命已解除，责任乘务员在得到外部地面工作人员给出可以开门的提示后，按要求开启舱门。

（2）在不需要重新停靠廊桥或客梯车的情况下：确认滑梯待命已解除，责任乘务员需通过观察窗，看到地面机务给出机外已安全的提示后，按要求开启机门；如舱门需由机务人员从外部打开，客舱乘务员应给出"大拇指向上"的手势，表明所有舱门已解除待命，可以打开舱门。

📖 **阅读与思考** ●

东航山西客舱部再出严格举措确保安全与服务

"客舱安全"不是一次运动，而是客舱部每一名员工心中永恒的主题，在"安全生产月"期间，客舱部围绕客舱安全关键阶段再次推出系列安全举措，稳步推进客舱安全管理水平，确保安全工作稳中有升。

进入夏季雷雨季飞行，近期安全形势严峻，客舱部召集业务干部及飞行经验丰富的骨干们共同分析如机门、滑梯失控造成不安全事件的案例，认真分析风险点，就分析中发现的共性问题进行归纳、总结和提炼，出台了多期"风险提示"，以确保安全运行。提示中，要求各机门操作的责任乘务员必须严格按照滑梯操作六字方针操作滑梯待命系统，将"听、看、想、动、查、说"认真贯穿于每一次的操作流程；严格按照流程工作，严格交叉检查和双人监控制度，严禁提前、越位、替代操作非责任机门上的任何装置。同时，在飞行全程乘务长都要做好客舱安全管控，航班结束后，乘务长必须完成对机上所有机门滑梯待命解除情况的确认后，方可离机。

同时，为了更加有效地避免因乘务员疲劳飞行造成可能会发生的人为失误，提高全员的安全意识，业务管理部和分部的领导从航前准备会抓起，制定部值班领导

航前准备提问单，并根据实际情况随时增加提问内容，例如近期各项安全通告、规定内容、新版运行规范内容等，同时细化了乘务组航前准备流程，根据安全形势持续丰富着航前准备会的内容。

客舱部一声声安全重锤不断敲响，从安全文化建设和夯实乘务员基本技能，到客舱安全制度的制定落实和风险防控，再到全员安全习惯和价值观的养成，不断强化着安全意识，时刻谨记安全规章制度、按章操作，以安全周到的高品质服务，确保每个航班顺利起飞、平安落地。

（资料来源：民航资源网）

思考：结合案例谈谈平安起落如何落到实处。

九、音频服务

旅客登机时，乘务长应打开登机音乐，并适时播放预录广播。如有任何航班延误的信息，应及时通知机组和旅客，及时进行播报（图4-6）。利用音频系统提醒旅客，飞行全程中禁烟，电子设备的使用规范，锂电池、充电宝的使用规范等。

1. 广播电子设备的限制和检查广播

女士们、先生们：为防止干扰飞行通信和导航系统，请您在飞行全程中不要开启和使用以下电子设备：移动电话、调频收音机及遥控装置等。其他电子设备如手提笔记本等请在起飞15 min后使用，但必须在下降时"系好安全带"指示灯亮后关闭，以保证飞行安全。谢谢您的合作！

图4-6　音频服务

Ladies and gentlemen: please note that certain electronic devices not be used on board at any time. These devices include mobile telephones, radios and remote-controlled equipment including toys. All other electronic devices including laptop computers and CD players must not be switched on until fifteen minutes after take-off, and must be switched off when "fasten seal belt" sign comes on for landing.

Thank you for your cooperation!

> **知识角**
>
> **便携式电子设备使用限制**
>
> 为防止电子设备对机载导航和通信系统造成干扰，中国民航严格限制在飞机内使用便携式电子设备，飞机上的旅客不得开启和使用与航空器正常飞行无关的主动发射无线电信号的便携式电子设备。

（1）从关舱门起至开舱门止，不得使用的电子设备主要包括以下十种。

1）移动电话。

2）发射机。

3）计算机、打印机。

4）电视机。

5）调频无线电。

6）遥控玩具。

7）双向寻呼机。

8）对讲机。

9）遥控电子设备。

10）充电宝。

（2）在飞行高度3 000 m以下，不得使用的设备主要包括以下九种。

1）手提笔记本。

2）数字式/盒式录音机。

3）录像机/播放系统。

4）计算器。

5）电子游戏机。

6）甚高频扫描接收机。

7）激光唱机。

8）收音机。

9）iPad和电子书，这里需要说明，iPad或电子书的外形尺寸长、宽、高三边之和，如小于31 cm旅客可手持，如大于31 cm需要做有效固定，即放在行李架内或前方座椅口袋内。

（3）任何时候都允许使用的设备，主要包括以下八种。

1）助听器。

2）心脏起搏器和其他体内医疗设备。

3）电子神经模拟器。

4）电子表。

5）电动剃须刀。

6）传呼机。

7）人员生命保护装置。

8）民航局批准安装的娱乐机载设备。

2. 客舱安全检查广播

女士们、先生们：现在客舱乘务员进行安全检查，请您协助我们收起您的小桌板、调直座椅靠背、打开遮光板、系好安全带。本次航班为禁烟航班，在飞行全程中禁止

吸烟和拨打移动电话。谢谢。

Ladies and gentlemen: Would you please put your seat backs to the upright position, fasten your seat belts and lock your tables in place? We will be taking off in a few minutes. You are reminded that smoking and telephone-operation are not permitted at any time during flight. Please use your call button if you require assistance, our crew will attend to your needs. Thank you!

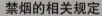

禁烟的相关规定

烟草中的尼古丁是一种中枢神经毒麻剂，会使飞行员全身血管收缩、视力下降，会污染机上空气环境，甚至会导致火险，因此航班全程禁止吸烟。为控制吸烟危害，维护和改善民用机场和民用航空器内的公共环境，保护广大旅客的健康，确保飞行安全，1997年12月30日中国民用航空总局通过《民用机场和民用航空器内禁止吸烟的规定》，并开始施行。目前，几乎所有国际、国内航班都要求飞行全程禁止吸烟。

民用机场的下列区域禁止吸烟（包括物化电子烟）。

（1）航空器活动区域。

（2）候机楼内旅客活动区域（指定吸烟区除外）。

（3）旅客通道、摆渡车内。

民用航空器内的下列区域禁止吸烟（包括物化电子烟）。

（1）国内航线、特殊管理的国内航空运输航线、澳门航线及海峡两岸航线的民用航空器的客舱和卫生间内。

（2）国际航线的民用航空器的客舱禁烟区和卫生间内。

（3）在地面上停放的民用航空器内。

同时，民用机场管理部门、航空公司可在规定的范围之外，自行确定本部门管理范围内的其他禁止吸烟场所。

对违反禁烟规定的旅客，客舱乘务员要使用合理的方式进行告知。

（1）对于立即熄灭香烟的旅客，不再采取行动。

（2）如旅客不听劝告，态度恶劣，继续吸烟，乘务员应明确指出此行为的严重后果，并立即报告机长，由机长通知地面，安排机场公安人员在登机口接飞机处理。同时客舱乘务员应记录在《机上重大事件报告》中，记录主要内容包括以下八项。

1）吸烟者的航班号、日期、座位号。

2）吸烟者的姓名、地址、身体特征描述。

3）吸烟者的登机地点和目的地。

4）证人的姓名、地址和电话号码。

5）其他机组成员的姓名、地址和住处。

6）"禁止吸烟"的告示信号灯是否接通。

7）是否向吸烟者进行告知；

8）简要、客观地描述事件。

📖 阅读与思考

人命关天，开飞机岂能抽烟？

2018年7月10日，由香港国际机场飞往大连周水子机场的国航CA106航班，在飞行过程中发生紧急下降，飞行高度由11 000 m快速下降至4 000 m。民航局公布初步调查结果，航班副驾驶因吸电子烟，为防止烟雾烟味弥漫到客舱，在未通知机长的情况下，原本想关闭循环风扇，但错误地关闭了相邻空调组件，导致客舱氧气不足，客舱高度告警。

尽管航空运输技术已经取得长足进步，但航空安全问题绝对不能掉以轻心。除飞机状况、天气条件等传统的安全问题外，像吸烟这样的潜在风险不容小觑。

全社会控烟，飞机不应成为例外。飞机上抽烟会危及航班安全，造成的二手烟危害，同样会波及其他旅客。相关规定显示，航空器内禁烟，只限于"在禁烟区禁止吸烟"。驾驶舱内机组人员能不能吸烟，各家航空公司规定不一，有的根据中国民用航空总局规定，国内航班全程禁止吸烟，国际航班在特定条件下可以吸烟。国航在2015年就曾曝出，从香港飞往北京的国航航班上，坐在头等舱的4名旅客在起飞10分钟后闻到浓烈烟味，乘务员两度进入驾驶室查询吸烟情况，最终向旅客道歉。此番国航106航班客舱失压事件，再度敲响驾驶舱吸烟的安全警钟。如果坐视机组人员烟瘾之类不良习惯尾大不掉，对飞行风险熟视无睹，一支烟毁掉一个航班的惨痛教训可能还会上演。

由此而言，全舱全程禁烟，关乎空中飞行安全，关乎旅客身心健康，绝不是一个小问题。对一家负责任的航空公司而言，在飞行安全面前，任何些小的风险漏洞，都应该坚决堵塞。对中国这样航空市场快速发展的国家来说，制定更完备、更严格的法律、法规来保障航班飞行安全，已经到了势在必行的非常时刻。"动员千次不如问责一次。"本着"安全隐患零容忍"的原则，应对此次国航CA106航班不安全事件刨根问底追查清楚，严惩相关责任人。以此事为契机，民航系统不妨聚焦安全责任松懈麻痹问题开展专项整治，以不断深化安全隐患治理，确保人为安全危机不再发生。

安全风险从来没有"假想敌"，只有拿出"不怕一万、就怕万一"的谨慎态度防范和化解各类风险可能，我们才能最大限度地杜绝安全事故，让平安成为每个人幸福生活的垫脚石。

（资料来源：《人民日报》）

思考：结合民航安全基本要求，谈谈如何做好航班控烟工作。

3. 欢迎词广播

女士们、先生们：欢迎您乘坐 LF5101 次航班前往上海。由北京到上海的空中飞行距离为 1 160 公里。预计空中飞行时间为 1 小时 25 分钟，飞行高度 9 000 米，飞机正在滑行，很快就要起飞，请您在座位上坐好，系好安全带。祝各位旅途愉快！谢谢！

Ladies and gentlemen: Captain Wang and your crew welcome you aboard night LF5101 to Shanghai（Beijing）.The air distance between Beijing and Shanghai is 1,160 kilometers. Flying time will be 1 hour and 25 minutes.We'll be flying at an altitude of 9,000 meters. We will be taking off immediately. Please make sure that your seat belt is securely fastened. Wish you have a pleasant joumey! Thank you!

4. 确认安全带广播

女士们，先生们：我们的飞机很快就要起飞了，请您再次确认您的安全带是否系好。谢谢。

Ladies and gentlemen: Our plane will be taking off immediately. Please make sure that your seat belt is securely fastened. Thank you!

知识角

关于系好安全带

飞机安全带是在飞机起飞、降落、颠簸、碰撞时保护旅客和机组人员的安全设施，避免受到伤害，保障安全。

（1）在起飞前、着陆过程中和空中"系好安全带"指示号灯亮起时，除完成必需的安全任务外，乘务员应当坐在座位上，并系紧安全带和肩带。

（2）在起飞和着陆过程中，乘务员应当系紧安全带和肩带，但在履行其正常职责需要时，可以松开肩带。

（3）在下列情况下，乘务员应检查或广播通知旅客系好安全带。

1）滑行、起飞和着陆前。

2）"系好安全带"指示灯亮时。

3）遇有颠簸。

4）夜间飞行。

5）遇有劫机。

6）紧急下降。

（4）旅客应服从"系好安全带"信号灯指示。

（5）飞机在地面移动、起飞和着陆期间，飞机上每一名旅客均应当在座椅上就座，并按要求系紧安全带。

（6）乘务员在进行客舱安全检查时，应确认无人座位的安全带已固定，使其不妨碍机组成员执行任务或者紧急情况下旅客的撤离工作。

（7）腰围较大旅客应使用加长安全带。

（8）婴儿旅客应使用婴儿安全带。

十、安全演示

📖 阅读与思考 ●

　　对于航空公司来说，一段出彩的飞行安全演示视频，不仅有助于
普及航空安全知识，达到寓教于乐的目的，更有助于航空公司品牌宣传和品牌推广。近年
来，为了吸引旅客对飞行安全知识的重视，大部分航空公司每年都会推出新版飞行安全演
示视频，绞尽脑汁地将原本乏味的安全须知制作成喜剧片、动画片，甚至科幻大片，并通
过社交媒体平台、视频网站向人们传播。

视频：**安全演示**

　　济南旅游版《安全乘机须知》宣传片是济南旅游和山东航空客舱安全须知栏目的
完美结合，是济南旅游与山东航空跨界联名宣传方式的重大突破，通过在安全须知的
播放平台中完美展现济南旅游的精华，面向全国乘坐山东航空航班的旅客传播济南旅
游的魅力，并让全国超过 3 000 万名航空旅客在了解乘机安全的同时，对济南的明星旅
游目的地产生美好的憧憬和向往。

　　山东航空目前拥有 124 架飞机，经营航线 240 多条，每周约 4 400 个航班飞往全国
90 多个大中城市，并开通中国台湾、香港地区航线和韩国、日本、泰国、印度、柬埔
寨等国际航线。《济南旅游版机上安全须知》宣传片在山航全机队播放，按照一天 120 架
飞机计算，每架飞机每天播放 6 ～ 8 次安全视频，每天济南版安全视频播放量在 720 次到
960 次，超过 20 万次播放，面向 3 000 万航空旅客精准推广。

　　《济南旅游版机上安全须知》对讲好济南泉水故事、塑造旅游品牌形象发挥着重
要作用，同时对旅游业、航空业内容营销创新突破产生重大且深远的启发和影响。

（资料来源：民航资源网）

　　思考：谈谈《安全乘机须知》对飞行安全的重要意义。

　　航空公司应以视频或人工演示的方式，向旅客进行安全演示讲解。在以视频的方
式播放安全演示时，必须在视频中加入字幕或手语，满足听力受损旅客的需要。

　　客舱安全演示应在飞机滑行时进行，演示前应保证全体旅客已坐好，乘务长应保
证乘务员不受干扰地完成安全演示。客舱安全须知主要包括救生衣、氧气面罩、安全
带演示、应急出口演示、安全须知演示。

　　安全演示前，可将需要用到的安全演示包整齐地放在服务间台面上。

　　演示时，乘务员借用旅客小桌板放置安全演示包。

　　演示后，应将安全演示所用的救生衣、安全带、氧气面罩、安全须知等物品整理
后装入安全演示包。安全演示包则应放置在无紧急设备的行李架或储物间内。

（一）救生衣演示

1. 准备

亲爱的旅客朋友们，你们好，为了您的旅行安全，客舱乘务员将进行安全演示。
Ladies and gentlemen, for your travel safety, now the cabin attendants will give you the

safety demonstration.

　　右手持救生衣顶部，手臂自然弯曲将救生衣置于腰部，与身体保持一尺左右距离，左手自然下垂（图4-7）。

2. 广播词

　　救生衣是水上最重要的救生工具，注意！在客舱内不要拉充气阀门。救生衣储藏在您的座椅附近，使用时取出，经头部穿好，将带子扣好、系紧。注意在客舱内不要充气。当您撤离至出口时，再用力向下拉充气阀门，充气不足时，将救生衣上部的人工充气管拉出用嘴向里充气，夜间或雾天必须拔掉电池销。救生衣上配有哨子和定位灯，机组人员的救生衣为红色。

图4-7　救生衣演示"准备"

　　We will now explain how to use the life vest. Don't pull the red taps into fit the vest in the cabin. Your life vest is located near your seat. To put the vest on slide it over your head. Fasten the buckles and pull the straps tight around your waist. Please don't inflate it while you are in the cabin. Pull the tapes firmly to inflate vest when you reach the exit. If your vest is not inflated enough, you can inflated it by blowing into the mouth pieces. Pull out the battery pin during the night or the bad weather. Your life rest has whistle and indicate light. The crew wear red life vest.

3. 演示

　　当广播"取出"时，右手臂伸直，自然上举，手臂与身体的夹角为90°（图4-8）。

　　当广播"穿好"时，用双手撑开救生衣，经头部穿好（图4-9）。

图4-8　救生衣演示"取出"　　　　图4-9　救生衣演示"穿好"

　　当广播"扣好"时，扣上救生衣锁扣（图4-10）。

当广播"系紧"时,将救生衣腰带拉紧,将多余部分扎入腰带内。

当广播"打开"时,五指并拢,手掌展开,虎口处握住充气拉环向下拉(图4-11)。

图4-10 救生衣演示"扣好"　图4-11 救生衣演示"打开"

当广播"不足"时,双臂自然上举,两手握住充气管(图4-12);当广播"拉出"时,两手将充气管向外拉出。

当广播"充气"时,先右边再左边各做一次明显的吹气动作(要将充气管拉向自己,对着充气管吹气)(图4-13)。

图4-12 救生衣演示"不足"　　　图4-13 救生衣演示"充气"

当广播"to put"时,将救生衣腰带松开。

当广播"fasten"时,将救生衣腰带拉紧,多余部分扎入腰带内。

当广播"around"时,转身演示并复位(转身时向前迈左腿,向右边转身)。

当广播"pull"时,五指并拢,手掌展开,虎口处握住充气拉环向下拉。

当广播"if"时,双臂自然上举,两手握住充气管。

当广播"inflation"时，两手将充气管向外拉出。

当广播"blow"时，先右边再左边各做一次明显的吹气动作（要将充气管拉向自己，对着充气管吹气）。

（二）氧气面罩演示

1. 准备

右手拿氧气面罩，将面罩输氧管卷好握紧，双手交叉自然下垂在身体前侧（图4-14）。

2. 广播词

氧气面罩储藏在您的座椅上方，紧急情况时，面罩会自动掉下，面罩掉下后，用力向下拉面罩，将面罩套在口鼻处，将带子套在头上就可以正常呼吸，请您先戴好自己的氧气面罩，然后再帮助您身边的旅客戴上氧气面罩。

图4-14　氧气面罩演示"准备"

The Oxygen mask is stored above your seat. It will drop automatically in emergency situation. When you see the mask, pull the mask toward you. Place the mask over your nose and mouth, and slip the elastic band over your head. Then help the passenger beside you to put on the mask.

3. 演示

当广播"氧气面罩"时，右腿向右前方跨半步，重心向右前方，右手手臂向右前方将氧气面罩举至旅客控制面板下方（卷好面罩输氧管，用手握紧）（图4-15）。

当广播"脱出"时，使面罩脱落约10 cm左右（图4-16）。

图4-15　氧气面罩演示"氧气面罩"　图4-16　氧气面罩演示"脱出"

当广播"拉"时，面罩保持在原处不动，演示者半转身用左手向下拉面罩（图4-17）。

当广播"罩在"时，将面罩换到左手（图4-18）。

图4-17　氧气面罩演示"拉"　　　　图4-18　氧气面罩演示"罩在"

当广播"套在"时，将面罩罩在口鼻处，做向上套带子的动作（图4-19）。

图4-19　氧气面罩演示"套在"

当广播"就可以"时，转身展示（图4-20）。

图 4-20　氧气面罩演示"就可以"

当广播"stored"时，与右手动作相反，左腿向左前方跨半步，重心向左前方，左手手臂向左前方将氧气面罩举至旅客控制面板下方（卷好面罩输氧管，用手握紧）。

当广播"drop"时，使面罩脱落约 10 cm 左右。

当广播"pull"时，面罩保持在原处不动，演示者半转身用右手向下拉面罩。

当广播"cover"时，将面罩换到左手。

当广播"slip"时，将面罩罩在口鼻处，做向上套带子的动作。

当广播"then"时，向左转身演示。

（三）安全带演示

1. 准备

将安全带扣好，双手握好，自然下垂在身体前侧，左手握扣，右手握环（图4-21）。

2. 广播词

在您座椅上方有两条可以对扣起来的安全带，当"系好安全带"指示灯亮时，将连接片插入锁扣内，调节安全带的松紧，使安全带系的低而紧，解开时将锁扣打开，拉出连接片。

There are two belts on the sides of your seat that can be buckled together, please make sure your seat belt is securely fastened whenever the fasten seat belt signs are on. To unfasten the seat belt please open the cover and release the buckle.

3. 演示

当广播"安全带"时，左手解开锁扣后双臂向上平伸，与肩同宽，双手平摊手心朝上托起安全带（图4-22）。

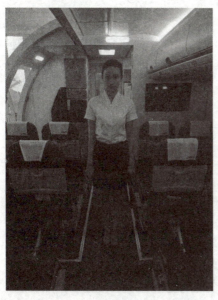 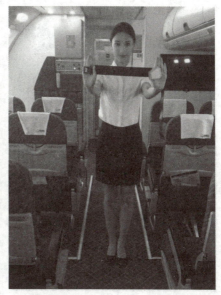

图 4-21 安全带演示"准备"　　图 4-22 安全带演示"安全带"

当广播"扣好"时，将安全带扣好，并向旅客展示安全带，手指平伸，安全带扣在左手边（图 4-23）。

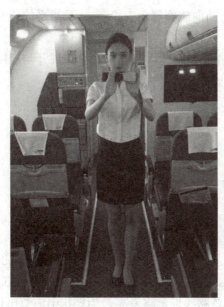 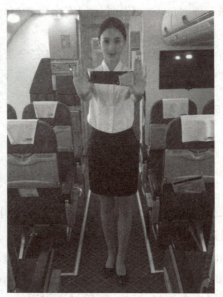

图 4-23 安全带演示"扣好"

当广播"打开"时，用左手将安全带扣慢慢解开，双手将安全带展开与肩同宽（图 4-24）；在"即可"后放下安全带同时系好锁扣，自然垂直于身体前侧。

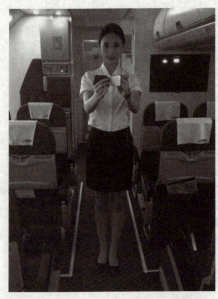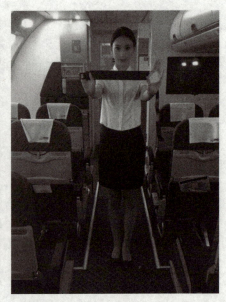

图 4-24　安全带演示"打开"

当广播"seat belt"时，左手解开锁扣后双臂向上平伸，与肩同宽，双手平摊手心朝上托起安全带。

当广播"fastened"时，将安全带扣好，并向旅客展示安全带，手指平伸，安全带扣在左手边。

当广播"release"时，用左手将安全带扣慢慢解开，双手将安全带展开与肩同宽；英文结束后放下安全带同时系好锁扣，放下安全带。

（四）应急出口灯演示

1. 准备
乘务员站好。

2. 广播词
本架飞机的应急出口位于客舱前部、中部和后部，出口均标有明显标志，请记住离您最近的出口。

Attention please, there are emergency exits are located in the front, in the middle and in the rear of the cabin. All exits are clearly marked please take moment to looked your nearest exit.

当飞机电源失效时，客舱过道附近的应急路线标示将发亮，为您指引应急出口。

If there is a loss of electrical power, Emergency light will lead you to the exit.

3. 演示
当广播"前部"时，前臂抬至耳朵两侧，五指并拢，手指伸直，指尖指向机头方向（图 4-25）。

当广播"中部"时，手臂和肩同宽，五指并拢，双掌向左右两侧打开（图 4-26）。

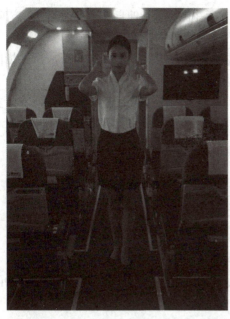 

图 4-25 应急出口灯演示"前部" 图 4-26 应急出口灯演示"中部"

当广播"后部"时，双臂与肩同宽，向前伸直，五指并拢，手指伸直，指尖指向机尾方向（图 4-27）。

当广播"紧急照明灯"时，应急灯在乘务员右（左）侧座椅边缘时，弯腰 15°，右（左）臂向前伸直，手掌微翘，从前向后准确指示应急灯位置，视线跟随手指的方向（图 4-28）。

图 4-27 应急出口灯演示"后部" 图 4-28 应急出口灯演示"紧急照明灯"

当广播"front"时，前臂抬至耳朵两侧，五指并拢，手指伸直，指尖指向机头方向。

当广播"middle"时，手臂和肩同宽，五指并拢，双掌向左右两侧打开。

当广播"rear"时，双臂与肩同宽，向前伸直，五指并拢，手指伸直，指尖指向机尾方向。

当广播"light"时，应急灯在乘务员右（左）侧座椅边缘时，弯腰15°，右（左）臂向前伸直，手掌微翘，从前向后准确指示应急灯位置，视线跟随手指的方向。

（五）《安全须知》卡演示

1. 准备

乘务员站好，右手拿好《安全须知》卡，手臂自然下垂（图 4-29）。

2. 广播词

在您前面座椅背后的口袋内有《安全须知》，请仔细阅读。谢谢。

For further information, instruction cards are stored in the pocket ahead of you. Please read it carefully. Thank you.

3. 演示

当广播"《安全须知》"时，右手平举安全须知卡，手臂伸直，《安全须知》卡正面正对旅客（图 4-30）。

图 4-29　《安全须知》卡演示"准备"　图 4-30　《安全须知》卡演示"《安全须知》"

当广播"阅读"时，从左至右平行移动《安全须知》卡，移动幅度为左肩至右肩的宽度，然后手臂交叉自然下垂于身体前侧。

当广播"谢谢"时，鞠躬致谢。

当广播"for"时，右手平举安全须知卡，手臂伸直，《安全须知》卡正面正对旅客。

当广播"in front of you"时，从左至右平行移动《安全须知》卡，移动幅度为左肩至右肩的宽度，然后手臂交叉自然下垂于身体前侧。

当广播"thank you"时，鞠躬致谢。

📖 阅读与思考 ●

春秋航空"微笑大使"进讲堂为学生奉上知识盛宴

2021年6月是第二十个全国"安全生产月"，以"安全生产月"活动为契机，恰逢即将到来的暑假，为加强学生群体对航空安全知识的了解，6月6日春秋航空联合新东方教育共同推出"航空安全进讲堂"活动，作为今年春秋航空"微笑年"的主题活动之一，来自春秋航空乘务组"微笑大使"和新东方老师共同为学生们带来了一场生动有趣的航空安全知识体验课，获得了学生和家长们的一致好评。

随着近年来民航快速发展和国民生活水平的提高，越来越多的学生成为"飞行常旅客"，学生的航空安全教育也受到了社会的广泛关注。为什么坐飞机要系好安全带？为什么在飞机起飞与降落关键时段需要打开遮光板、收起小桌板？如何识别登机牌，使用安全带、氧气面罩？本次春秋航空"航空安全"特色体验课通过乘务员浅显易懂的讲解、生动有趣的现场演示互动，以寓教于乐的形式让学生群体建立航空安全知识的基础认知。体验课过程中，同学们热情高涨，现场氛围非常热烈，大家积极参与互动环节，分享了自己在乘机时的体验和故事。

春秋航空工作人员表示，每年春秋航空都会联合各大学校及教育机构举办各类航空安全宣讲活动，已经持续了6年多，现场面授学生超过3 000人。在不断努力提升公司安全管理工作的同时，春秋航空希望通过更多样的形式为航空安全知识在学生群体中的普及作出自己的一份贡献，引导孩子们养成文明、有序、遵章、守纪、礼让、关爱的良好候机、乘机习惯。

（资料来源：央广网）

思考：通过案例，你学习到了哪些民航安全常识？

十一、客舱安全检查

（1）乘务员需要在客舱进行电子设备的检查，包括手机等电子设备安全模式的调节，锂电池、充电宝的使用等（图4-31）。

（2）乘务员应进行客舱的小桌板、遮光板、座椅的检查，要求收起小桌板，打开遮光板，调直座椅靠背。

（3）乘务员应及时收回旅客座椅周围的塑料包装纸。

（4）乘务员应检查行李架，确认行李架已锁定，应急出口座位无行李物品（图4-32）。

图 4-31　客舱安全检查　　图 4-32　确认行李架锁定

　　（5）乘务员需要再次确认固定好厨房用品，检查锁定装置和刹车装置，并固定乘务员座位附近的装置。

　　（6）乘务员需要确认卫生间无人，并锁闭。

📖 阅读与思考 ●

飞机即将降落　女旅客躲在洗手间化妆不出来

　　网上视频显示，2022 年 4 月 9 日，在北京—广州的 MU6303 航班上，由于飞机即将降落，一名空姐站在洗手间门前向内说道："女士，您要出来了，我们已经下降了，您必须回座位坐好了。"随后，一名男性机组人员同样站在洗手间门前朝内说道："现在马上回到座位。"面对两名机组人员的提醒，洗手间内的女子并未有所行动。视频中再次出现一名空姐向洗手间内的女子说道："您好，打扰您一下，您现在需要收拾东西，回到座位入座，因为飞机马上就要落地了。"

　　在整个视频中并未出现女子的声音和画面，消息指出，该名女子在飞机下降过程中，在洗手间化妆超 30 分钟。

　　那么，机组人员为何要在飞机起降时，提醒旅客回到座位呢？飞机的起降阶段是最容易引发事故的阶段。"飞机座椅在椅背放直状态下处于最安稳状态，这是针对座位正后方旅客的逃生着想的。因为在椅背被放下时，会让后方旅客的空间变小，从而影响到后方旅客的逃生。"该工作人员表示，除调整座椅靠背外，收起面前桌板也是同样的道理，针对的是旅客自己，而关闭电子设备是为了防止飞机在接收信号时遇到干扰。此外，在事故发生时，飞机会存在断电的可能，因此打开遮光板是为了让机舱内存在光源，方便旅客逃生。

　　根据《中华人民共和国治安管理处罚法》第二十三条的规定，扰乱航空器秩序的，可处以警告或 200 元以下罚款；情节较重的，处 5 日以上、10 日以下拘留，可以并处

500 元以下罚款。2018 年 5 月我国曾出台《关于在一定期限内适当限制特定严重失信人乘坐民用航空器推动社会信用体系建设的意见》并实施，严重扰乱客舱秩序、严重影响飞机飞行安全的，可将行为人列入限制乘坐民用航空器严重失信人名单，为期1 年。

（资料来源：齐鲁晚报·齐鲁壹点）

思考：结合所学分析，案例中的情况可能会带来哪些风险。

（7）乘务员应收起录像显示器，使其复位。

（8）乘务长应对客舱进行整体检查，确保安全无误。

（9）乘务员除执行有关的安全工作外，此阶段停止一切与安全无关的客舱服务。

（10）乘务员坐在指定的位置，保持安全姿势（图 4-33），并开始进行自身检查，伴随飞机的滑行对客舱进行监控，同时开始回顾应急情况下的措施，包括应急设备的位置和使用方法、出口位置和使用、可以协助实施应急撤离程序的旅客、需要帮助撤离的旅客、复习应急程序等。在这里，安全姿势是指以下姿势。

1）身体坐正、靠好，系紧安全带和肩带。

2）双脚平放在地板上，适度分开。

3）双手扶膝或双手掌心向下压在大腿下。

图 4-33　乘务员安全姿势

任务实训

实训任务 1：操作舱门。

实训目标：

1. 知识目标：掌握关舱门的方法和程序。

2. 技能目标：会操作舱门。

3. 情感目标：树立安全服务意识；培养严谨、认真、一丝不苟的工作作风。

实训要求：每 5～6 人为一个乘务组，1 人为乘务长，其余为各号位乘务员，采用"两人制"关舱门的方式。

实训形式：乘务组形式，乘务长负责制。

实训步骤：

1. 每位乘务员练习关舱门。

2. "两人制"关舱门。

实训总结：乘务组自行分析和乘务组间互相分析，乘务教员总结。

实训任务 2：操作滑梯预位。

实训目标：

1. 知识目标：掌握操作滑梯预位的方法。

2. 技能目标：会操作滑梯预位。

3. 情感目标：树立安全服务意识；培养严谨、认真、一丝不苟的工作作风。

实训要求：每 5 ～ 6 人为一个乘务组，1 人为乘务长，其余为各号位乘务员，采用"两人制"操作滑梯预位的方式。

实训形式：乘务组形式，乘务长负责制。

实训步骤：

1. 每位乘务员练习操作滑梯预位。

2. "两人制"操作滑梯预位。

实训总结：乘务组自行分析和乘务组间互相分析，乘务教员总结。

实训：确认应急出口

实训任务 3：应急出口位置确认。

实训目标：

1. 知识目标：掌握应急出口座位确认的流程和方法，以及不符合要求旅客的处置程序。

2. 技能目标：会进行应急出口座位确认，会对不符合要求的旅客进行调换。

3. 情感目标：树立安全服务意识；培养严谨、认真、一丝不苟的工作作风。

实训要求：每 5 ～ 6 人为一个乘务组，1 人为乘务长，其余为各号位乘务员，开展练习。

实训形式：乘务组形式，乘务长负责制。

实训步骤：

1. 每位乘务员练习应急出口位置确认。

2. 互相检查。

实训总结：乘务组自行分析和乘务组间互相分析，乘务教员总结。

实训：客舱安全演示

实训任务 4：客舱安全演示。

实训目标：

1. 知识目标：掌握安全演示的方法和技巧。

2. 技能目标：会进行安全演示，乘务组能够整齐划一地进行。

3. 情感目标：树立安全服务意识，培养严谨、认真、一丝不苟的工作作风。

实训要求：每 5 ～ 6 人为一个乘务组，1 人为乘务长，其余为各号位乘务员，开展练习安全演示。

实训形式：乘务组形式，乘务长负责制。

实训步骤：

1. 每名乘务员分别进行救生衣、氧气面罩、安全带、紧急出口指示、《安全须知》卡演示。

2. 每名乘务员连贯进行救生衣、氧气面罩、安全带、紧急出口指示、《安全须知》卡演示。

3. 乘务组分别进行救生衣、氧气面罩、安全带、紧急出口指示、《安全须知》卡演示。

4. 乘务组连贯进行救生衣、氧气面罩、安全带、紧急出口指示、《安全须知》卡演示。

实训总结：乘务组自行分析和乘务组间互相分析，乘务教员总结。

项目总结

本部分学习了欢迎旅客登机具体工作内容，包括迎客、安排旅客就座、安排行李、确认应急出口、特殊旅客安排、清点人数、关舱门、操作舱门分离器、音频服务、安全演示、客舱安全检查。通过学习，树立安全服务意识，耐心、细致、热情为旅客服务，能顺利欢迎旅客登机，会出口确认，会操作舱门与预位，能整齐划一地进行安全演示，会进行起飞前安全检查等。

项目实训

实训任务：欢迎旅客登机。

实训目标：

1. 知识目标：掌握迎接旅客服务的要点，掌握安全演示的方法。

2. 技能目标：会欢迎旅客登机，会确认出口，会操作舱门与预位，能整齐划一地进行安全演示。

实训：欢迎旅客登机

3. 情感目标：树立安全服务意识；培养严谨、认真、一丝不苟的工作作风，耐心、细致、热情的工作态度；培养组织管理能力与团队合作精神。

实训要求：LF 航空公司 LF5101 航班，自北京首都—上海虹桥 8:30—10:45，机型 BY737-800 飞机。每 5 ～ 6 人为一个乘务组，1 人为乘务长，其余为各号位乘务员，旅客 10 人，开展迎客服务。

实训形式：乘务组形式，乘务长负责制。

实训步骤：

1. 五人制工作步骤

（1）PS1 和 SS2 在机门旁迎客，SS2 数客。

（2）SS3 在客舱前三排右侧，SS4 在后三排右侧。

（3）SS5 在后部舱门处。

（4）安排旅客就座。

（5）协助旅客安排行李。

（6）SS3 确认出口座位符合规定。

（7）SS4 负责特殊旅客安排。

（8）SS3 报告乘务长"出口座位已确认"。

（9）SS2 报告乘务长"旅客已齐"。

（10）PS1 报告机长"旅客齐全，是否关机门"。

（11）关闭机门。

（12）PS1 下达指令：操作滑梯预位并互检。

（13）PS1 负责 L1 门操作滑梯预位。

（14）SS2 负责 R1 门操作滑梯预位。

（15）SS4 负责 L2 门操作滑梯预位。

（16）SS5 负责 R2 门操作滑梯预位。

（17）PS1 广播电子设备的限制和检查。

（18）SS2、SS3、SS4 安全演示。

（19）安全检查广播及客舱安全检查。

（20）致欢迎词广播。

（21）确认安全带广播。

2. 六人制工作步骤

（1）PS1 和 SS2 前机门迎客，SS2 数客，SS5 和 SS6 后机门迎客，SS3 和 SS4 在前三排右侧和后三排右侧。

（2）安排旅客就座。

（3）安排行李。

（4）SS3 确认出口位置。

（5）SS4 负责特殊旅客安排，特殊旅客优先登机。

（6）SS3 报告出口座位已经确认。

（7）SS2 报告旅客已齐。

（8）PS1 报告机长，旅客齐全，是否关机门。

（9）PS1 和 SS5 关机门。

（10）PS1 下达指令、操作滑梯预位并互检，PS1 负责 L1 门、SS2 负责 R1 门、SS4 负责 L2 门、SS5 负责 R2 门。

（11）PS1 广播电子设备的限制和检查。

（12）安全演示。

（13）安全检查广播及客舱安全检查。

（14）欢迎词广播。

（15）确认安全带广播。

实训总结：乘务组自行分析和乘务组间互相分析，乘务教员总结。

拓展阅读：民航运输专业人才
培养模式改革探讨

拓展练习

一、选择题

1. 下列属于乘务员安全演示内容的是（　　）。

　　A. 安全带演示　　　　　　　　　　B. 婴儿救生衣演示

　　C. 应急门操作　　　　　　　　　　D. 以上均正确

2. 如旅客年龄不满（　　）岁，则该旅客不宜在出口座位就座。

　　A.10　　　　　　　B.12　　　　　　　C.15　　　　　　　D.17

3. 起飞前客舱安全检查阶段不包括（　　）服务内容。

　　A. 乘务员就进行客舱的小桌板、遮光板、座椅的检查，要求收起小桌板，打开遮光板，调制座椅靠背

　　B. 乘务员应检查行李架，确认行李架已锁定，应急出口座位无行李物品

　　C. 乘务员为有需要的旅客开展茶饮服务

　　D. 乘务员需要确认卫生间无人，并锁闭

4. 下列旅客中适合安排在出口座位的是（　　）。

　　A. 聋哑旅客　　　　　　　　　　　B. 戴眼镜的健壮青年

　　C. 抱婴儿旅客　　　　　　　　　　D. 盲人

5. 当广播"紧急照明灯"时，应急灯在乘务员右（左）侧座椅边缘时，弯腰（　　），右（左）臂向前伸直，手掌微翘，从前向后准确指示应急灯位置，视线跟随手指的方向。

　　A.45°　　　　　　　B.15°　　　　　　　C.90°　　　　　　　D.75°

6. 以下适合安排在应急出口座位的是（　　）。

　　A. 过度肥胖者　　　　　　　　　　B. 缺乏阅读、理解及语言能力

　　C. 视觉不佳者　　　　　　　　　　D.18 岁的少年

7. 对乘务员安全姿势描述错误的是（　　）。

　　A. 身体坐正、靠好，系紧安全带和肩带

　　B. 双脚平放在地板上，适度分开

　　C. 双手扶膝或双手掌心向下压在大腿下

　　D. 双手抱头或双手掌心向下压在座位上

二、判断题

1. 乘务员应在旅客登机时，确认出口座位旅客符合条件并向其介绍情况。（　　）

2. 乘务员进行落地广播后，旅客即可离开座位，准备下机。（　　）

3. 机上救生衣穿好后应立即拉动手柄充气。（　　）

4. 在旅客登机时，乘务员应为旅客介绍座位号码，旅客按号码入座，但可自行调换座位。（　　）

5. 舱门操作是乘务员工作十分重要的内容，此阶段非常重要，不能受任何其他因素的影响。在航班正常运行过程中，舱门的关闭必须由责任乘务员完成，严禁代替操作。（　　）

6. 起飞前，乘务员需要确认卫生间无人，并锁闭。（　　）

7. 起飞前，乘务长应对客舱进行整体检查，确保安全无误。（　　）

三、论述题

1. 简述客舱安全检查的主要内容。

2. 简述国内主要机型关舱门流程。

3. 简述国内主要机型操作滑梯预位的流程。

习题答案

项目五
起飞后旅客服务

了解饮品、餐食的种类，掌握飞行途中的餐饮服务的要点；掌握娱乐服务的要点；掌握机上销售的技巧和要点。

会为旅客进行空中餐饮、娱乐服务；会进行机上销售服务。

培养主动、耐心、细致、热情的服务态度；树立安全服务意识；具备创新服务能力、组织管理能力、危机处理能力。

思维导图

任务一　起飞后服务概述

案例导入

国航重庆分公司红岩班组：砥砺笃行

红岩乘务组的成员们清醒地认识到自己既是保障旅客出行舒适的服务者，也是保证航班飞行安全的把关人，秉"细心""真心"投入工作。

从"细"入手保安全。柏雨伽乘务组在一次执行重庆—杭州航班时了解到当日航路天气欠佳，便在准备阶段制订了详细的防颠簸预案并同机组做好沟通。飞机平飞后，正当乘务员准备餐饮服务时，提示铃响起，飞机遇气流轻度颠簸，乘务组快速反应，在广播提醒旅客的同时，各司其职巡视客舱，提醒旅客系紧安全带、妥善放置手提行李。几分钟后，提示铃再次响起，强烈颠簸来袭，柏雨伽多次广播提示旅客，颠簸缓和后，乘务组立即进入客舱查看旅客的情况，由于平时训练有素，乘务组准备充分、处置得当，保证了机上人员全程安全。

从"心"出发抓服务。一次，余洲璇乘务组执行的航班因天气原因备降后再次延误，在长达五个多小时的等待时间里，余洲璇同组员一直耐心回答旅客疑问，时刻关注并调整好客舱温度，积极提供旅客所需服务，还特别帮助带婴儿的旅客调牛奶、接温水。机上有一位第一次乘机的老人提出要去卫生间，见老人腿脚不便，余洲璇主动搀扶她来到后舱，担心老人不会使用卫生间内设备，就提前讲解卫生间内灯光、门锁等使用方法，同老人说："我就守在这儿，如果您打不开门，就敲敲门板，我从外面帮您打开。"余洲璇和组员们用贴心周到的服务，缓解了旅客因延误而等待的焦躁。

（资料来源：民航资源网）

思考： 结合所学，谈谈飞机颠簸时乘务员应做好哪些工作。

知识链接

在飞机起飞之后、"系好安全带"指示灯熄灭前，乘务员、乘务长、旅客必须系好安全带。在飞机起飞之后，"系好安全带"指示灯即将熄灭之前，或"系好安全带"指示灯刚刚关断之后，必须通过广播通知旅客，同时为保障安全，要求旅客在"系好安全带"指示灯熄灭时，在座位上仍需系好安全带。

广播词：女士们、先生们，现在"系好安全带"灯已经关闭，为了防止飞行中气流的变化而引起颠簸，当您坐在座位上时，请您系好安全带。谢谢！

Ladies and gentlemen: The fasten seat belt sign has been turned off. However, as a precaution against Sudden turbulence, all passengers please sit on the seat and fasten your seat belt. Thank you!

一、乘务长工作职责

在飞机起飞之后，飞机进入平飞阶段，飞机的机长会向乘务长告知当日实际天气状况；如果机长未告知上述信息，乘务长可以主动与机长沟通，了解气象信息。同时，根据机长提供的信息，通知乘务员开展客舱服务工作；如果当前不适合开展客舱服务工作，则需及时调整工作内容。

乘务长在客舱服务中，应做好指导和检查工作，确保所有的服务按规定进行。同时，乘务长应结合实际情况，调整服务内容，做好服务监控。

知识角

飞机颠簸时的客舱服务见表5-1。

表5-1　飞机颠簸时的客舱服务

颠簸强度	含义	客舱状态	客舱服务	安全带	广播
轻微	轻微、快速而且有些节奏的上下起伏，但是没有明显感觉到高度和姿态的变化或飞机轻微、不规则的高度和姿态变化	（1）饮料在杯中晃动但未晃出；（2）安全带稍微被拉紧的感觉；（3）餐车移动时略有困难	（1）结合实际小心服务；（2）送热饮时需格外小心；（3）结合实际暂停服务，固定餐车和服务设施	（1）检查旅客是否回到座位，系好安全带；（2）手提行李已妥善固定；（3）结合实际检查婴儿摇篮里的婴儿是否被监护人抱出并系好安全带或固定	（1）客舱广播或发送提示信息；（2）结合实际，增加安全广播内容
中等	快速地上下起伏或摇动，但没有明显感觉飞机高度和姿态的改变或飞机有高度和姿态的改变，但是始终在可控范围内。通常这种情况会引起空速波动	（1）饮料会从杯中晃出；（2）明显感觉到安全带被拉紧；（3）行走困难；（4）没有支撑物较难站起；（5）餐车移动	（1）暂停服务；（2）固定餐车和服务设施；（3）将餐车拉回并锁好	（1）检查旅客是否回到座位，系好安全带；（2）手提行李已妥善固定；（3）回乘务员座位坐好，系好安全带；（4）结合实际检查婴儿摇篮里的婴儿是否被监护人抱出并系好安全带或固定	（1）飞行机组广播；（2）客舱广播；（3）结合实际，增加安全广播内容
严重	飞机高度或姿态有很大并且急剧的改变。通常空速会有很大波动，飞机可能会短时间失控	（1）物品摔落或被抛起；（2）未固定物品摇摆剧烈；（3）安全带被猛然拉紧的感觉；（4）不能在客舱中服务、行走	（1）立即停止一切服务；（2）立即在原地踩好餐车刹车；将热饮料放入餐车内	（1）马上在就近座位坐好，系好安全带或就地坐下，抓住行李挡杆；（2）抓住客舱中的餐车；（3）对旅客的呼叫可稍后处理	（1）飞行机组广播；（2）客舱广播；（3）结合实际，增加安全广播内容

二、乘务员工作职责

乘务员在接到乘务长发布的可以开展客舱服务的指令后，应按照规定的服务程序，提供饮料、餐食、娱乐、毛毯服务、商品出售服务等。如在开展客舱服务过程中，遇飞机颠簸，应结合实际决定是否停止客舱服务工作；当系好安全带指示灯亮后，应广播通知旅客回到座位系好安全带，并停止卫生间使用。在飞机飞行全程中，严禁使用锂电池（充电宝）给电子设备充电，锂电池（充电宝）应始终处于关闭状态。

任务小结

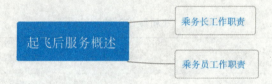

任务二　饮品服务

案例导入

海南航空联合西安咸阳机场推出"首乘无忧"暖心服务

首乘旅客到达西安咸阳国际机场后，候机楼内为首乘旅客设置了"首乘旅客专属值机柜台"和"首乘安检通道"，方便首乘旅客快速办理乘机手续。同时，工作人员为首乘旅客办理乘机手续后将发放机场统一制作的手环，并在首乘旅客登机牌右上角粘贴首乘旅客标识贴，首乘旅客出示手环或标识贴后可在登机口享受优先登机服务和客舱温馨服务。

在飞行途中，乘务员也将对首乘旅客给予额外的关注，随时了解并询问首乘旅客的需求；提供餐饮服务时主动介绍饮料、餐食的种类和口感，主动与旅客交流，适当给予推荐。飞行过程中会主动耐心地介绍洗手间、呼唤铃、通风口等机上设施设备的位置及使用方法，旅客入座后帮助其系好安全带，并介绍如何使用；飞机在下降过程中，乘务员还将为首乘旅客检查安全带是否系好，并给予相关安全提示。对于航班延误的首乘旅客，海南航空会重点关注及优先处理，协助处理客票退改签、餐饮、交通、住宿等服务，全程为旅客提供耐心、细心和贴心的服务。

（资料来源：南方生活通）

思考： 结合案例，谈谈为首乘旅客提供的服务在哪个阶段，包括哪些内容。

📖 知识链接

视频：饮品
的种类

一、饮品的种类

1. 茶

结合航线长短，在航班上常见的茶主要有茉莉花茶、绿茶、红茶、柠檬茶、奶茶、伯爵红茶、蜜桃红茶等。

（1）茉莉花茶。一般使用袋泡茶形式。

（2）绿茶。一般使用袋泡茶形式。

（3）红茶。一般使用袋泡茶形式。

（4）奶茶。红茶加奶盅或奶球，加砂糖或方糖。

（5）柠檬茶。红茶加新鲜柠檬片，加砂糖或方糖。

（6）伯爵红茶。西式茶，一般在头等舱使用，以满足"国际性"的要求。用热开水冲泡，1 包 1 杯，约 180 mL，冲泡时间为 2 ～ 5 min。

（7）蜜桃红茶。一般在头等舱使用，以满足"国际性"的要求。用热开水冲泡，1 包 1 杯，约 180 mL，冲泡时间为 1 ～ 2 min。

2. 咖啡

结合航线长短，在航班上常见的咖啡有三合一咖啡、黑咖啡、卡布奇诺等。

（1）三合一咖啡。在飞机上，提供的咖啡大多为三合一咖啡，即速溶咖啡，主要是方便携带和使用。一般提供咖啡时，先将速溶咖啡冲成浓缩咖啡汁，等到送饮品时再加入开水至七成满后搅拌均匀，提供给旅客。

（2）黑咖啡。黑咖啡是无任何添加的咖啡，由咖啡豆直接磨制而成。

（3）卡布奇诺咖啡。意大利浓缩咖啡倒至茶杯七分满，加入打过奶泡的热牛奶直至八分满，再根据旅客喜好加入肉桂粉或巧克力粉，同时提供方糖和咖啡勺。

3. 果汁饮料

在航班上，果汁饮品消耗量较大，常见的主要有橙汁、苹果汁、菠萝汁、混合水果汁、番茄汁等（图 5-1）。

（1）橙汁：在飞机上用量最大，是最受欢迎的饮料，成人和儿童都喜欢。

（2）苹果汁：在飞机上用量较大，儿童较喜欢饮用。

图 5-1　果汁饮料

（3）菠萝汁：在飞机上用量不大，可提供给患糖尿病的旅客饮用。

（4）混合水果汁：在飞机上比较常见，由多种口味水果混合而成。

（5）番茄汁：在国际航线和地区航线上，外宾及港台旅客较喜欢；番茄汁中含盐，不适宜提供给肾脏、心脏不好的旅客。

4. 碳酸饮料

在航班上，常见的碳酸饮料主要有可乐、雪碧、芬达等（图 5-2），一般芬达不摆在水车上，只在旅客需要时提供。

图 5-2　碳酸饮料

提供碳酸饮料时，乘务员应注意以下六点。

（1）碳酸饮料打开前不要摇晃。

（2）碳酸饮料应该提前在厨房将瓶盖拧开，再盖好。

（3）打开碳酸饮料时，应借助小毛巾，预防气泡喷溅。

（4）倒碳酸饮料时，杯子应倾斜45°。

（5）倒碳酸饮料前应询问旅客是否需要加冰。

（6）不主动提供碳酸饮料给婴幼儿。

5. 矿泉水

矿泉水从味道上分为咸味、淡味两种，从是否带气分为有气、无气两种。国内短程航线，一般只提供小瓶装矿泉水；提供大瓶矿泉水时，一般是常温的，如旅客需要加冰则加冰。

知识角

含酒精饮料的使用限制

（1）旅客在飞机上除了饮用机上配备的含酒精饮料外，不得饮用自带含酒精饮料。

（2）飞行中，不得为下列人员供应任何含酒精饮料。

1）已经喝醉了的人。

2）正在护送别人或被护送的人。

3）在飞机上持有致命性或危险性武器的人。

4）未成年人。

5）动物管理者。

6）护送机密文件人员。

7）在押旅客和押解人员。

（3）不得允许已经喝醉的人进入任何飞机。

旅客醉酒的后果很严重。首先，醉酒人员在高空极容易发生心脏病、呼吸困难等疾病；其次，醉酒人员可能无法控制自己的行为和语言，出现失常、失态，在飞行中难免出现状况，容易出现意外，影响飞行安全。因此，禁止醉酒旅客乘坐飞机，首先是对醉酒旅客负责，降低风险；其次，是对飞机飞行安全和所有旅客的安全负责。根据《民用航空法》规定："飞行中，对于任何破坏民用航空器、扰乱民用航空器内秩序、危害民用航空器所载人员或者财产安全以及其他危及飞行安全的行为，在保证安全的前提下，机长有权采取必要的适当措施。"

6. 啤酒

一般在有热食的航班上会提供啤酒。啤酒有冰镇和常温两种供旅客选择。

（1）提供啤酒时，需要提前在服务间打开，开启啤酒时应借助小毛巾，开启后将啤酒放置在托盘上。

（2）在旅客面前倒出部分啤酒在杯中，然后连同啤酒罐一起递送给旅客。

（3）倒酒时，杯子倾斜45°，倒至杯子的3/4处。

（4）如旅客无要求则无须加冰。

7. 葡萄酒

提供葡萄酒时应注意以下事项。

（1）开酒时应先在离瓶口 5 cm 的地方用刀转一圈，再用螺旋开关对准瓶塞中心

垂直地往下转，注意做这些动作时不能面对旅客。

（2）打开后，用餐巾纸将瓶口擦拭干净，将瓶口的酒稍微倒掉一些，同时检查酒标是否清洁完整，用干净的餐布将瓶身包裹，露出标签。

（3）侍酒前，先将酒杯放于桌板上，然后双手进行示瓶，向旅客展示。

（4）示瓶前应将酒标朝着旅客方向，向旅客展示并介绍酒的产地和特色。

（5）侍酒时，在酒杯中先倒一小口的量，让旅客品尝，得到旅客认可后，乘务员将酒杯放于桌板上直接倒酒，约倒入酒杯 1/2 量。

（6）红葡萄酒可提供常温的，白葡萄酒最好冰镇至 10 ～ 12 ℃后再供应。

二、饮品服务流程

1. 摆放水车

（1）将水车布平铺在水车上，饮料盒（图 5-3）放在水车上。

视频：饮品
服务

（2）大桶饮料摆在水车中间，小桶饮料摆在四周，要求标签朝外、整齐美观、方便取用。

（3）杯子倒扣，高度不超过车上最高的瓶子。

（4）热饮使用纸杯，其他可使用塑料透明杯。

（5）在咖啡壶和茶壶下面垫一块湿毛巾再放于水车内。

（6）将冰块、冰勺放入冰桶并按规定放于水车内。

（7）在水车两边的把手上各放一块湿毛巾备用。

（8）水车摆放完毕后及时关闭水车门。

图 5-3　饮料盒

2. 推拉水车

（1）双手五指并拢扶在水车两侧，两臂不能撑在车上（图 5-4）。

（2）掌握好方向，推动水车前进时速度要适宜（图 5-5）。

（3）提醒旅客注意安全："水车通过，请注意。"

（4）水车停下来时应马上踩刹车，避免溜车。

图 5-4　推水车

图 5-5　拉水车

3. 供饮广播

在供饮前，需广播通知乘客。

广播词："女士们、先生们，客舱乘务员将为您提供各种饮料，请放下小桌板，调直座椅靠背，谢谢合作。"

4. 询问旅客

询问旅客时，要面向旅客，身体略微前倾，面带微笑并注视旅客，主动向旅客介绍饮品种类（图 5-6）。

例如："女士/先生，今天为您准备了橙汁、苹果汁、矿泉水及其他多种冷热饮品，请问您喜欢饮用哪一种？"

例如："女士/先生，现在正值春季，万物复苏、春暖花开，推荐您饮用茉莉花茶，香气持久，汤色黄绿明亮，请问需要为您准备一杯吗？"

例如："女士/先生，今日天气炎热，龙井茶是消暑清热的良方，请问需要为您准备一杯吗？"

例如："女士/先生，现在正值秋季，推荐您饮用香气浓郁、生津润喉的铁观音，请问需要为您准备一杯吗？"

图 5-6　询问旅客

例如："女士/先生，天气寒冷，今天为您准备了普洱茶，驱寒取暖，请问需要为您准备一杯吗？"

例如："女士/先生，您好，请问是否需要加冰？"

5. 倾倒饮料

为旅客倾倒饮料时注意的技巧（图 5-7）如下。

（1）拿取纸杯时，应拿取杯子底部 1/3 处。

（2）倒冷饮前，应询问旅客是否需要加冰。

（3）倒热饮时，壶嘴应该对着过道，不能对着旅客，更不能对着自己。

（4）倒饮料时，饮料瓶应该低于水车，纸杯应倾斜 45°，冷饮一般倒至七分满，热饮倒至五分满。

（5）为儿童倒饮料时，应询问监护人，且倒至七分满即可，倒好后交给监护人。

6. 递送饮料

（1）面向旅客，用左手递送给左侧的旅客，右手递送给右侧的旅客，双臂不可以交叉（图 5-8）。

（2）一般按照从前到后、从里到外、先女宾后男宾的顺序。

（3）递送饮料时，要确定旅客已经接手后再松手，并用语言进行提示："女士 / 先生，这是您的可乐，请慢用""女士 / 先生，这是您的咖啡，小心烫口"。

（4）正在睡觉的旅客，原则上不要叫醒，但一定要记住旅客的座位号，当旅客醒后应该主动开展饮品服务。

图 5-7　倾倒饮料　　　　　图 5-8　递送饮料

7. 添加饮料

送饮品服务完毕后，需再次为旅客添加饮料时，尽可能使用旅客的原杯子加水。

8. 收杯子（图 5-9）

（1）询问旅客。询问旅客时，要面向旅客，身体略微向前倾，面带微笑并注视旅客，询问："女士 / 先生，您是否还需要使用饮料杯？"

（2）面向旅客，从前向后，左手收回左侧旅客的饮料杯，右手收回右侧旅客的饮料杯。

（3）一般遵循先服务先回收的原则，按照从前到后、从外到内、先女宾后男宾的顺序收回杯子。

（4）在餐车或托盘上摞放杯子时一般不超过 5 个一摞。

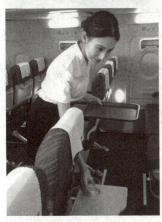 

图 5-9 收杯子

（5）用随身携带的小毛巾及时帮旅客擦拭小桌板（图 5-10）。

图 5-10 托盘

任务实训

实训任务 1：摆放水车、餐车。

实训目标：

1. 知识目标：掌握水车、餐车的技巧。

2. 技能目标：会摆放水车、餐车。

3. 情感目标：树立服务技能规范、安全服务意识。

实训要求：乘务组 5 ～ 6 人为单位，乘务长负责制，开展练习。

实训形式：乘务组形式，乘务长负责制。

实训步骤：

1. 乘务组研讨，一起摆放水车、餐车。

2. 每名乘务员轮流练习，其他乘务员观察、挑错。

3. 教员抽查，乘务员展示。

实训总结：乘务组自行分析和乘务组间互相分析，乘务教员总结。

实训任务 2：饮品服务。

实训目标：

1. 知识目标：掌握饮品技巧。

2. 技能目标：会倒水，会送水，会加水，会收水，会相关话术。

3. 情感目标：培养主动、耐心、细致、热情的服务态度，安全服务意识。

实训要求：乘务组 5 ～ 6 人为单位，乘务长负责制，开展练习。

实训形式：乘务组形式，乘务长负责制。

实训步骤：

1. 每名乘务员轮流练习倒水、送水、加水、收水、话术，其他乘务员观察、挑错。

2. 教员抽查，乘务员展示。

实训总结：乘务组自行分析和乘务组间互相分析，乘务教员总结。

任务小结

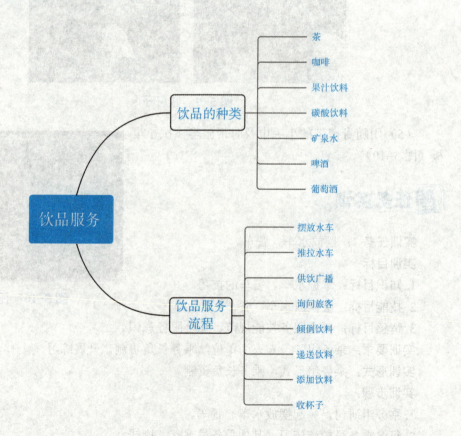

任务三　餐食服务

案例导入

云端赏明月　千里共婵娟

2023 年 9 月 27 日晚，中国南方航空集团有限公司（简称南航）在广州飞往青岛的 CZ3715 航班上开展了主题为"云端赏明月千里共婵娟"的中秋赏月航班活动。飞机客舱经过精心布置，展现中秋佳节特色。乘务员化身嫦娥，在万米高空邀请旅客一起吟诗赏月，为旅客带来别样的空中赏月体验。

飞机平飞后，乘务组为机上旅客送上一份特别的飞机餐——岭南蛋黄莲蓉月饼，并请旅客一起在云端吟诗。有的旅客脱口而出"举头望明月，低头思故乡""海上生明月，天涯共此时"，还有旅客举杯吟唱"明月几时有，把酒问青天"，更有可爱的小朋友倚靠在妈妈的怀里轻轻地说"明月松间照，清泉石上流"。伴着一首首意境深远的诗词，机上旅客望月抒怀，品味中国古诗词中的团圆与相思。

"今天这个航班，是南航精心挑选的赏月航班。我们已经调暗了客舱灯光，大家可以往舷窗外看，皎洁的月亮仿佛触手可及。"在乘务长的广播提示中，飞机上的旅客不约而同地望向窗外。"好美啊，第一次近距离看到满月"，旅客们纷纷感叹，并用手机记录这一难忘时刻。

航班乘务长刘琨表示："无论人们身处何地，团圆和相思总是中秋这天萦绕在心头的情愫。作为中华民族传统节日，中秋节始终牵引着中华儿女的情感归依。在旅客返乡途中，我们希望通过一些中国文化特色的服务，带上南航客舱的温度，献上一份祝福，为大家归家团聚的旅途增添美好的记忆。"

（资料来源：民航资源网）

思考：结合案例谈谈航空公司结合节庆调整机上服务内容的意义。

知识链接

视频：餐食
的种类

一、餐食的种类

（一）普通餐食

（1）头等舱餐食。头等舱正餐（午餐、晚餐）均由冷荤盘、热食、色拉盘、甜食盘、面包、黄油等组成，一般用瓷盘装，可选种类较多（图 5-11）。

图 5-11 头等舱餐食

（2）经济舱餐食。经济舱正餐（午餐、晚餐）由冷荤盘、热食、色拉盘、甜食盘、面包、黄油等组成，但是通常仅有 1 ～ 2 种热食提供给旅客（图 5-12）。

图 5-12 经济舱餐食

（二）特殊餐食

当旅客因宗教信仰、饮食习惯等对餐食有特殊要求时，可向航空公司申请提供特殊餐食。旅客应在航班起飞前至少 24 h 向售票点或售票网站提出申请预订。

1. 素食

（1）严格素食（VGML）。严格素食是为西方国家的素食主义者提供的餐食。餐食中不能含有任何的动物或动物制品，菜肴不包括肉、鱼或奶制品、鸡蛋、奶酪及相关制品，可食用人造黄油。

（2）不严格素食（VLML）。不严格素食的菜肴中不包括肉类或海鲜及其制品，但可以包括日常的黄油、奶酪、牛奶和鸡蛋。

（3）东方素食（ORVG）。东方素餐是按中式或东亚的烹饪方法制作的餐食。东方素餐不带有肉、鱼、野味、奶制品或任何生长在地下的根茎类蔬菜，如生姜、大蒜、洋葱、大葱等。

（4）亚洲素餐（AVML）。亚洲素餐通常由来自南亚次大陆的旅客选定，通常是亚洲生产的蔬菜，不包括肉或海鲜。

（5）严格印度素食（IVML）。严格印度素食的菜肴不含有肉、鱼、鸡蛋、奶制品、野味、海鲜或根茎蔬菜，其中包括生姜、大蒜、洋葱和马铃薯。

2. 非素食宗教餐食

（1）犹太教餐（KSML）。犹太教餐是按犹太教饮食习惯准备的餐食，犹太教徒禁止食用猪肉和火腿。犹太教餐应购自有信誉的制造商，应该在完好无损的餐盒中保存，整套地提供给旅客，供旅客打开检查，然后交由乘务员加热。乘务员加热前用锡纸封严，加热后提供给旅客。

在无犹太教餐的情况下可提供面包、牛奶制品、饼干、罐装鱼、芝士、水果、蛋糕、沙拉、蔬菜等供旅客选择。

（2）穆斯林餐（MOML）。伊斯兰教严禁食用猪肉类食品，菜肴不含有猪肉、熏肉、火腿、肠类、动物油脂或酒精及无鳞鱼类和鳗鱼、甲鱼。严守教规的伊斯兰教徒（穆斯林）不饮酒，同时希望肉食是按照伊斯兰教的有关规定屠宰的。

在无穆斯林餐的情况下，可提供水果、蔬菜、米饭等，饮料一般是茶或咖啡。

（3）印度教餐（HNML）。印度教餐不包括牛肉或猪肉，但包括羊肉、家禽、其他肉类、鱼和牛奶制品。此特殊餐食是专为少数可吃肉或鱼的印度旅客准备的。

在无印度教餐的情况下，乘务员应先征询旅客意见，然后根据旅客要求提供肉类（牛肉、猪肉除外）、鱼、鸡蛋、沙拉、蔬菜、水果、米饭等。

（4）耆那教餐（JAIN MEAL）。耆那教餐专为耆那教徒提供，是严格的素餐，用亚洲方法烹制。耆那教餐无任何根类植物，如洋葱、姜、大蒜、胡萝卜等，无任何动物制品。

（5）无牛肉餐（NO BEEF MEAL）。无牛肉餐的菜肴不包括牛肉、小牛肉或相关制品。

3. 保健餐食

（1）水果餐（FPML）。水果餐的菜肴包括新鲜水果、糖渍水果和水果甜品。

（2）流质餐（LIQUID DIET）。流质餐的菜肴仅包括流质食物，通常是牛奶、果汁、咖啡或茶、汤、粥类和泥类等软质食物。

（3）低卡路里餐（LCML）。低卡路里餐的菜肴包括瘦肉、低脂肪奶制品和高纤维食物。在低卡路里餐中禁止使用糖、奶油、肉汁类、蛋黄酱、脂肪食品。

（4）低盐餐（LSML）。低盐餐是适用于高血压、心脏病和肾脏病患者的特殊餐食。餐食严格控制食品的钠含量，食品不含盐、蒜盐、谷氨酸钠、苏打、腌渍咸菜、罐头肉、鱼、奶油、奶酪、贝壳类、肉汁类、鸡粉、面包、罐头蔬菜，以生鲜蔬菜、饼干、面糊、低脂肪的瘦肉、低热量的黄油、高纤维低盐的面包、水果、沙拉等食物为主。

（5）无乳糖餐（NLML）。无乳糖餐的菜肴不包括乳糖及奶类制品，不含奶酪、奶制品、酸奶、黄油、人造肉制品、蛋糕及饼干、奶油类甜品和布丁、土豆泥、太妃糖、巧克力和奶油。

（6）高纤维餐（HEML）。高纤维餐包括含有高纤维的食物，如坚果、蔬菜、水果、高纤维的谷物面包和谷类食品。

（7）无麸质餐（GFML）。麸质是存在于小麦、大麦、燕麦等中的蛋白质，无麸

质餐是为麸质过敏和不耐受的旅客准备的，其中面包、面条、奶油蛋羹、蛋糕、巧克力、饼干、谷物及其制品被严禁使用。

（8）低蛋白质餐（LPML）。低蛋白质餐含有极少量的蛋白质，并避免高盐食物和盐、不含盐的烟熏食品、罐头食品、腊肉、禽类、鱼、鸡蛋、面包、土豆、米饭、谷粉、牛奶、奶酪、酸奶。

（9）清淡餐（BLML）。清淡餐适合有胃肠疾病的旅客进食，其菜品主要包括低脂肪和低纤维食物，避免油炸食物、黑胡椒、芥末、咸菜、大蒜、坚果、含咖啡因或酒精的饮料。

（10）糖尿病人餐（DBML）。糖尿病人餐包含脂肪含量较少的瘦肉、高纤维食品/新鲜的蔬菜水果、面包和谷物等。此种餐食对于是否需要依赖胰岛素的糖尿病人都适用。糖尿病人不能吃糖和甜食，可以吃少量的面包、米饭、面条、通心粉等主食，可以适量吃肉类、海鲜、蔬菜和水果。

在送糖尿病人餐时，同时要送脂肪含量低的无糖饮料，如茶、咖啡、矿泉水、葡萄酒等。

（11）低脂肪餐/低胆固醇餐（LFML）。低脂肪餐/低胆固醇餐适合需要减少脂肪摄入的旅客食用，不含油炸食品、肥肉、奶制品、加工食品、浓汁、内脏、带壳水产品、蛋黄和焙烤制品。

（12）低嘌呤餐（PRML）。低嘌呤餐专为尿酸水平高的旅客定制，餐食包含一种或多种水果、蔬菜。

（13）水果蔬菜餐（RVML）。水果蔬菜餐仅以水果及蔬菜为原料，不含有任何动物蛋白原料。

4. 儿童及婴儿餐食

（1）儿童餐（CHML）。儿童餐主要是含有儿童喜欢的食物，如鱼排、香肠、春卷、比萨等，开胃菜通常是鲜果、巧克力、布丁、甜点等。应避免过咸、过甜食品。

（2）婴儿餐（BBML）。婴儿餐适用于10个月以上的婴儿，主要包含肉类、蔬菜或水果类。提供去渣的肉食、蔬菜、甜点、婴儿果汁等。

5. 其他餐食

（1）海鲜餐（SFML）。专为喜欢海鲜的旅客定制，包括一种或多种海鲜，不含肉类制品。

（2）日餐（JAPANESE MEAL）。一种常规的日式餐食。

二、餐食服务流程

📖 **阅读与思考** ●

视频：餐食
服务

香港航空的服务理念

香港航空有限公司（简称香港航空）一直秉承以人为本的服务理念，致力提供最优质贴心的空中服务，带给旅客不一样的飞行体验。这次全新推出的"Sweeten You Up飞尝喜悦"星级服务，希望可以进一步提升服务层次，让旅客与至亲旅伴享受一个更独特难忘的空中之旅。

成立之初的香港航空企业基础单薄，在中国香港这样一个汇集全球约90家优秀航空公司的航空枢纽，提升服务刻不容缓，别无选择。通过分析并提升旅客与航空公司接触的11项服务环节，香港航空收集整理了旅客意见，参加专业服务评审，强化服务品质和员工服务能力，从服务1.0提升至服务3.0，创新提升服务技能和人才团队，建立并落实了香港航空PEOPLE服务文化——热情待客、多走一步、提供选择、履行承诺、难忘印象、高度情商。通过这一独特的服务文化模型，香港航空服务质量始终保持较高水准并不断超越自我，也成为越来越多旅客出行之首选。

每年香港航空都会对新加入团队的新鲜血液和在岗的优秀服务团队进行服务培训及考核。服务培训及考核包括以往人们熟知的乘务员礼仪、服务及沟通技巧、机舱安全守则、应急事件处理等，从站在客舱门口与旅客微笑打招呼开始，到为旅客安排递送餐食，再到机上广播的语调语速，空姐或空少的每个手势是否标准，面对每位旅客的目光与微笑程度是否标准，都将受到严格的培训和考核。不仅是初入公司的普通乘务员，优秀的乘务长们也同样需要以身作则，成为空姐和空少服务的榜样。

随着旅客需求的不断改变，香港航空对服务人员的要求也越来越严格，就像其品牌定位"很年轻，好香港"所定义的一样，香港航空服务、乘务员年轻富有活力，并且是灵活的、善于应变的，愿意服务好旅客的需求。

（资料来源：民用航空网）

思考：结合案例，总结香港航空的服务理念。

（一）烘烤餐食

（1）在烤餐前，乘务员应将烤箱内部及烤箱门周边的油渍清理干净，再装上餐食，进行烤制。

（2）乘务员应将特殊餐食放在烤箱第一层进行烤制。

（3）乘务员应认真检查餐食外观，如发现包装锡纸破损，应及时更换。

（4）为保证餐食的品质，乘务员应根据餐食种类设置烤箱温度，烘烤餐食的温度和时间应根据餐食冷藏情况实际进行调整，一般烘烤热食需高温175～200 ℃，时间控制在15～20 min；烘烤面包或素食需高温150～175 ℃，时间控制在7～10 min。

（5）烤制餐食期间，乘务员必须在服务间严密监控烤箱状态。

（二）取出餐食

餐食烤制结束后，乘务员应戴上隔热手套将餐食从烤箱中取出。

（三）摆放餐食

（1）乘务员应先在服务间打开餐车门，在餐车上面铺好垫布。

（2）乘务员应把餐食整齐地摆放在餐车上，特殊餐食应放在第一层。

（3）航班经济舱一般配备两种热食，乘务员应根据餐食配备的情况，将两种热食分别放于餐车的上部及下部，将两者区分开来。

（4）乘务员应将剩余的餐食放在餐车上，一般以 2～3 层为宜，不同餐食也要注意区分。

（四）推拉餐车

推拉餐车时注意以下技巧。

（1）双手五指并拢扶在餐车两侧，两臂不能撑在车上。

（2）掌握好方向，推动餐车前进时，速度要适宜。

（3）提醒旅客注意安全，"餐车通过，请注意"。

（五）供餐广播

女士们、先生们：现在我们准备为您提供正餐（快餐）及饮料，请您放下小桌板，为方便其他旅客，请您调直座椅靠背。哪位旅客预订了特殊餐食，请按呼唤铃与乘务员联系。谢谢。

Ladies and gentlemen: We will soon be serving lunch and beverages. Please put down the table in front of you. Seat bakes should be returned to the upright position, Those passengers who requested special meals, please press your call button to identify yourself. Thank you!

特殊餐食供餐前，需广播通知旅客，应优先于正常餐提供。如旅客在飞机上临时提出特殊的餐食需求，应利用机上现有的资源为旅客配备一份合适的餐食，并提示旅客下次乘机时可先预订特殊餐食。

（六）询问旅客

询问旅客时，要面向旅客，身体略微前倾，面带微笑，注视旅客，主动为旅客介绍餐食种类（图 5-13），例如："女士 / 先生，今天我们为您准备了鸡肉米饭、牛肉米饭 / 面条，请问您喜欢哪一种？"

婴幼儿特殊餐食应根据其监护人的要求适时提供。

（七）拿取餐食

在拿取热食时，从餐车下部至上部逐层抽取，和冷荤盒一起提供给旅客。

图 5-13　询问旅客

（八）提供餐食

（1）面向旅客，用左手递送餐食给左侧的旅客，右手递送餐食给右侧的旅客，避免手臂交叉（图5-14）。

（2）一般按照从前到后、从里到外、先女宾后男宾的顺序提供餐食。

（3）将餐盘的一侧面向旅客递送并说明："这是鸡肉米饭/牛肉米饭/面条，请慢用。"

（4）发面包时，要使用面包筐和面包夹。

（5）对睡觉的旅客，原则上不要叫醒，但一定要记住座位号，贴上温馨提示卡，待旅客睡醒后再询问其是否需要餐食。

图5-14 提供餐食

（九）收餐

（1）一般使用空餐车回收，餐车上应该放置大托盘，方便回收。

（2）将旅客用完的热食餐盒盖好，摆放于餐车内。

（3）摆放时，由下至上逐层摆放。

任务实训

实训任务1：推拉餐车。

实训目标：

1.知识目标：掌握推拉餐车的技巧。

2.技能目标：会在送水、送餐过程中推拉餐车。

3.情感目标：树立服务技能规范、安全服务意识。

实训要求：乘务组5～6人为单位，乘务长负责制，开展练习。

实训形式：乘务组形式，乘务长负责制。

实训步骤：

1.每名乘务员轮流练习，其他乘务员观察、挑错。

2.教员抽查，乘务员展示。

实训总结：乘务组自行分析和乘务组间互相分析，乘务教员总结。

实训任务2：餐食服务。

实训目标：

1.知识目标：掌握餐食服务技巧。

2.技能目标：会送餐，会收餐，会相关话术。

3.情感目标：培养主动、耐心、细致、热情的服务态度，安全服务意识。

实训要求：乘务组5～6人为单位，乘务长负责制，开展练习。

实训形式：乘务组形式，乘务长负责制。

实训步骤：

1. 每名乘务员轮流练习送餐、收餐、话术，其他乘务员观察、挑错。

2. 教员抽查，乘务员展示。

实训总结：乘务组自行分析和乘务组间互相分析，乘务教员总结。

任务小结

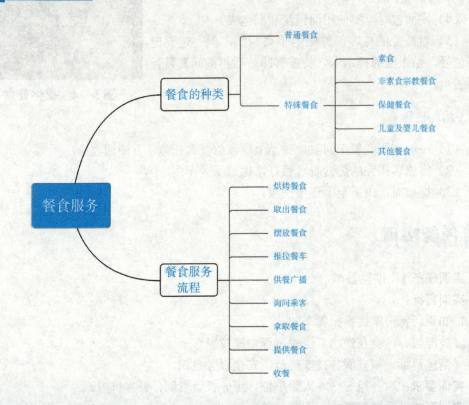

任务四　报纸、杂志服务

案例导入

打造甜蜜星级服务，港航活力飞"悦"九周年

2015 年 8 月，香港航空有限公司（简称香港航空）推出了全新的"Sweeten You Up 飞尝喜悦"舱内星级服务，为搭乘香港航空的旅客提供求婚、新婚或周年纪念、生日及小童飞行日志等贴心的专属服务，让旅客在乘搭香港航空的途中，拥有一个在高空中的甜蜜之旅。

"Sweeten You Up 飞尝喜悦"星级服务可为有需求的旅客策划筹办充满惊喜的求婚，也可为有意在高空中庆祝新婚或周年纪念的爱侣提供浪漫之旅。若旅客于生日当天搭乘香港航空航班，也将从办理登机手续起即刻开始享受到一系列的特殊待遇，如获得专属"Sweeten You Up"生日登机证封套、生日襟章、香港航空巧克力盒，以及生日旅客可与同伴一起享用香港航空机场贵宾室"紫荆堂"的尊贵服务和"即影即有"相片服务，体验一个难忘的生日之旅。除此之外，7～12岁的小童旅客在首次乘坐香港航空由香港出发的航班时，将获得一本"飞行日志"，只需在2016年6月30日前收集到3个飞行贴纸及旅程登机证，就有机会参观香港航空的飞机及基地，并了解相关知识。更多的游戏、合影、专属儿童餐服务也将让小童旅客享受到一个甜蜜欢乐的空中之旅。

（资料来源：民用航空网）

　　思考：结合案例分析，机上的娱乐服务都有哪些。

知识链接

一、摆放报纸、杂志

　　（1）航空公司的宣传杂志一般存放于旅客座椅后面的口袋里。

　　（2）摆放报纸、杂志时，首先将报纸、杂志分类整理好，然后将报纸、杂志正面朝上，露出刊头，美观、整齐地摆放在书报架或折叠车上。

　　（3）相同的报纸可以摆在一起，杂志要分开排列成扇形。

二、介绍报纸、杂志

　　面向旅客，身体略向前倾，面带微笑，注视旅客（图5-15）："女士/先生，这是为您准备的报纸，有……，请问您需要哪一种？"

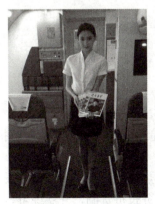

图5-15　介绍报纸、杂志

三、拿取报纸、杂志

（1）乘务员一只手四指并拢，掌心朝上托住报纸或杂志的底部，大拇指在内侧；另一只手四指并拢，掌心朝上，大拇指扶在报纸或杂志的左（右）上角。

（2）最外面的报纸或杂志可直接拿取，中间和里侧的报纸或杂志用一只手的拇指和食指捏住报纸或杂志一边，沿着边缘滑至左（右）上角，大拇指压在报纸的外侧，其余四指在报纸的内侧拿取。

四、递送报纸、杂志

（1）按照从前到后、从里到外的顺序提供报纸杂志。

（2）不同类型的报纸或杂志依次摆成扇形，露出刊头递给旅客。

素养提升 ●

瑞丽航空举行"红色旅行 欢颂国庆"主题客舱活动

国庆期间，瑞丽航空有限公司（简称瑞丽航空）举行"红色旅行欢颂国庆"主题客舱活动，在万米高空为祖国庆生，祝愿祖国繁荣昌盛。2021年9月30日，昆明飞往无锡的DR6552航班承载着百余名旅客和瑞丽航空机组人员对祖国的深切祝福与热爱，在蓝天上巡航。当天航班上，佩戴着"我爱你，中国"口罩、手持五星红旗的乘务员在客舱里欢迎旅客登机，并将小国旗发放到旅客手中。"金秋十月，红旗飘飘，我们即将迎来祖国母亲的生日，大江南北的中华儿女都在尽情高歌，为古老而年轻的祖国深深祝福，祝我们的祖国繁荣昌盛，国泰民安！"国庆节主题客舱活动在万米高空向祖国致以美好的祝福。

（资料来源：民航资源网）

任务实训

实训任务：报纸、杂志服务。

实训目标：

1. 知识目标：掌握报纸、杂志服务技巧。

2. 技能目标：会摆放报纸、杂志，会递送报纸、杂志，会回收报纸、杂志，会相关话术。

3. 情感目标：培养主动、耐心、细致、热情的服务态度，安全服务意识。

实训要求：乘务组5～6人为单位，乘务长负责制，开展练习。

实训形式：乘务组形式，乘务长负责制。

实训步骤：

1.每名乘务员轮流练习摆放、递送、回收报纸、杂志及话术，其他乘务员观察、挑错。

2.教员抽查，乘务员展示。

实训总结：乘务组自行分析和乘务组间互相分析，乘务教员总结。

任务小结

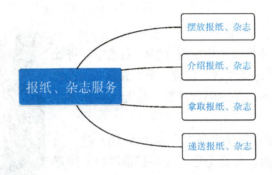

任务五　毛毯服务

案例导入

视频：报纸、杂志服务和任务五毛毯服务

湖南航空开启 6A 出行新方式　乘 6A 锦鲤座享春节专属好礼

2022 年 1 月 29 日消息：乘飞机出行，除了享受机上座位还能有什么新玩法呢？1 月 28 日，在湖南航空股份有限公司（简称湖南航空）的四个航班上，四名 6A 座的旅客先后领取了锦鲤惊喜礼包，礼包包含湖南航空定制版木盒台历、新春主题毛毯、湖南航空"财信号"小机模、长沙臭豆腐、茶颜茶包及新春定制红包。

春运期间，湖南航空在线上推出"竞价升 6A 座"活动，旅客在活动期间通过任一渠道购买周五长沙—成都或成都—长沙的航班都能收到相关活动的短信邀请，点击短信链接进入活动页面后，旅客通过竞价的方式争取 6A 座位，活动在航班起飞前一天截止，出价最高者即本趟航班 6A 座锦鲤，旅客不仅可以享受机上一人两座权益和座位专属布置，还可以获得锦鲤惊喜礼包，包含主题机模、伴手礼、限量版毛毯、特色周边等。

据悉，湖南航空 6A 锦鲤座的活动将长期进行，从 2 月 7 日起，凡是购买了周五长沙—成都或成都—长沙的航班，均可通过短信链接参与此活动，成为 6A 锦鲤座的旅客在乘机当日将获得超值惊喜礼包及其他空中、地面的相关权益。买 6A 出行，选 6A 座

位，享受惊喜之旅，更多活动详情，请关注湖南航空官方小程序及公众号。

　　春节期间，湖南航空通过线上、线下的互动活动，为旅客朋友们增添春节氛围。旅客李先生表示：由于经常要往返长沙、成都两地，对"竞价升 6A 座"活动感到很好奇，上次看到别的旅客拿到礼品，自己也想试试，正好春节过年也感觉湖南航空送了我一份春节礼物，回家会和家人一起分享这份喜悦。

（资料来源：民航资源网）

　　思考： 结合案例思考"竞价升 6A 座"活动的意义。

知识链接

　　航班离港前，乘务员按照规定程序签收毛毯后，将处于包装状态的毛毯整齐地置于规定位置，平均放置在经济舱前、中、后部行李架内，并锁闭行李架，待起飞后向旅客提供。

　　（1）乘务员为旅客提供毛毯服务（图 5-16）时，须在旅客面前将毛毯拆封，并将毛毯外包装袋带回服务间置于垃圾箱内，禁止一次性将毛毯全部拆封。

　　（2）乘务员应结合航班旅客信息，灵活地安排毛毯的使用，对特殊旅客使用毛毯做出预留。

　　（3）毛毯服务应尽量使用未拆封的毛毯展开服务，如必须使用已拆封的毛毯开展服务，乘务员应认真整理后使用，对有污迹的毛毯应单独回收处理，禁止在航班中重复使用。

图 5-16　毛毯服务

任务实训

　　实训任务： 毛毯服务。

　　实训目标：

1. 知识目标：掌握毛毯服务技巧。

2. 技能目标：灵活地安排毛毯的使用，会进行毛毯服务。

3. 情感目标：主动、耐心、细致、热情的服务态度。

　　实训要求： 乘务组 5 ～ 6 人为单位，乘务长负责制，开展练习。

　　实训形式： 乘务组形式，乘务长负责制。

　　实训步骤：

1. 每名乘务员轮流练习毛毯服务，其他乘务员观察、挑错。

2. 教员抽查，乘务员展示。

　　实训总结： 乘务组自行分析和乘务组间互相分析，乘务教员总结。

任务小结

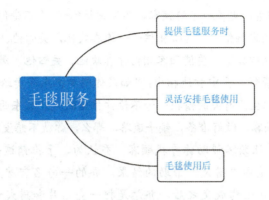

毛毯服务
- 提供毛毯服务时
- 灵活安排毛毯使用
- 毛毯使用后

任务六　商品出售服务

案例导入

乔·吉拉德的销售故事

乔·吉拉德，被吉尼斯世界纪录誉为"世界最伟大的销售员"，是迄今唯一荣登汽车名人堂的销售员，连续 12 年被《吉尼斯世界纪录大全》评为世界零售第一，连续 12 年平均每天销售 6 辆车——至今无人能破。

乔·吉拉德创造了 5 项吉尼斯世界汽车零售纪录。

（1）平均每天销售 6 辆车。

（2）最多一天销售 18 辆车。

（3）一个月最多销售 174 辆车。

（4）一年最多销售 1 425 辆车。

（5）在 12 年的销售生涯中总共销售了 13 000 辆车。

那么，乔·吉拉德的成功秘诀是什么呢？

（1）250 定律：不得罪一个顾客。在每位顾客的背后，都大约站着 250 个人，这是与他关系比较亲近的人，包括同事、邻居、亲戚、朋友。如果一个推销员在年初的一个星期里见到 50 个人，其中只要有两个顾客对他的态度感到不愉快，到了年底，由于连锁影响就可能有 5 000 个人不愿意和这个推销员打交道，这就是乔·吉拉德的 250 定律。由此，乔·吉拉德得出结论：在任何情况下，都不要得罪一个顾客。

（2）名片满天飞：向每一个人推销。每一个人都使用名片，但乔的做法与众不同：他到处递送名片，在餐馆就餐付账时，他要把名片夹在账单中；在运动场上，他把名片

大把大把地抛向空中。乔认为，每一位推销员都应设法让更多的人知道他是干什么的，销售的是什么商品。这样，当他们需要他的商品时，就会想到他。

（3）建立顾客档案，更多地了解顾客。乔·吉拉德说："不论你推销的是何种东西，最有效的办法就是让顾客相信——真心相信——你喜欢他，关心他。"如果顾客对你抱有好感，你成交的希望就增加了。要使顾客相信你喜欢他、关心他，那你就必须了解顾客，收集顾客的各种有关资料。乔中肯地指出："如果你想要把东西卖给某人，你就应该尽自己的力量去收集他与你生意有关的情报……不论你推销的是什么东西。如果你每天肯花一点时间来了解自己的顾客，做好准备，铺平道路，那么，你就不愁没有自己的顾客。"

（4）猎犬计划，让顾客帮助你寻找顾客。乔认为，干推销这一行，需要别人的帮助。乔的很多生意都是由"猎犬"帮助的结果。乔的一句名言就是"买过我汽车的顾客都会帮我推销"。在生意成交之后，乔总是把一叠名片和猎犬计划的说明书交给顾客。说明书告诉顾客，如果他介绍别人来买车，成交之后，他会从每辆车得到25美元的酬劳。乔的原则是：宁可错付50个人，也不要漏掉一个该付的人。猎犬计划使乔的收益很大。1976年，猎犬计划为乔带来了150笔生意，占总交易额的1/3。乔付出了3 750美元的猎犬费用，收获了75 000美元的佣金。

（5）推销产品的味道，让产品吸引顾客。乔认为，"人们都喜欢自己来尝试、接触、操作，人们都有好奇心。不论你推销的是什么，都要想方设法展示你的商品，而且要记住，让顾客亲身参与，如果你能吸引住他们的感官，那么你就能掌握住他们的感情了。每一种产品都有自己的味道"。乔·吉拉德特别善于推销产品的味道。与"请勿触摸"的做法不同，乔在和顾客接触时总是想方设法让顾客先"闻一闻"新车的味道。他让顾客坐进驾驶室，握住方向盘，自己触摸操作一番。

（6）诚实是推销的最佳策略。诚实是推销的最佳策略，而且是唯一的策略。但绝对的诚实是愚蠢的。推销容许谎言，这就是推销中的"善意谎言"原则，乔对此认识深刻。乔善于把握诚实与奉承的关系。尽管顾客知道乔所说的不尽是真话，但他们还是喜欢听人赞美。少许几句赞美可以使气氛变得更愉快，没有敌意，推销也就更容易成交。

（7）每月一卡，真正的销售始于售后。乔有一句名言："我相信推销活动真正的开始在成交之后，而不是之前。"推销是一个连续的过程，成交既是本次推销活动的结束，又是下次推销活动的开始。推销员在成交之后继续关心顾客，将会既赢得老顾客，又能吸引新顾客，使生意越做越大，客户越来越多。

（8）学会自信。"自信，可以说是英雄人物诞生的孵化器，一个个略带征服性的自信造就了一批批传奇式人物。然而，自信不仅仅造就英雄，也成为平常人人生的必需，缺乏自信的人生，我相信必是不完整的人生。因为我的心灵有一种信念在支撑着我，那就是成功、我要成功，所以，我的人生之路一直走得很好。这一切的结果，决定于我自己坚定的信心，坚韧不拔的意志。朋友们，请记住：一定要充满自信，因为人生需要自信，自信让人成功。"

（资料来源：百度百科）

思考： 谈谈乔·吉拉德的成功经验对你有什么启示。

知识链接

　　航空公司在平飞阶段提供产品销售服务，包括升舱服务、产品销售、免税商品销售等。航空公司在平飞阶段开展的商品出售服务是依托乘务员而展开的销售活动，是典型的人员推销方式，对乘务员的综合素质要求非常高。

一、注意事项

　　在开展升舱服务、产品销售、免税商品等服务时，应注意以下几个方面。

　　（1）飞行关键阶段禁止开展销售工作，如旅客在该阶段提出购买商品或升舱服务需求，乘务员应向旅客解释，并在平飞阶段或者落地后给予满足。

　　（2）飞行中，如遇运行延误、时间紧张、颠簸、安全管控、特殊事件等情况，无法开展销售，乘务长可根据实际情况灵活调整服务内容。

　　（3）产品销售播报与商品展示同步进行，广播应清晰、流畅，确保旅客可以清楚地听到销售产品的有关信息。

　　（4）乘务员在客舱中开展产品销售服务时，应注意航空公司形象和乘务员仪容仪表，语言得体，合理使用销售技巧，避免表情浮夸、语言粗俗、推荐过度、打扰旅客休息。

　　（5）产品销售时，乘务员要严格把握时间，在飞机落地前 30 min 必须停止销售服务，同时结算完毕，并将商品销售车归位锁定。

二、人员推销

　　人们在的日常生活中都有这样的体验，当我们进店消费时，很快就有服务人员上前进行产品介绍，针对产品进行说明、演示，这种直接与顾客接触的促销方式就是人员促销。人员推销指推销人员与消费者直接交流，对产品进行介绍，与顾客展开双向的沟通，以推销商品，促进、扩大销售，促成买卖交易的手段。在营销学中，人员推销是最古老的促销方式，也是最常用、最直接、最有效的一种促销手段，对人员的素质要求极高。

　　在平飞阶段，航空公司派出乘务员开展产品销售服务，乘务员直接与旅客接触，传递产品信息，促成购买行为。在乘务员推销中，有推销主体、推销客体、推销对象三个基本要素。

（一）特点

1. 推销的直接性

　　乘务员推销是面对面的业务洽谈，是直接接触目标顾客的促销方式。推销人员也就是乘务员，在与旅客的直接接触中，不仅要通过语言交流进行沟通，还要通过肢

体、行为等进行沟通、展示，是多方面直接接触的沟通方式。这种方式传递信息准确、针对性更强，能够解决目标顾客的实际问题。同时，通过沟通、交流深入了解旅客需求，推荐合适的产品，并随时随地解答旅客提出的有关产品的各种问题，实现成交。

2. 较强的针对性

航空公司的推销人员在开展推销业务之前，一般事先要对本次航班的旅客情况进行基本分析，也就是通常所说的调查活动，从而选择合适的产品进行销售，进行有针对性的推销活动。这样的销售活动能够实现更好的销售效果，同时也能节省人力、物力和财力，事半功倍。例如，很多航空公司会在暑假的航班上进行儿童书包的销售，这正是基于暑假期间带小孩出游的旅客较多、需求量大的考量。

3. 较快地促成交易

较快地促成交易是指达成交易的速度相对较快。乘务员推销可以把民航服务的信息直接传递给旅客，并当面洽谈购销的相关事宜，如旅客购买意愿强烈，可当即成交，依托乘务员开展的人员推销可大大缩短交易时间。这与广告等促销方式区别较大，以航空公司杂志广告促销为例，旅客阅读杂志接收信息后，往往还有一个认识、思考、比较到最终决定的过程，在这个过程中受影响的外部因素较多，会影响成交，延长交易时间。

4. 推销的灵活性

在平飞阶段依托乘务员开展的人员推销灵活性强，可以结合客舱实际情况延长或缩短推销时间，可以结合旅客实际需求推荐产品，也可以结合旅客反应调整推销策略与方法，还可以结合客户的疑问解答问题并调整商品内容组成。

5. 起到公共关系的作用

依托乘务员开展的人员推销活动，实际也是民航企业进行公关活动的重要组成部分。乘务员代表航空公司开展营销，乘务员的综合素质与能力是航空公司形象的象征。

赋予销售人员角色的乘务员，通过自己对产品的介绍，通过语言的表达、礼貌的肢体语言和真诚的服务，给旅客留下深刻的印象，树立民航企业良好的形象。乘务员促销一方面有助于民航企业与外界保持良好关系，有助于建立长期稳定的客户关系；另一方面，机上人员在推销的过程中，能够解决旅客的疑问，能够校对旅客对民航企业的认知偏见，改善关系，开拓新市场。

（二）推销人员应具备的素质

乘务员是民航企业形象的代表，乘务员的素质也是平飞阶段人员推销活动能否达成交易的重要因素。在平飞阶段，赋予销售人员角色的乘务员主要承担的任务包括传递公司有关产品或服务信息，负责寻找潜在顾客，与顾客深入沟通，回答顾客疑问，解决顾客讨价还价，进行交易，完成销售，进行结算，收集市场情报等。因此，一名优秀的民航销售人员应具备以下素质。

1. 良好的职业道德

提高推销人员的品德修养、加强推销人员的职业道德建设是一个不容忽视的问题。

对于旅客来说，赋予销售人员角色的乘务员作为服务人员，对旅客要诚恳、热情、守信、有礼，有高度的责任感，有全心全意为旅客服务的精神。

对于企业来说，赋予销售人员角色的乘务员供职于企业，一言一行都应对企业负责，不能损害企业形象。同时，受到劳动合同的制约，必须忠诚于企业，不得利用工作之便牟取私利，不假公济私，这是必须具备的最基本的职业道德。

对于社会来说，赋予销售人员角色的乘务员，是社会的一员，必须诚信做人，遵纪守法。

2. 良好的综合素质

一名优秀的推销人员必须具备良好的综合素质，主要包括以下七点。

（1）较强的社交能力。推销人员性格应大方、外向、善于倾听，这有利于与旅客的沟通交流。

（2）有包容心。推销人员必须具备一定的包容心和耐心，能够从旅客角度思考问题，理解旅客的需求。

（3）坚强的毅力和上进心。只有那些具有坚强毅力和较强上进心的人，才能克服困难，更好地完成销售任务，实现企业目标。

（4）灵活应变。在商品推销过程中，可能会出现各种突发情况，只有灵活应变，才能打破僵局，摆脱困境，达成交易。

（5）敏锐的洞察力。在商品推销过程中，要有高度的职业敏感度，发现旅客需求，洞察市场先机。

（6）良好的身体素质。在平飞阶段开展商品销售活动是一项对乘务员身体素质要求极高的工作内容，这里的身体素质包括体质、体格、健康状况，也包括举止、言谈、仪表风范。

（7）丰富的学识。推销人员知识面要广，包括市场知识、营销知识、心理学知识、管理学知识、产品知识等。

3. 营销学常识

民航业是社会重要的部门，推销人员要有较强的市场意识，关注市场变化，及时发现旅客需求变动，及时调整产品。推销人员作为最直接接触旅客的人员，必须掌握营销学的基本知识，包括市场调研、产品管理、促销方法等。

4. 民航业务知识

首先，民航业是一个专业性较强的行业，被赋予销售人员角色的乘务员，仍是一名乘务员的身份，必须准确掌握乘务员相关知识，熟练运用民航技能。

其次，推销人员应了解公司的历史沿革、发展现状、未来规划、经营理念、企业文化等。

最后推销人员要关注行业发展，学习企业知识，掌握销售动态，加强与不同部门的沟通。

（三）人员推销基本步骤

在平飞阶段由乘务员开展的人员推销是一段人际交往的过程，在短时间内取得旅客信任，这是成功营销的一个关键因素，因此在人员推销的过程中，有很多销售方法和技巧，乘务员的素质也起到了关键性作用。总体来看，在推销的过程中一般包括以下几个步骤。

1. 准备阶段

首先，被赋予推销人员角色的乘务员应当明确目的，确定本次航班的任务是简单的产品推介还是需要实现成交。其次，无论是怎样的目的，都需要推销人员在事前做好计划、做好功课。推销人员需要准备包括产品知识、服务信息，竞争对手产品信息和顾客信息三方面。最后，推销人员应制定出全面的推销策略，例如什么时间开展这项服务，选择怎样的方式与旅客接触，洽谈中主要做哪些内容的阐述，哪些是重点，哪些一带而过，是否需要配备其他辅助性材料，如何体现优势，如何解决可能发生的异议，要达到怎样的效果等。

2. 产品展示

产品展示是机上人员推销的中心环节，推销人员需要通过广播，利用各种方法和技巧对商品进行展示和介绍，是促使旅客产生购买欲望的阶段。受到客舱空间限制，推销人员进行展示时会受到诸多限制，在介绍和展示的过程中，销售人员要以简洁的语言清晰地描述产品，陈述产品特色，描述产品可能给顾客带来的利益。在展示的过程中目标顾客会提出各种各样的问题，解决异议也是这一阶段的工作内容，一个有经验的推销人员应当具有应对客户异议的心理素质和解决能力。

3. 寻找顾客

机上推销工作的第三步就是寻找潜在顾客，推销人员必须时刻关注商品展示过程中旅客的变化，寻找购买者，包括现有的和潜在的购买者。寻找顾客是一个识别与确认的过程，识别是指推销人员搜索顾客的过程，确认是指筛选有希望成为顾客的重要客户。推销人员为了能快速有效地识别并锁定潜在顾客，可以利用一些特殊的方法，如关注顾客购买信号，那些认真聆听推销人员讲解的旅客、已经按呼唤铃的有疑问旅客、积极和邻座讨论的旅客，都是现有的和潜在的购买者。对于现有的购买者，推销人员应努力达成交易；对于潜在的购买者，推销人员应努力使旅客下机后通过航空公司官网购买商品，达成交易。

4. 接触目标顾客

被赋予推销人员角色的乘务员在商品广播结束后，就要与目标顾客进行直接接触了，接近顾客的过程长则十几分钟，短则只有几分钟，在这短暂的时间里，推销人员要灵活运用各种接近技巧，引起目标顾客对产品的注意，引发和维持他们持续的兴趣，达到接近顾客的目的。

在接触目标顾客的过程中，推销人员必须秉持尊重的基本原则，做一名真诚、有素质、懂业务的推销人员。首先，在接触中必须进行有效的提问，从客户的回答中了解更多的情况，也要通过提问控制沟通的进程和节奏，积极引导洽谈的方向。其次，要善于倾听，有效倾听是有效提问的重要辅助手段，也是了解旅客需求、爱好的重要方式，一名优秀的推销人员必须是良好的倾听者，倾听是推销人员积极获取旅客意见的方式，倾听的关键是理解，从倾听中理解旅客需求，设法满足旅客需求。良好的倾听要鼓励旅客多表达，只有表达才能了解旅客内心；良好的沟通也要做好记录工作，记录一方面能够展示你对客户的尊重，另一方面能够积累材料；倾听中还要表达对旅客感觉或认识的理解，让旅客获得认同感，增进与旅客之间的信任感。

5. 完成交易

当旅客的异议得到解决后，就意味着销售进入实质性阶段，推销人员应该随时关注顾客的购买信号，包括言语的信号和肢体语言的信号。随时准备对旅客的"付款方式""售后保障"等问题做出解答。实践经验表明，一名优秀的推销员要善于培养正确的成交态度，要密切关注顾客的成交信号，要学会消除成交障碍，更要灵活应对把握好机会促成交易。

6. 后续跟进

第一，后续跟进是针对本次交易，做好后续工作，认真执行先前承诺与保证，如产品价格和服务质量保证等；第二，对旅客购后的感受进行跟踪，发现可能产生的各种问题，表达企业的关注与用心，树立旅客对民航企业的信任感，认同企业品牌，促使他们连续、重复购买航班，持续支持机上商品销售活动；第三，同时利用旅客的间接宣传和辐射作用，争取更多的新旅客。

（四）推销人员的管理

1. 推销人员的选拔

被赋予推销人员角色的乘务员是民航企业的门面，是民航企业形象的展现，更是民航企业创收的重要途径。因此，乘务组在选择由谁进行推销时要制定严格的标准，要综合考虑通识性知识、民航专业知识、营销知识、沟通技巧、心理学常识等多方面内容。

2. 推销人员的培训

民航企业要在乘务员开展推销工作前进行一系列岗前培训，以提高其推销技巧。当然，推销培训活动不是一蹴而就的，是随着销售商品的变化持续进行的，推销人员的培训工作能保证推销工作的推进。

3. 推销人员的考核

民航企业应建立科学的考核机制，科学、客观地评价乘务员的推销工作，有利于领导与激励乘务员发挥能动性，积极性做好推销工作。推销工作考核是乘务员考核的重要内容，一般都以销售量为最重要的指标，对乘务员进行客观、综合的考评。

（五）识别旅客购买信号

在进行商品销售时，乘务员应提高销售能力，努力完成销售任务。在商品销售时，乘务员应着重把握旅客的购买信号，购买信号主要包括以下几点。

1. 旅客专注聆听

在乘务员进行商品介绍时，旅客认真聆听、观看展示，表现出极大的兴趣。同时，旅客开始关注产品的细节问题，这都代表旅客对产品产生了浓厚的兴趣，到了购买的阶段。

2. 旅客不断提问

在乘务员进行商品介绍时，旅客针对商品提出疑问，问题包括产品价格问题、售后服务问题、产品本身问题、付款方式等。

3. 旅客行为上的明显变化

旅客行为上的明显变化指旅客在举止行为上所表露出来的购买意向，如眼神、面部表情、动作的变化。例如，当旅客对某款产品表现出极大的兴趣，甚至有了购买冲动时，眼神会充满期待，面部表情会出现好奇的神情；当旅客主动拿取购物推车上的商品并不断用手触摸商品，认真阅读商品说明书，并认真思考陷入沉默时，就是在思考是否做出购买决定。

4. 旅客寻求他人意见

旅客向同行旅客询问意见，寻求他人认可，或希望他人帮助做出决定。

5. 旅客讨价还价

旅客开始询问商品价格、付款方式，并开始讨价还价。旅客讨价还价的方式包括多买是否有折扣、是否采用积分方式等。

（六）成交方法

乘务员应结合实际情况，合理运用成交方法，完成销售任务，常见的成交方法有以下 10 种。

1. 请求成交法

请求成交法又称直接成交法，这是乘务员主动向旅客提出成交请求，直接请求旅客购买商品的一种方法。一般使用请求成交法要充分考虑时机。

（1）旅客表示出经常使用熟悉商品，是老客户，乘务员可直接提出成交请求。

（2）旅客对推销的商品有好感，也流露出购买的意向，散发出强烈的购买信号，这时乘务员就可以用请求成交法来促成销售。

（3）旅客对推销的产品表示认可、想买，但还没有意识到已经到了成交阶段，这时乘务员可以提出成交请求。

（4）旅客不断提出疑问，乘务员解答后，可直接请求成交，以节约时间，完成交易。

2. 假设成交法

假设成交法是假设已成交，旅客已决定购买商品，乘务员直接引导旅客进入实质性阶段，描述旅客未来利益。这种方法的使用提高旅客的思维效率，使顾客不得不做出反应。这种方法的使用，必须基于旅客对商品有购买意向，已表达购买信号，或者乘务员充分分析旅客性格，旅客性格比较随和且依赖性较强，可以采用这种成交方法。

3. 选择成交法

选择成交法是假设旅客已决定购买，让旅客选择成交方案。一般会向旅客提供两种或两种以上成交方案进行选择，并要求其选择其中一种成交。

4. 优点补偿法

优点补偿法又称抵消处理法，是指乘务员承认旅客提出的缺点问题，同时说明商品的其他优点，以优点抵消或补偿缺点，以商品的其他利益来补偿旅客拒绝的处理方法。商品从来不是十全十美的，因此旅客提出问题、指出缺点是非常正常的，乘务员应该对旅客提出的合理的问题予以接受，并给予适当的利益补偿，令旅客相信产品的优点大于缺点，实现成交。

5. 利益总结法

利益总结法是指乘务员在推销中记住旅客关注的重点，在成交中以一种积极的方式概括总结，得到旅客的认同并最终取得订单的成交方法。在航班上，乘务员可以通过总结商品优势利益，包括价格优势、品牌优势、渠道优势等来要求成交。

6. 保证成交法

保证成交法指乘务员对旅客提出的问题予以承诺，承诺售后质量保证降低消费者风险，减少后顾之忧。保证成交法可以消除旅客在产品成交时的心理负担，增强成交信心，同时可以增强乘务员语言的说服力和感染力，有利于处理异议，达成交易。

7. 从众成交法

从众成交法也称排队成交法，乘务员用其他旅客的购买行为吸引购买。从众成交法是乘务员利用旅客的从众心理，促使旅客购买商品的一种成交方法。从众行为是一种普遍的社会心理现象，旅客在购买商品时，不仅要考虑个人的需要，还会受到社会文化、社会规范等方面的影响，服从某种社会压力，以大多数人的行为作为自己行为的参照系。从众成交法正是利用了旅客的这种心理特点，创造出众人争相购买的氛围，促使消费者迅速做出决策，乘务员常在销售中使用这样的语言："我们很多乘务员都会使用这款产品，我个人就是这款产品的忠实顾客。"

8. 试用成交法

试用成交法是乘务员引导旅客先试用再购买的方法。在航班上，这种方法适合很多商品的销售，如食品、服饰类，都可以采用让旅客先体验后购买的方式。

9. 异议成交法

异议成交法是指乘务员处理顾客异议然后成交的方法。旅客提出异议是推销活动过程中的必然现象，旅客提出异议既是推销的障碍，也是成交的前奏，认真思考提出异议的原因，顺利解决旅客异议，才能达成交易。

10. 机会成交法

机会成交法是利用了旅客害怕失去某种可能得到利益的心理，乘务员提出最后成交机会，制造紧张，向旅客提示最后成交机会，促使旅客立即购买的一种成交方法。这种方法的实质是乘务员通过提示成交机会，利用了旅客的心理因素，限制成交内容和成交条件，完成交易。乘务员常在销售中使用这样的语言："我们在机上只准备了10份进行销售，我会按照大家按呼叫按钮的顺序进行销售。"

三、升舱产品

视频：升舱产品

升舱产品指将机票中低等级的舱位补交差价变更成高等级的舱位，一般在经济舱旅客购票之后通过特定价格（一般低于正常两舱价格）获取未能销售的两舱座位，从而实现体验升级，航空公司获取边际收益的服务产品。

1. 升舱产品的意义

民航企业要提高收益，提高客座率是重要的方法之一。航空公司通过官方网站、代理人平台、电话订票等方式构成销售网络；同时通过航空公司之间代码共享等深度合作，提高客座率。升舱根据场景不同，分为值机柜台升舱、登机口升舱、机会升舱、机上升舱等。目前，升舱产品的定价有以下几种情况：一是根据航线制定升舱标准价格，根据消费者购买的经济舱价格，实行"补差价升舱"；二是根据航线制定升舱标准价格，但不考虑旅客的经济舱价格，直接付费升舱；三是根据升舱场景不同，根据距离起飞时间制定不同的升舱产品价格，例如默认旅客为刚需的"高价"或"甩卖"。但无论哪种升舱、哪种定价方式，其本质都是将未能销售的两舱剩余座位以低于正常价格的方式提供给经济舱有需要的旅客，能够提高头等舱、商务舱的上座率，降低座位虚耗，从而获得边际收益。

2. 升舱产品的服务要求

机上升舱，3人或3人以上的升舱可能会造成飞机重心的变化，需报告机长。机上升舱服务的费用，需以POS机刷卡、微信、支付宝方式当场结算，避免呆账、坏账。在开展升舱服务时，乘务员会采用以下服务语言表述：

先生／女士，您好！感谢您选择××航空公司机上升舱服务，为了便于您了解相关机上升舱的有关规定，向您做以下说明。

（1）机上升舱旅客不享受公务舱餐食、免费行李额及公务舱摆渡车服务。

（2）机上升舱旅客的里程积分将按原订座舱位的标准累计。

（3）机上升舱票款将以刷卡、微信、支付宝方式当场结算。

（4）机上升舱可以开取升舱收款凭证。

📖 阅读与思考 ●

海南航空即日起推出升舱券产品

为了向旅客提供多样化的出行选择，提升旅客的乘机体验，即日起，海南航空集团旗下海南航空控股股份有限公司推出升舱券产品，符合条件的经济舱旅客只需支付一定费用，即可升级公务舱，全程享受公务舱地面和空中服务标准。

据悉，海南航空升舱券产品仅需388元起，价格超值优惠，旅客可通过登录海南航空官网、App、微信公众号进行购买，成功购买后即可为符合条件的经济舱客票进行兑换升舱。升舱券需提前五天进行兑换，每个航班可兑换座位数量有限，先到先得。若升舱券未使用，可全额退款，不收取手续费。升级至公务舱后，旅客可享受到更加宽敞、舒适的公务舱座椅空间，精致可口的空中餐食，以及公务舱对应的机场配套服务，获得更加舒适的出行服务体验。

据海南航空相关产品负责人介绍，升舱券产品价格实惠，操作方便，不使用还可无忧退款，非常适合年轻旅客群体，能为他们提供公务舱升级体验，使其享受到更加舒适的乘机服务。本期产品有效期至2022年6月30日，后续海南航空将持续对产品进行升级，为旅客带来更好的服务体验。更多产品详情可登录海南航空官网、App、微信公众号进行查询了解。

（资料来源：民航资源网）

思考：结合营销学知识思考，升舱券是哪种促销方式。

四、免税商品

免税商品销售是国际航班特有的空中服务项目，由航空公司在国际航班上为旅客提供物超所值的免税商品购物服务，所有免税商品都以免税价格出售的服务项目，是国际旅客正常享有的免税待遇和权利。航空公司的乘务员要充分认识免税商品销售的重要意义，做好免税商品销售服务工作，让旅客满意，实现航空公司销售目标。

视频：免税商品

（一）免税商品销售的意义

1. 方便旅客

很多航空公司都有自己的免税商品销售服务体系，旅客登机后可以自行阅读座椅口袋内的免税商品购物指南，从中挑选心仪的商品。免税商品服务能丰富旅客的旅途生活，方便旅客消费购物，因此免税商品服务受到广大旅客的欢迎。

2. 完善空中服务项目，提高航空公司收入

国际航班的免税商品销售服务是航空公司客舱服务的重要组成部分，更是航空公司收入的重要来源之一。从经济角度来看，积极开展机上免税商品销售服务增加航空公司收入，为航空公司创造了经济效益。从民航服务角度，积极开展机上免税商品销售服务增进了乘务员和旅客的沟通，提升了客舱乘务员的营销技能，提高了乘务员的空中服务水平。

3. 打造品牌

越来越多的航空公司意识到机上免税商品服务不仅能够增加收入，还可以打造企业品牌，是非常值得经营的业务板块。2020 年 7 月 2 日春秋航空公司表示，上海春秋中免免税商品有限公司（简称春秋中免）是公司参股 49% 的子公司，春秋中免可以在公司经上海航空口岸进出境的国际航班上设立运输工具免税商店，开展免税商品销售业务。

阅读与思考

2016 年韩国航空公司机上免税商品销售额逾 3 000 亿韩元

据韩国 8 家航空公司发布的联合报告，韩国航空公司机上免税商品销售额共计 3 328 亿韩元。其中，大韩航空销售额最多，以 1 891 亿韩元位居榜首，排名第二的是韩亚航空，销售额为 1 108 亿韩元。在廉价航空公司中，真航空以 108 亿韩元的销售额居首，釜山航空（90 亿韩元）、济州航空（77 亿韩元）、伊思达航空（27 亿韩元）、德威航空（24 亿韩元）和首尔航空（3 亿韩元）紧随其后。

数据还显示，在机上免税商品中，高端威士忌酒最为畅销。具体来看，大韩航空机上免税商品销售销量排行榜单为：百龄坛 30 年苏格兰威士，尊尼获加蓝牌威士忌 21 年，皇家礼炮 21 年，正官庄红参精 Plus。韩亚航空机上免税商品销量居首的是百龄坛 30 年苏格兰威士忌，百龄坛 21 年苏格兰威士忌、皇家礼炮 21 年、尊尼获加蓝牌威士忌 21 年、正官庄红参精位列其后。

另外，釜山航空、济州航空、德威航空和首尔航空等廉价航空公司机上免税商品销量排名前三的也均为威士忌酒。

（资料来源：搜狐网）

思考： 机上免税商品销售给航空公司带来了哪些好处？

（二）免税商品销售的要求

1. 航前准备

（1）航前应由乘务长指定两名乘务员负责免税商品销售。

（2）乘务员要检查免税商品车铅封是否完整无损，确认铅封号与核销表一致。

（3）乘务员应按核销表对免税商品进行逐一清点，确认免税商品类型、数目与核销表一致，且外包装完好。

（4）乘务员对备用金进行清点，做好销售辅助用品，包括POS机、计算器、塑封袋等的清点。

（5）核对完毕，乘务员对免税商品车上锁，放置在规定位置。

（6）乘务员应将免税商品购物指南放在旅客座椅口袋内。

2. 机上免税商品销售服务

（1）进行免税商品销售服务前，应广播通知旅客。

（2）客舱乘务员在销售免税商品时，需要通过广播介绍免税商品的品牌、产地、优势、价格等，供旅客选购时参考。

（3）客舱乘务员应自客舱前到后推动免税商品车，车上的免税商品必须摆放整齐，商标朝向旅客，方便旅客观看。

（4）销售时，乘务员应合理使用销售技巧。

3. 销售完毕

（1）负责销售的乘务员要在飞机落地前完成销售账目核对，填好核销表，交给乘务长。

（2）乘务长应在填好的表上签字确认。

4. 收款

机上免税商品销售，常见的收款方式有现金、POS机等。

视频：普通商品

五、普通商品

国内部分航空公司会提供机上商品销售活动，销售商品类型多样、品种繁多。这项服务内容增加了航空公司的收入，是乘务员工作的重要组成部分。

（一）普通商品销售的意义

1. 方便旅客

目前，国内很多航空公司都有自己的合作品牌，建立了自己的商品销售服务体系。旅客可以自行阅读航班座椅口袋内的航空公司杂志挑选心仪商品，可以通过航空公司官网进行购物，也可以在平飞阶段面对面直接挑选商品。平飞阶段的商品销售服务丰富了旅客的航程，方便旅客购物，受到旅客好评。

2. 完善空中服务项目，提高航空公司收入

航班的商品销售服务是航空公司客舱服务的重要组成部分，更是航空公司收入的

重要来源之一。从经济角度来看，乘务员积极开展商品销售能增加航空公司收入，也能增加空乘人员个人收入。从民航服务角度，商品销售服务完善了空中服务项目，增进了乘务员与旅客的交流，加深了旅客对航空公司的了解，对航空公司常旅客计划大有助益。

3. 形成特色

国内很多航空公司在商品销售的实践中不断成长，拓展了业务板块，形成了自己独特的特色，打造了企业品牌，更深得旅客认可。例如，春秋航空的绿翼商城是春秋航空旗下全资子公司"上海春煦信息技术有限公司"经营的精品购物平台，专营各种海外直购商品、旅游纪念品等。

（二）普通商品销售的要求

1. 航前准备

（1）航前应由乘务长指定两名乘务员负责普通商品销售。

（2）乘务员应按销售交接表对商品进行逐一清点，确认一致，且外包装完好。

（3）乘务员对备用金进行清点，做好销售辅助用品，包括 POS 机、计算器、支付宝二维码、微信二维码等的准备。

（4）核对完毕，乘务员对销售车上锁，锁闭在规定位置。

（5）乘务员应将云端购物指南放在旅客座椅口袋内。

2. 机上销售服务

（1）进行商品销售服务前，应广播通知旅客，例如：各位女士、各位先生，欢迎您乘坐 ×× 航空公司的班机，现在是机上商品销售时间，如果您在忙碌的旅途中没能给亲朋好友选购礼品，不妨在云端商城选购一份精美的礼品以表心意，同时更多国际品牌请您阅读座椅口袋内的购物指南，获取更多商品信息，有需要的旅客请与客舱乘务员联系，祝您旅途愉快。

（2）客舱乘务员在销售商品时，需要通过广播介绍商品的品牌、产地、优势、价格等，供旅客选购时参考。例如：首先给大家介绍的是一款飞机模型，这款飞机模型以空客 A320 为蓝本，材质安全环保，无毒、无异味，飞机的机头象征着您蒸蒸日上的学业和事业，飞机尾部印有我航的标识，包装精美，是您送礼的不二选择，售价仅为99元。

（3）客舱乘务员应自客舱前到后推动销售车，车上的商品必须摆放整齐，商标朝向旅客，方便旅客观看。

（4）销售时，乘务员应合理使用销售技巧。

3. 销售完毕

（1）负责销售的乘务员要在飞机落地前完成销售账目核对，填好销售交接表，交给乘务长。

（2）乘务长应在填好的表上签字确认。

4. 收款

机上免税商品销售，常见的收款方式有现金支付、微信支付、支付宝支付等。

📄 素养提升 ●

西部航空机上助销扶贫产品 打通"空中扶贫"新路线

2019 年 10 月 17 日是我国第六个扶贫日。作为重庆市 2019 年"10·17"扶贫日系列活动之一，由西部航空有限责任公司、中国新闻社重庆分社共同主办的"空中扶贫逐梦小康"公益扶贫活动正式启动（图 5-17）。据悉，这是重庆首次打通"空中扶贫"线路，让当地优质扶贫产品在航机上进行销售。

在重庆市扶贫办等单位的指导下，本次"空中扶贫逐梦小康"公

图 5-17　空中扶贫逐梦小康

益扶贫活动将针对重庆本地扶贫产品搭建空中销售和宣传渠道，通过打造具有重庆特色的"空中扶贫礼包"，推动重庆扶贫产品提档升级，达到航空系统采购标准，更高质量地帮助贫困人口增收脱贫。

2019 年是脱贫攻坚的关键之年，目前重庆围绕促进贫困人口稳定脱贫和贫困地区长远发展，正着力拓宽贫困地区农产品销售渠道，形成"水陆空"、网络等多方销售渠道，助力扶贫产品走出大山，在生产、流通、消费各环节打通制约消费扶贫的痛点、难点和堵点，推动贫困地区产品和服务融入全国大市场。

在本次活动中，西部航空将为贫困地区扶贫产品搭建上机销售渠道，同时提供千万级旅客流量的航机媒体资源对贫困地区的扶贫产业和旅游风貌进行全面深入的推广，助推重庆扶贫产品提档升级，为重庆扶贫产品打通"空中扶贫"新路线。另外，四川美术学院专业团队将协助西部航空设计具有艺术特色的"空中扶贫大礼包"，以全新形式将优质扶贫产品呈现给往来的航空旅客。

作为重庆本土第一家基地航空公司，2018 年西部航空承运人数达 850 万人次，客户群体覆盖企事业机关中高层人士，企业主及中高层管理者，购买力强，拥有消费决策权。

"航空餐食类产品需要符合相关国家规范，生产及采购要求严格，一般餐食品质量无法满足规范及安全要求。其他的机上销售品对产品的包装尺寸及品质都有较高的要求，以便在飞机上提供给旅客更好的选择。因此，开发扶贫商机的销售模式将会以航空标准针对扶贫产品进行品质升级打造，拓宽扶贫产品的消费渠道。"西部航空市场副总裁王磊说："未来一年里，西部航空将联合中新社重庆分社在每期航空机上杂志

开设重庆区县及扶贫产品的宣传专区，对重庆优质扶贫产品进行宣传推广。"

（资料来源：民航资源网）

　　思考：重庆打通"空中扶贫"线路给了我们哪些启示？

任务实训

　　实训任务：商品出售。

　　实训目标：

　　1. 知识目标：掌握升舱、商品或免税商品销售技巧。

　　2. 技能目标：能在平飞阶段完成航空公司销售任务，包括会升舱的话术、免税商品销售的成交方法。

　　3. 情感目标：组织管理能力和创新服务能力，安全服务意识。

　　实训要求：乘务组 5/6 人为单位，乘务长负责制，开展练习。

　　实训形式：乘务组形式，乘务长负责制。

　　实训步骤：

　　1. 每名乘务员自行练习升舱、免税商品销售话术。

　　2. 每名乘务员轮流展示，其他乘务员观察、挑错。

　　3. 教员抽查，乘务员展示。

　　实训总结：乘务组自行分析和乘务组间互相分析，乘务教员总结。

任务小结

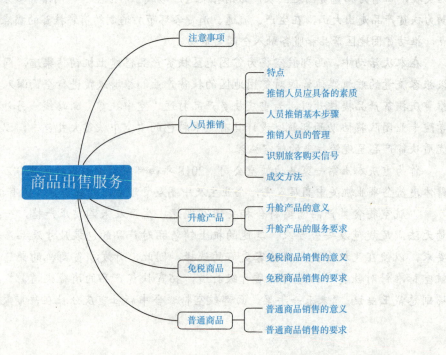

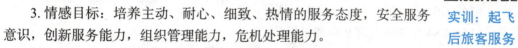

项目总结

　　本项目学习了六部分内容：起飞后服务概述，包括乘务长和乘务员在这一阶段的工作任务；饮品服务，包括饮品的种类和饮品服务；餐食服务，包括餐食的种类和餐食服务；报纸、杂志服务，包括摆放报纸、杂志，介绍报纸、杂志，拿取报纸、杂志，递送报纸、杂志；毛毯服务；商品出售服务，包括升舱、免税商品销售、普通商品销售。通过学习要求乘务员能以主动、耐心、细致、热情的服务态度为旅客进行空中餐饮、娱乐服务；具备创新服务能力，会进行机上销售服务。

项目实训

　　实训任务：起飞后旅客服务。
　　实训目标：
　　1. 知识目标：掌握飞行途中的餐饮、娱乐服务流程与服务技巧。
　　2. 技能目标：会为旅客进行空中餐饮、娱乐服务。
　　3. 情感目标：培养主动、耐心、细致、热情的服务态度，安全服务意识，创新服务能力，组织管理能力，危机处理能力。

实训：起飞后旅客服务

　　实训要求：LF 航空公司 2020 年 12 月 9 日 LF5101 航班，自北京首都－上海虹桥 8:30—10:45，机型 BY737-800 飞机。每 5 ～ 6 人为一个乘务组，1 人为乘务长，其余为各号位乘务员，旅客 10 人，开展起飞后旅客服务。
　　实训形式：乘务组形式，乘务长负责制。
　　实训步骤：
　　1. 五人制工作步骤。
　　（1）起飞后确认安全带广播。
　　（2）起飞后乘务组致意。
　　（3）航线介绍。
　　（4）SS4 回后厨房准备冷饮车。
　　（5）SS5 准备餐食。
　　（6）SS2 送报纸，SS3 送杂志。
　　（7）SS2 和 SS3 送水。
　　（8）SS4 收杯子。
　　（9）SS3 特殊旅客服务。
　　（10）10SS2 和 SS5 推餐车到前舱，SS2 换 PS1 送餐。
　　（11）PS1 和 SS4 推水车到前舱，PS1 换 SS2 送水。
　　（12）SS3 和 SS5 收餐，SS5 整理厨房和餐车。

（13）SS3 收杯子，SS2 收报纸杂志。

（14）SS4 整理厨房和水车。

2. 六人制工作步骤。

（1）起飞后确认安全带广播。

（2）起飞后乘务组致意。

（3）航线介绍。

（4）SS4 和 SS6 回后厨房准备冷饮车。

（5）SS5 准备餐食。

（6）SS2 送报纸，SS3 送杂志（到后厨房）。

（7）SS2 和 SS3 送餐前水（SS2 在前，SS3 在后）。

（8）SS4 收杯子（从前向后）。

（9）SS3 特殊旅客服务。

（10）SS2 和 SS5 推餐车到前舱，SS2 换 PS1 送餐（SS2 前面值班和航线广播）。

（11）SS4 和 SS6 送餐中水（SS4 在前，SS6 在后）。

（12）SS3 和 SS5 收餐（SS3 在前，SS5 在后）。

（13）SS5 和 SS6 整理厨房和餐车。

（14）SS2 收报纸、杂志，SS3 收杯子。

（15）SS4 和 SS6 整理水车和机供品。

实训总结：乘务组自行分析和乘务组间互相分析，乘务教员总结。

拓展阅读：航空公司客票直销的现状与分析

拓展练习

一、选择题

1. 乘务员在供应餐饮服务时如遇休息睡觉的旅客，以下做法不恰当的是（　　）。

    A. 轻放下小桌板，倒杯茶水

    B. 等旅客睡醒后为其服务

    C. 盖上毛毯

    D. 记下旅客座位号

2. 当旅客对餐食有特殊要求时，可向航空公司申请提供特殊餐食。旅客应在航班起飞前至少（　　）h 向售票点或售票网站提出申请预订。

    A.24   B.48   C.8   D.12

3. 拿取纸杯时，应拿取杯子底部（　　）处。

    A.1/5　　　　　　　　B.1/4　　　　　　　　C.1/2　　　　　　　　D.1/3

4. 给旅客倒啤酒时，杯子倾斜（　　），以防泡沫溢出。

    A.25°　　　　　　　　B.35°　　　　　　　　C.45°　　　　　　　　D.55°

5. 回收水杯时，空杯子叠在一起，最多不超过（　　）个。

    A.2　　　　　　　　　B.3　　　　　　　　　C.4　　　　　　　　　D.5

6. DBML 属（　　）的餐食。

    A. 糖尿病人　　　B. 清淡　　　　　　　C. 高纤维　　　　　　D. 低蛋白

7. 为旅客提供白葡萄酒时，应（　　）。

    A. 加热　　　　　　　　　　　B. 恒温

    C. 冰镇　　　　　　　　　　　D. 以上均可

8. 犹太餐的简称是（　　）。

    A.MSML　　　　　　B.MOML　　　　　　C.VGML　　　　　　D.KSMI

9. 伊斯兰教禁食（　　）。

    A. 猪肉　　　　　　B. 牛肉　　　　　　C. 羊肉　　　　　　D. 素食

10. 关于以下说法，错误的是（　　）。

    A. 葡萄酒开酒时应先在离瓶口 5 cm 的地方用刀转一圈，再用螺旋开关对准瓶塞中心垂直地往下转，注意做这些动作时不能面对旅客

    B. 葡萄酒打开后，用餐巾纸将瓶口擦拭干净，将瓶口的酒稍微倒掉一些，同时检查酒标是否清洁完整，用干净的餐布将瓶身包裹，露出标签

    C. 葡萄酒侍酒前，先将酒杯放于桌板上，然后双手进行示瓶，向旅客展示

    D. 白葡萄酒提供常温的最好

11. 关于以下说法，错误的是（　　）。

    A. 大桶饮料摆在水车中间，小桶饮料摆在四周，要求标签朝外、整齐美观、方便取用

    B. 双手五指并拢扶在水车两侧，两臂撑在车上

    C. 杯子倒扣，高度不超过车上最高的瓶子

    D. 水车摆放完毕后及时关闭水车门

12. 递送饮料的说法错误的是（　　）。

    A. 面向旅客，用左手递送给左侧的旅客，右手递送给右侧旅客，双臂不可以交叉

    B. 一般按照从前到后、从里到外、先女宾后男宾的顺序

    C. 正在睡觉的旅客，原则上不要叫醒，但一定要记住旅客的座位号，当旅客醒后应该主动开展饮品服务

    D. 一般按照从前到后、从外到里、先女宾后男宾的顺序

13. 放在餐车上的餐食，一般以（　　）层为宜，不同餐食要注意区分。

    A.1～2　　　　　　B.2～3　　　　　　C.3～4　　　　　　D.4～5

二、判断题

1. 在摆放水车时，杯子的高度以不超过大罐饮料的高度为宜。　　　　　　　（　　）

2.用大托盘收餐时，应将餐盒与杯子、饮料罐一同收回，而且可将饮料罐放入杯子中。 （　　）

3.免税商品销售是国际航班特有的空中服务项目，由航空公司在国际航班上为旅客提供物超所值的免税商品购物服务，所有免税商品都以免税价格出售的服务项目，是国际旅客正常享有的免税待遇和权利。 （　　）

4.乘务员在为旅客递送饮料时应拿杯子的下 1/3 处；提供热饮时应提醒旅客小心烫手。 （　　）

5.乘务员在进行餐食服务时，如遇有旅客睡觉，最好把餐食放在其旁边位置上。
（　　）

6.在飞机起飞之后，系好安全带指示灯熄灭前，乘务员、乘务长、旅客必须系好安全带。 （　　）

7.在航班上，果汁饮品消耗量大，常见的主要有橙汁、苹果汁、菠萝汁、混合水果汁、番茄汁等。 （　　）

8.碳酸饮料应该提前在厨房将瓶盖拧开，再进行服务。 （　　）

9.国内短程航线（不配热食），饮品服务也会配有啤酒。 （　　）

10.水车停下来时应马上踩刹车，避免溜车。 （　　）

11.乘务员应将特殊餐食放在烤箱最后一层进行烤制。 （　　）

12.乘务员为旅客提供毛毯服务时，须在旅客面前将毛毯拆封，并将毛毯外包装袋带回服务间置于垃圾箱内，为方便可以一次性将毛毯全部拆封。 （　　）

13.飞行关键阶段禁止开展销售工作，如旅客提出购买商品或升舱服务需求，乘务员应与旅客解释。 （　　）

习题答案

下降和欢送旅客下机

掌握欢送旅客的服务内容与服务要点。

会下降前服务，会欢送旅客下机，会开舱门，会解除滑梯。

培养严谨、认真、一丝不苟的工作作风；树立安全服务意识、法律精神；具备组织管理能力。

思维导图

任务一 下降

案例导入

为什么要在飞机起飞和降落前进行安全检查，这些安全检查又具备怎样的科学道理？民航飞机在运行过程中要求在起飞和降落时进行安全检查，其最主要的意义就是为了保护飞机上旅客和机组的安全，保障飞机运行的安全，在业内还有一种说法就是降低在有时限迫降时旅客和机组的伤亡率。

飞机在起飞和降落时，要穿过对流层，而对流层的情况是相对比较复杂的，尤其是飞机在起飞和降落期间即高度在 0～3 000 m 的空中时间范围里，非常容易出事故。为了自身的安全，我们应该在飞机起降，乘务员广播安全检查时，主动将遮光板拉开，以确保自己能时刻了解飞机和机外的状况。

为什么要系好安全带和调直座椅靠背？扣好和系紧安全带是为了遇到颠簸或者特殊情况时，将旅客的身体牢牢固定在座位上，防止颠簸过大、过强将旅客颠到空中造成伤害，放倒的座椅靠背还将直接阻碍后面一排座位上的旅客在紧急情况下的撤离速度。

（资料来源：民航资源网）

思考：结合起飞前学习内容，谈谈降落前进行安全检查的内容包括哪些。

知识链接

根据预计着陆时间，在着陆前 30 min，乘务员完成所有正常工作程序，包括表格的填写、着陆前的简介、客舱安全检查工作、特殊旅客服务等，乘务长做好文件的签字，安全工作的检查确认。同时，乘务员在着陆前 30 min 回到座位，系好安全带。在飞机下降过程中，除执行有关安全工作外，乘务员必须坐在指定的位置，系紧安全带，在整个下降、滑行阶段，保持坐姿，做静默 30 s 复查。

一、客舱安全检查

（1）乘务员需要在客舱进行电子设备的检查，包括手机电子设备安全模式的调节，锂电池、充电宝的使用等。

（2）乘务员应进行客舱的小桌板、遮光板、座椅的检查，要求收起小桌板，打开遮光板，调直座椅靠背。

（3）乘务员再次确认出口座位是否符合安全要求。

（4）乘务员应检查行李架，确认行李架已锁定。

（5）乘务员固定好厨房设备，检查锁定装置，关闭厨房电源，合理处理好废弃物。

（6）乘务员需要确认卫生间无人，并锁闭。

（7）乘务员应收起录像显示器，使其复位。

（8）乘务长应对客舱进行整体检查，确保安全无误。

（9）乘务员除执行有关的安全工作外，此阶段停止一切与安全无关的客舱服务。

（10）乘务员坐在指定的位置，保持安全姿势，并开始进行自身检查，伴随飞机的滑行对客舱进行监控，同时开始回顾应急情况下的措施，包括应急设备的位置和使用方法、出口位置和使用、可以协助实施应急撤离程序的旅客、需要帮助撤离的旅客、复习应急程序等。

📖 **阅读与思考** ●

起降阶段，请配合空乘安检

五年多的飞行，近5 000个飞行小时，早已记不清自己经历了多少的起飞和降落。但是无论多少个起飞降落，每一次的起飞和降落前身为乘务员的我们都必须进行的就是安全检查。那么，这个安全检查检查的是什么？又为什么要在起飞和降落前进行安全检查？这些安全检查具备怎样的意义呢？

大概是2008年的春天，在我执行浦东—长春的航班下降安全检查，走到飞机中后部的时候，有一位先生正在通过窗户观看飞机下降时窗外的景色，但是他没有系安全带，出于安全考虑，我轻声地提醒请他系好安全带，但是他表示拒绝，坚持不系安全带。我再次请他系好安全带，他再次拒绝。后续机组做出了相应的处理。假设在下降过程中一旦遇到强烈的颠簸，将这名旅客颠得头部撞到行李架上，那该如何呢？保障安全，这就是乘务员要在起飞落地前进行安全检查的原因。通常，乘务员在飞机起飞和落地前都会进行安全检查，安全检查要在飞机准备好起飞后进入跑道前和飞机落地前的20 min完成，这样规定既是为了保障旅客的安全，又是为了乘务员的安全。在飞机起飞和落地前安全检查的项目有打开遮光板、收起杯架和小桌板、调直座椅靠背、系好安全带、收起脚踏板、确认厨房里所有的物品归位，锁闭、关闭电子设备和确认应急出口的畅通无阻。

（资料来源：民航资源网）

思考：飞机下降过程中，安全检查的基本要求有哪些？

二、特殊旅客服务

为特殊旅客服务，归还为旅客保管的衣物，具体见项目七。

三、音频服务

1. 下降广播，全体致谢

女士们、先生们：本架飞机预计在 30 min 后到达上海虹桥机场，现在飞机已经开始下降高度。请您收起小桌板，将座椅靠背调直，并请系好你的安全带，洗手间停止使用，坐在窗口边的旅客请将遮光板打开。谢谢！

Ladies and gentlemen: We will be landing at Shanghai airport in about 30 minutes. Now we have started our descent, so please fasten your seat belt. Seat backs and table should be returned to the upright position. Please do not use the toilets. For passengers sitting by the windows. Would you mind drawing up the window shades. Thank you!

女士们、先生们：感谢您与我们共同度过了这段美好的空中旅行。对您给予我们工作的大力支持与配合，乘务组全体成员向您表示衷心的感谢！

Ladies and gentlemen: thank you for flying with us. We appreciate your cooperation. Thank you!

2. 确认安全带广播

女士们、先生们：我们的飞机很快就要着陆了，请您再次确认您的安全带是否系好。谢谢您的合作！

Ladies and gentlemen: Our plane will be landing immediately. Please make sure that your seat securely fastened. Thank you!

任务实训

实训任务：下降。

实训目标：

1. 知识目标：掌握下降前安全检查的内容，掌握下降音频服务的内容。

2. 技能目标：会下降前安检和音频服务。

3. 情感目标：树立安全服务意识；培养严谨、认真、一丝不苟的工作作风。

实训要求：每 5～6 人为一个乘务组，1 人为乘务长，其余为各号位乘务员，开展下降前工作。

实训形式：乘务组形式，乘务长负责制。

实训步骤：

1. 下降广播，全体致谢。

2. SS3 和 SS4 安全检查。

3. 确认安全带广播。

实训总结：乘务组自行分析和乘务组间互相分析，乘务教员总结。

任务小结

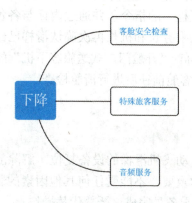

任务二　降落与欢送旅客下机

案例导入

天航就"航班滑梯意外释放"发布情况说明

2017 年 12 月 13 日一张夜幕下飞机打开应急滑梯的照片引发关注。经核实，此架飞机归属天津航空。13 日下午，天津航空官方微博就此事发布情况说明，全文如下。

北京时间 2017 年 12 月 12 日 23：46，天津航空西安—乌鲁木齐 GS7470 航班在乌鲁木齐地窝堡机场降落，飞机滑到停机位后，乘务员在执行解除滑梯预位指令时，将 L2 门打开，导致 L2 门滑梯释放。该航班执飞机型为 A320 型客机，事件发生后，机上 155 名旅客在机组的引导下全部安全有序下机，无人员受伤，事件未对机场及航空公司正常运行造成影响。

事件发生后，天津航空在第一时间展开调查，事件发生原因正在进一步调查中。目前工程部门已组织开展滑梯恢复工作。

天津航空始终将安全生产放在首位，切实做好全员安全风险防范意识，重点关注安全管理工作落实，强化安全监管，提高处置能力，确保旅客安全平安出行。

（资料来源：民航资源网）

思考：结合案例分析原因。

知识链接

飞机着陆后，乘务员应广播进行着陆后简介，包括目的地天气信息、民航当局的基本要求简介等。此时，乘务员应继续坐在座位上并

视频：下降和
欢送旅客下机

系好安全带,在"系好安全带"灯熄灭前,旅客也不得离开座位。

客舱乘务长在飞机完全停稳、"系好安全带"灯熄灭后,发布"各号位乘务员请准备,解除滑梯预位,并互检"的指令,并通过内话与各负责机门的责任乘务员进行滑梯解除待命的确认。客舱乘务长和机长再次确认滑梯已经解除待命,请示是否可以开舱门,得到机长允许,发布:"开舱门,欢送旅客下机"的指令。

在旅客全部下机后,从客舱前往后进行清舱检查。

一、解除舱门分离器

解除舱门分离器是把启动飞机滑梯的设备复位。解除舱门分离器是乘务员工作十分重要的内容,此阶段非常重要,不能受任何其他因素的影响。在航班正常运行中,解除舱门分离器必须由责任乘务员完成,严禁代替操作。

1. 波音 737–800 型解除舱门预位

(1)将滑梯杆从地板支架上取出,固定到滑梯挂钩上。

(2)将滑梯预位警示带解除,平扣在观察窗上方。

(3)确认舱门预位已解除,报告乘务长。

视频:波音 737–800 型舱门解除滑梯预位　　动画:波音 737–800 型舱门解除滑梯预位

2. 空客 A320 型解除舱门预位

(1)取出安全销。

(2)打开保护盖。

(3)把待命把手放到"非待命 /DISARMED"状态。

(4)插入安全销(有红色飘带),使红色飘带可见。

视频:空客 A320 型舱门解除滑梯预位　　动画:空客 A320 型舱门解除滑梯预位

(5)合上保护盖。

(6)确认舱门预位已解除,报告乘务长。

二、开舱门

舱门操作是乘务员工作十分重要的内容,此阶段非常重要,不能受任何其他因素的影响。在航班正常运行中,舱门的打开必须由责任乘务员完成,严禁代替操作。在开舱门前,应确认:必须得到"所有滑梯已解除待命,可以开门"指令后,按照乘务长要求可开门。开门前,责任乘务员必须待廊桥、客梯车完全停靠后,且得到机外人员给出可以开门的指令后,开启机门。如果舱门开启时,没有停靠廊桥、客梯车,责任乘务员必须将警示带拉出固定,并照看舱门,保障安全。

1. 波音 737-800 型开舱门

（1）确认舱门已经解除待命。

（2）透过观察窗观察舱外情况，确认门外无障碍物。

（3）按照箭头指示方向转动舱门手柄 180°。

（4）握住舱门辅助手柄，向外推舱门至全开，确保舱门被阵风锁锁定。

2. 空客 A320 型开舱门

（1）确认舱门已经解除待命。

（2）一只手握住舱门辅助手柄，另一只手握住开门把手，将开门把手完全提起，将门向外推至全开，并锁定。

视频：波音 737-800 型开舱门

动画：波音 737-800 型开舱门

视频：空客 A320 型开舱门

动画：空客 A320 型开舱门

知识角

如何在舱门外开舱门

1. 国内主要机型波音 737-800 型开舱门

（1）确认舱门外无障碍物。

（2）确认观察窗处没有滑梯预位警示旗。

（3）向外拉出外部控制手柄。

（4）将外部控制手柄向 Open（开）的方向旋转 180°。

（5）将舱门向机头方向拉到全开位，直至被阵风锁锁住。

（6）如果没有衔接物，挂上阻拦绳。

2. 国内主要机型空客 A320 型开舱门

（1）确认舱门外无障碍物。

（2）从观察窗处确认客舱未释压警告灯未闪亮。

（3）推进手柄松锁板。

（4）将手柄向上提起至绿色水平线。

（5）将舱门向机头方向拉到全开位置直至被阵风锁锁定。

三、欢送旅客下机

在旅客下机时，乘务员应站在合适的位置欢送旅客下机，并提示旅客拿好行李物品，小心脚下（图 6-1）。在旅客下机时，头等舱旅客优先下机，接下来是普通旅客下机，最

后是其他特殊旅客下机。

四、清舱

民航机组需在每个航段的旅客登机前和落地下客后，按照《航空器客舱安保检查单》的内容进行检查，乘务组需配合航空安全员完成客舱清查工作（图6-2），乘务长需按照航段在对应的位置进行确认并签字。在这里，乘务组负责清查的区域包括以下四部分。

图6-1 欢送旅客

1.服务间区域

（1）舱顶、四壁、地板及连接处。

（2）厨房的烤箱、冰箱、橱柜、储物间。

（3）机供品、餐车及周围区域。

（4）服务间衣帽间。

（5）乘务员座椅、救生衣及座椅下方区域。

2.应急设备区域

（1）应急设备存放处，急救药箱。

（2）客舱门、驾驶舱门、应急出口。

3.机组休息区域

（1）舱顶、四壁、地板及连接处。

（2）氧气面罩隔间及其他隔间。

（3）室内储物格。

（4）床铺、床垫及周围区域。

图6-2 清舱

4.客舱区域

（1）旅客座椅，包括椅垫、椅袋、座椅下方区域。

（2）救生衣、演示包、安全带。

📖 阅读与思考 ●

甘露

在甘露心目中，她不仅仅是厦航人，更是厦门人，要牢记自己是主人，时刻为旅客着想。有一次台风天，甘露执行的航班延误 5 h 后，降落厦门时已是凌晨 2 点。尽管已经很晚了，但甘露仍在旅客都走下飞机后，开始全面细致的清舱检查。结果，她在一个座椅上捡到一个小包，包内有身份证、驾驶证、银行卡和 2 万余元现金。她清楚地记得，这个包是一名外籍男士的，他们一家三口来厦旅游，贵重物品丢失，肯定焦急万分。

甘露马上联系地面工作人员查找旅客的联系方式。一问才知道，失主还未发现包已丢失，一家人已经打车前往宾馆。当时，外面正在下大雨，甘露没有一丝犹豫，立即打车赶往旅客下榻的宾馆。外籍旅客从包里抽出一沓人民币表示感谢，被甘露婉言谢绝了。这让外籍旅客激动地称赞道："你们太敬业了，厦门太有爱了！"甘露回到家时，天空已泛起一丝鱼肚白。此刻，她已连续工作了 15 个小时。9 年来，甘露坚持全勤飞行，先后收到 100 余封实名表扬信。旅客对于她来说，是客人、更是家人。把旅客放在心上，守护旅客的每一次的旅程，是她永远放在第一位的事情。

（资料来源：民航资源网）

思考：结合案例，谈谈旅客下机后进行清舱工作的重要意义。

五、航后讲评

乘务长组织召开航后讲评会，对本次飞行作出总结，对乘务组出现的问题进行分析，最后填写飞行任务书。乘务员应积极参加航后讲评会，并认真聆听，及时发现问题、纠正问题，提高服务技能。

📖 任务实训

实训任务 1：解除滑梯预位。

实训目标：

1.知识目标：掌握解除滑梯预位的方法。

2.技能目标：会解除滑梯预位。

3.情感目标：树立安全服务意识；培养严谨、认真、一丝不苟的工作作风。

实训要求：每5～6人为一个乘务组，1人为乘务长，其余为各号位乘务员，采用"两人制"解除滑梯预位的方式。

实训形式：乘务组形式，乘务长负责制。

实训步骤：

1. 每位乘务员练习解除滑梯预位。

2. "两人制"解除滑梯预位。

实训总结：乘务组自行分析和乘务组间互相分析，乘务教员总结。

实训任务2：开舱门。

实训目标：

1. 知识目标：掌握开舱门的方法和程序。

2. 技能目标：会开舱门。

3. 情感目标：树立安全服务意识；培养严谨、认真、一丝不苟的工作作风。

实训要求：每5～6人为一个乘务组，1人为乘务长，其余为各号位乘务员，采用"两人制"开舱门的方式。

实训形式：乘务组形式，乘务长负责制。

实训步骤：

1. 每位乘务员练习开舱门。

2. "两人制"开舱门。

实训总结：乘务组自行分析和乘务组间互相分析，乘务教员总结。

任务小结

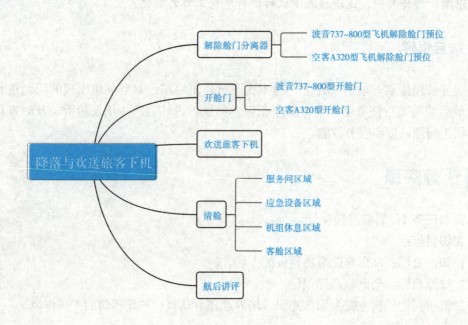

项目总结

　　本项目学习了两个方面：下降，包括客舱安全检查、特殊旅客服务、音频服务；降落与欢送旅客下机，包括解除舱门分离器、开舱门、欢送旅客下机、清舱、航后讲评。通过学习要求每名乘务员能严谨、认真、一丝不苟地完成下降前服务；会开舱门，会解除滑梯，会欢送旅客下机。

项目实训

　　实训任务：欢送旅客下机。

　　实训目标：

　　1.知识目标：掌握欢送旅客的服务内容与服务要点。

　　2.技能目标：会欢送旅客下机，会开舱门，会解除滑梯。

实训：下降和欢送旅客下机

　　3.情感目标：培养严谨、认真、一丝不苟的工作作风；树立安全服务意识、法律精神，具备组织管理能力。

　　实训要求：LF航空公司2020年12月9日LF5101航班，自北京首都－上海虹桥8:30—10:45，机型BY737-800飞机。每5/6人为一个乘务组，1人为乘务长，其余为各号位乘务员，旅客10人，航班准时抵达，进行下降和欢送旅客下机服务。

　　实训形式：乘务组形式，乘务长负责制。

　　实训步骤：

　　1.五人制工作步骤。

　　（1）下降广播，全体致谢。

　　（2）SS3和SS4安全检查。

　　（3）确认安全带广播。

　　（4）PS1下达指令：解除滑梯预位并互检，PS1负责L1门，SS2负责R1门，SS4负责L2门，SS5负责R2门，报告乘务长。

　　（5）PS1报告机长，打开舱门，PS1负责L1门，SS5负责L2门。

　　（6）送旅客下飞机及清舱。

　　（7）乘务长讲评。

　　2.六人制工作步骤。

　　（1）下降广播，全体致谢。

　　（2）安全检查。

　　（3）确认安全带广播。

（4）落地后飞机停稳。

（5）PS1下达指令：解除滑梯预位并互检。

（6）解除滑梯预位，PS1负责L1门，SS2负责R1门，SS5负责L2门，SS4负责R2门，报告乘务长。

（7）PS1报告机长，打开舱门，PS1负责L1门，SS5负责L2门。

（8）欢送旅客下飞机及客舱检查。

（9）航后讲评。

实训总结：乘务组自行分析和乘务组间互相分析，乘务教员总结。

拓展阅读："一带一路"背景下民航运输
专业人才培养模式的实践探讨

一、选择题

1. 波音737-800开舱门程序正确的是（   ）。

    A. 确认舱门已经解除待命；透过观察窗观察舱外情况，确认门外无障碍物；按照箭头指示方向转动舱门手柄180°；握住舱门辅助手柄，向外推舱门至全开，确保舱门被阵风锁锁定

    B. 通过观察窗观察舱外情况，确认门外无障碍物；按照箭头指示方向转动舱门手柄180°；握住舱门辅助手柄，向外推舱门至全开，确保舱门被阵风锁锁定

    C. 确认舱门已经解除待命；透过观察窗观察舱外情况，确认门外无障碍物；按照箭头指示方向转动舱门手柄180°；握住舱门辅助手柄，向外推舱门至全开

    D. 以上都错误

2. 根据预计着陆时间，在着陆前（   ）min，乘务员完成所有正常工作程序。

    A.30   B.40   C.20   D.50

3. 在航班正常运行中，解除舱门分离器必须由（   ）完成，严禁代替操作。

    A. 责任乘务员   B. 乘务长   C. 厨房乘务员   D. 客舱乘务员

二、判断题

1. 空客 A320 型开舱门：首先确认舱门已经解除待命，而后一只手握住舱门辅助手柄，另一只手握住开门把手，将开门把手完全提起，将门向外推至全开，并锁定。　（　　）

2. 解除舱门分离器，是把启动飞机滑梯的设备复位。解除舱门分离器是乘务员工作十分重要的内容，此阶段非常重要，不能受任何其他因素的影响。　　（　　）

3. 下降前要进行安全检查，因应急出口起飞前已经确认，故对于应急出口不必再次确认。　　（　　）

三、简答题

简述国内主要机型解除滑梯的操作程序。

习题答案

项目七
特殊旅客服务

 　　了解特殊旅客种类；了解特殊旅客的构成与运输规则；掌握特殊旅客的服务要点和服务特性。

 　　能通过了解特殊旅客的服务心理对特殊旅客进行客舱服务；灵活应用特殊旅客的服务技巧；能够完成特殊旅客的飞行任务；具有处理突发情况的应变能力。

 　　深化学生专业岗位服务意识；培养学生具有严谨的工作态度；树立尊重他人的意识；具备良好的人际沟通能力。

思维导图

任务一 特殊旅客概述

案例导入

桑兰受邀东航北方分公司讲述如何做好特殊旅客服务

2016年9月28日13:50，原国家女子体操队队员桑兰与其丈夫黄健来到东航北京分公司，就自身对特殊旅客服务的理解和感受，与生产一线的70余名空地服务人员进行了交流。乐观、向上、坚毅的桑兰分享了自己的成长经历，讲述了自己从开始体操生涯到成为全国体操冠军，以及攻读北京大新闻学士学位、生活中成为人母等相关经历。每一个转变、每一次选择，"不放弃"梦想的信念和追求，使她一次次超越自己，无论多么艰苦，始终面带微笑，乐观地面对人生，一步步实现了梦想。她坚强的人生态度和坎坷的生活经历，给予大家的是深深的感动，给在座东航北方分公司的员工上了一堂生动的励志课。

多年来，在航空出行方面，桑兰一直更多地选择乘坐东航班机，用她的话来说，东航一直对特殊旅客服务不断改进，在人性化服务方面做得越来越周到，由此与东航结下了不解之缘。桑兰也一直担任东航"无障碍形象大使"。

"理解特殊旅客的需求，细心帮助他们，是做好特殊旅客服务的关键。"这是桑兰的爱人、长期以来一直陪伴和守护在她身边的黄先生讲述的一段话。黄先生谈到，桑兰因为其自身的情况对于轮椅的要求非常严格，出行只能用自己特制的轮椅，不能使用航空公司提供的普通轮椅，因此最初她在航空出行方面有着较多的顾虑和困扰，但东航在特殊旅客服务方面一直实行贴心式的服务，开通绿色通道，渐渐地打消了他和桑兰对于航空出行的顾虑。他们希望更多的航空公司能在特殊旅客服务方面像东航一样给予人性化的服务。

目前国外许多大型机场，都设有特殊旅客无障碍设施，拥有比较完善的服务经验和做法。2008年北京奥运会、残奥会之后，国人服务残障人士的意识不断提高，也借鉴和学习了国际上的许多优秀经验，进一步推动了无障碍设施硬件建设和服务水平软实力的提升。

特殊旅客服务一直是航空服务的重要内容之一。当前，民航业内大力倡导真情服务，提高特殊旅客服务技能和技巧是将"真情服务"落到实处的一个重要方面。东航北京分公司特邀桑兰女士做特殊旅客服务技能和技巧培训，正是把准了从特殊旅客的服务诉求出发，以旅客需求为导向，进一步强化服务意识、完善服务模式、提高服务水平，努力为旅客提供更加人性化的服务。

（资料来源：民航资源网）

思考：特殊旅客服务已经成为各个航空公司提高服务质量的重要内容之一，分析特殊旅客服务的意义是什么？

视频：特殊旅客
概述

知识链接

一、特殊旅客

1. 特殊旅客的基本含义

民航特殊旅客是指在进行航空运输时需要给予特殊服务的旅客，或出于旅客的健康及其他特别状况要给予照顾或在一定条件下才能运输的旅客。民航旅客由于其社会地位、职业、年龄及身体状况各有不同，除一般旅客的普遍性外，有些特殊旅客也有其独特性。服务人员在服务过程中不能一概而论，尤其是针对一些特殊旅客要提供更加有针对性的服务。

2. 特殊旅客种类

客舱服务过程中，特殊旅客一般包括重要旅客、老年旅客、无成人陪伴儿童旅客、儿童旅客、婴儿旅客、孕妇旅客、轮椅旅客、担架旅客、盲人旅客、聋哑旅客、智力障碍旅客、行为及精神异常旅客、被押送的犯罪嫌疑人、其他需要特殊照顾的旅客等。

知识角

常用特殊服务代码见表 7-1。

表 7-1　常用特殊服务代码

名称	服务代码
亚洲素餐	AVML
流食	BLML
糖尿病人餐	DBML
高纤维餐	HFML
犹太教餐	KSML
低脂肪 / 低胆固醇餐	LFML
无盐餐	LSML
无乳糖餐	NLML
海鲜餐	SFML
素食（无糖）	VGML
印度餐	HNML
低卡路里餐	LCML
低蛋白质餐	LPML
穆斯林餐	MOML
东方人的餐食	ORML
生菜蔬食品	RVML
素食（含糖、鸡蛋）	VLML
低普林含量食品	PRML
婴儿餐	BBML
儿童餐	CHML

续表

名称	服务代码
水果餐	FPML
聋哑旅客	DEAF
盲人旅客	BLND
无人陪伴儿童	UMNR
无烟靠走廊座位	NSSA
无烟靠窗口座位	NSSW
无烟座位	NSST
吸烟座位	SMST
吸烟靠窗的座位	SMSW
吸烟靠走廊的座位	SMSA
被驱逐出境（有人陪伴）	DEPA
被驱逐出境（无人陪伴）	DEPU
革命伤残军人	GMJC
船员（水手）	SEMN
担架旅客	STCR
健康状况（需要旅客医疗证明）行李情况	MEDA
摇篮车／吊床／婴儿摇篮	BSCT
自行车	BIKE
超大行李	BULK
放置机舱行李	CBBG
额外行李	XBAG
易碎行李	FRAG
逾重行李	XBAG
过量的自由食品	GFML
被约束的动物	AVIH
宠物	PETC
体育设施	SPEQ
机舱内床铺（不包括担架）	SLPR
急件	COUR
团体伙食数据	GRPF
干电池	WCBO

📖 素养提升 ●

中国民航规定：

（1）售票处、值机部门发现有信仰伊斯兰教民族人员乘机时，要及时通知有关配餐部门。

（2）配餐部门在配备机上餐食、点心等食品时，要备份一定数量的穆斯林餐食。

（3）旅客餐厅和配餐间要有专门做穆斯林餐食用的锅、碗、柜和炊具等。旅客餐厅一定要设有穆斯林餐桌并有明显的标志。

（4）对乘务员和服务员都要进行伊斯兰民族风俗习惯的教育。在工作中，乘务员一定要尊重民族风俗习惯，热情、细致、周到地做好服务工作。

国家民委曾发出通知：回族、维吾尔等食用清真食品的少数民族人员，外出凡需

要乘坐飞机者，请在订购机票时向售票处申明自己是哪个民族，同时在购票单"备注"栏注明"请供应清真食品"字样，遇有配餐的航班时，以便机场备餐，按需供应。

（资料来源：民航资源网）

思考： 为尊重信奉伊斯兰教的旅客的饮食习惯，民航部门做了哪些特殊规定？

二、特殊旅客运输服务要点

航空公司在运输特殊旅客时，机组人员首先要与机场地面工作人员进行交接工作。包括机场地面特殊旅客服务工作人员引导特殊旅客到登机口，并和乘务长进行工作交接（特殊旅客级别、座位、行李等情况）；乘务长引导旅客到客舱内指定的座位。在服务过程中，要以引导旅客入座为先，再交接信息及单据。

特殊旅客交接过程中，乘务员需同时关注特殊旅客的感受，如向特殊旅客点头致意并欢迎旅客登机；需第一时间将特殊旅客引导到其座位，避免让特殊旅客在舱门口等待。交接过程中保持与旅客的眼神交流，使旅客有被重视的感觉。口头交接过程需避免使用"残障旅客"等不礼貌的用词。

民航运输飞行中，为特殊旅客服务要从生理和心理两个方面对旅客的需求进行全方位的了解，对于不同的特殊旅客要掌握其不同的心理状态，根据他们的具体需求进行有针对性的服务。这就要求乘务员不但要有敏锐的观察力，还要具备较强的应变能力，细心、耐心地为旅客服务满足其需要。

特殊旅客服务原则：对待旅客要热心；回答问题要耐心；接受意见要虚心；服务工作要细心；做老年人的好"儿女"；当小旅客的好阿姨；当病患的好护理；当残疾人的好帮手；主动迎送；主动帮扶；主动解决；主动介绍；主动了解。

任务小结

任务二　重要旅客

案例导入

把重要的旅客服务好已是航空部门持续多年的任务。在中国民航局的要求下，几乎所有的航空公司、机场，都设有专门接待重要旅客的"要客部"。在几个小时的飞行过程中，努力为重要旅客提供顶级的服务。早在1993年，当时的国家民航总局就已下发《关于重要旅客乘坐民航班机运输服务工作的规定》（简称《规定》），制定了详细的要客服务规定，成为各大航空公司制定要客服务手册时遵守的范本。有的时候，飞机就要起飞了，重要旅客却堵在了路上，这个时候，有的机长会选择等待。

（资料来源：民航资源网）

思考：你知道民航运输中重要旅客的空中服务流程吗？

知识链接

视频：重要旅客

一、重要旅客概述

（一）重要旅客的含义

重要旅客是指旅客的身份、职务重要或知名度高，乘坐航班时需给予特别礼遇和照顾的旅客。重要旅客的身份重要且敏感，对他们的服务工作要少打扰、细观察、服务精，带着高度责任心做好机上服务。航前要根据重要旅客的特点有针对性地进行准备工作，空中服务工作是空乘人员工作中的一项重要任务。所以，此类旅客的服务意义重大，要特别重视。在整个运输服务中要保证对重要旅客的接收和运输万无一失。

（二）重要旅客的分类

重要旅客按照其性质分为两类。一类是政府要员，包括最重要的旅客（VVIP）、一般重要旅客（VIP），该类旅客在飞行中保障等级为一级重要航空运输任务；二类是工商界重要旅客（CIP），该类旅客在飞行保障中等级为二级重要航空运输任务。

一类重要旅客（VVIP）主要包括：中共中央委员会总书记、国家主席、全国人大常委会委员长、国务院总理、全国政协主席、中共中央军委主席、中共中央政治局常委、国家副主席；外国国家元首、政府首脑、执政党最高领导人；参加具有政治影响度的外交或国事活动的旅客。VVIP要客乘坐航空公司专用航班。一般重要旅客（VIP）包括：中共中央政治局委员、候补委员，全国人大常委会副委员长、国务院副总理、国务委员、全国政协副主席、中央军委副主席、最高人民检察院检察长、最高人民法院院长；外国国家元首、政府首脑、议会议长及副议长、联合国秘书长；两会、博鳌论坛与会代表。VIP旅客乘坐定期航班，航班还同时承其他旅客。

二类重要旅客（CIP）主要包括：省部级（含副职）党政负责人、在职军级少将（含）以上军队领导；国家武警、公安、消防部队主要领导；港、澳特别行政区政府首席执行领导；台湾地区领导人；海南原任省部级（正职）领导；全国人大常委会委员、全国政协常委；外国政府部长（含副职）、国际组织（包括联合国、国

际民航组织）领导、外国大使和公使级外交使节；由省部级（含）以上单位或我国驻外使领馆提出要求按 VIP 接待的旅客；著名科学家，中国科学院院士，中国工程院院士，社会活动家，各银行总行副职，各大公司正、副总经理，新闻界、工商界经济和金融界等在社会上有重要影响的人士；基地所在地省、直辖市及自治区领导出面迎送的特殊要客；中国民用航空局副局级（含）以上级别领导；参加中共中央、全国人大、国务院、全国政协召开的全国性重要会议，联合国机构及相关国际、地区在我国境内组织举办的范围较大的重要国际会议，我国政府承办的社会、经济、文化和体育等大型活动，参会代表为散客，且旅客的级别不符合一级或二级要客级别的要客航班。CIP 旅客乘坐定期航班，而且该航班还同时承运其他旅客。

素养提升

特殊的重要旅客

2021 年 9 月 1 日上午，在厦门飞往沈阳的厦航 MF8031 航班上，当乘务长邹立得知本次航班上有第七批在韩归国志愿军漳浦籍烈士林水实的 2 名亲属，以及两位刚退伍的人民子弟兵时，立即撰写广播词，并用清脆的声音向烈属、退伍老兵致敬，表达对他们的崇敬之情。

（资料来源：厦门网）

思考：结合案例，谈谈服务重要旅客的意义是什么。

（三）重要旅客的心理需求

（1）重要旅客一般都是具有特殊的政治身份或较高社会地位旅客，他们在出行上对时间的要求非常严格，保密性较高，同时会有同行人员。

（2）重要旅客通常不愿意暴露身份，比较低调。

（3）重要旅客出行多为参加一些会议或者活动等工作，工作内容多、工作强度大，所以在飞行过程多需要休息。

（4）重要旅客经常乘坐航班出行，所以通常对航空公司的服务内容、服务流程及服务的标准比较熟悉，在对各个航空公司的客舱环境、服务水平等方面会有较高的要求。

知识角

全国政府主要会议

（1）党代会：中国共产党的全国代表大会，全党的最高领导权力机关，每 5 年举行一次，由中央委员会负责召集。其职权是听取和审查中央委员会及中央纪律检查委员会的报告，讨论并决定党的重大问题，修改党的章程，选举中央委员会及中央纪律检查委员会。

（2）人大、人代会：全国人民代表大会，是中华人民共和国国家权力机关。人民代表大会的代表由民主选举产生。全国人民代表大会由省、自治区、直辖市、特别行政区和人民解放军选出的代表组成。全国人民代表大会会议每年举行一次，五年为一届。由全国人民代表大会常务委员会召集。如果全国人民代表大会常务委员会认为必要，或者有五分之一以上的全国人民代表大会代表提议，可以临时召集全国人民代表大会会议。

（3）两会："两会"是"全国人民代表大会"和"中国人民政治协商会议"的简称。每年3月份"两会"先后召开全体会议一次，每5年称为一届，每年会议称×届×次会议。

二、重要旅客运输服务要点

（一）航前准备会阶段

（1）乘务长需要将航班中重要旅客的运输通告内容和其他相关信息及时、准确地在准备会上传达给乘务组其他成员。根据实际情况实施提前准备工作，保证有充分准备时间满足要客保障要求。重要旅客航班保障会议在航班离站前至少提前24 h召开。在重要旅客信息获取和传递过程中，要求乘务组要有保密意识、全局意识，不要对无关人员透露重要旅客信息内容。严禁使用邮件、短信息、微博、留言等公共平台或移动电话及传真方式进行信息传递，防止外泄。

（2）通过对重要旅客的信息查看，提前详细了解重要旅客的姓名、身份、地位、饮食习惯、爱好、禁忌等。

（3）乘务长带领乘务组其他成员积极准备航班飞行过程中的航线资料，包括始发站、经停站、转机站、终点站所在国家或地区的地理、气候、风土人情、风俗及名胜古迹，经过的山脉、河流、湖泊等相关知识。

（4）只有能准确回答重要旅客的问询并与重要旅客进行良好的交流，才可提供细致、周到的服务。所以，服务重要旅客的乘务长和两舱乘务员要具有较高的职业素养和服务技能，包括具有最基本标准的行业仪容、仪表、姿态、气质、语言和肢体行为等。有外宾的航班还应配备外语水平高的乘务员，具有顺畅的外语沟通能力和外宾进行有效沟通，满足外宾的问询。

（5）乘务组在进行飞行前准备后，要与机长进行进一步沟通与协调，确定最终保障措施。

（二）登机前准备阶段

（1）在进行航班正常准备的同时，乘务组根据当天重要旅客情况决定其是否提前登机。

（2）乘务组服务人员认真检查专、包机安全设备、应急设备、厨房设备、内话机、灯光系统、音频系统、前后盥洗室；认真清点机供品、餐食数量，并对机供品、餐食的质量进行检查；严格把关，确保机上餐车、餐具、饮具、服务用具等干净、卫生、无破损、无污渍、无异味；确认报纸杂志的数量、种类是否充足。

（3）对重要旅客的座位分布要提前了解。对客舱内座位区域整洁度、座椅干净度、座椅口袋内清洁度及袋内物品摆放进行再次确认。座椅靠背调节到正确位置；门帘拉开并扣紧；打开遮光板；收起小桌板；收起脚蹬；收起搁脚板；安全带整洁扣好。

（4）检查枕头、毛毯干净且无异味；地毯整洁、平整、无污迹、无破损。

（5）乘务员在重要旅客登机之前要完成清舱工作。如发现可疑情况应立即报告机长和乘务长。

（三）迎客阶段

（1）乘务长站在机门口处，面带微笑迎接重要旅客，向重要旅客热情礼貌地问候。注意迎接重要旅客登机时，准确称呼重要旅客称谓。

（2）重要旅客登机时，应由乘务长亲自引导入座。

（3）重要旅客登机前，主动向相关人员询问重要旅客的行李情况。登机后，在接拿、安放、递交行李时，一定要双手操作，一次只拿一件行李，或者协助重要旅客随行人员一同安放行李，并确保行李不破损。

（4）在条件允许的情况下，提前与重要旅客的随行人员联系，了解旅客航程中的需求，以便在航程服务工作中更加有针对性。

（5）乘务员应保证专、包机客舱应急出口通道畅通，以便专、包机旅客能够在紧急情况下迅速撤离飞机。

（6）重要旅客入座后，乘务长需要向重要旅客进行自我介绍，并询问重要旅客需要哪些服务。

（四）起飞后阶段

（1）飞机进入巡航高度后，如果重要旅客需要休息，乘务员要主动帮助旅客将座位调整到最舒适的角度，放好枕头、盖上丝被、拉下遮光板、关掉阅读灯并依照旅客的需求调好头顶灯。如果旅客需要阅读书报杂志，乘务员要帮助旅客打开阅读灯。

（2）时刻注意检查客舱环境，关注重要旅客的需要，及时帮助重要旅客解决问题。

（3）供餐时，乘务长要掌握每名重要旅客的餐食具体要求。确认用餐时间，注意加工加热的时间，确保餐食质量。供餐时要注意按照先主宾再主陪、先女宾后男宾的顺序上餐。

（4）巡航中，乘务员走动服务过程中，注意不要打扰到重要旅客的休息，减少对旅客不必要的打扰。禁止以个人名义向重要旅客索要签名或合影，禁止在任何公众网络平台、媒体发布重要旅客信息。

（5）随时注意检查客舱、洗手间卫生及安全状况，保持客舱、洗手间等干净整洁无异味。

（6）航班下降前，乘务员应及时向重要旅客报告目的地的时间、天气情况。

📖 阅读与思考 ●

2007 年，在太原飞往上海的某一航班上，一名普通旅客以乘务员以安全为由却不能一视同仁投诉："在飞机降落时想要去洗手间，被乘务员阻止，但是该乘务员却以另一名旅客为 CIP 为由允许其去洗手间。"事情是这样的，在飞机准备降落时，客舱广播已经告知旅客请在座位上做好，并系好安全带，飞机马上准备降落了。广播刚结束，就有一名旅客要求上洗手间，到后舱后，乘务员以飞机下降不安全为由阻止旅客上洗手间，旅客随后回到座位上。这时又有一名 CIP 旅客也要求上洗手间，在乘务员以不安全为由阻止时，这名 CIP 旅客以自己身份不同于普通旅客为由，拒绝听取乘务员的劝告，乘务员劝说无果就允许该名 CIP 旅客去卫生间。

（资料来源：民航资源网）

思考： 你觉得该航班的乘务员的做法有何不正确？

（五）下降和欢送旅客阶段

飞机如果停在远机位，待飞机舱门开启后，先安排重要旅客先下机，再安排其他旅客下机；飞机停在近机位时，待飞机舱门开启后，重要旅客离开廊桥后，可安排其他旅客下机。航班结束后，乘务长要将飞行情况向乘务队进行总结汇报。

乘务长主持航后讲评，全体乘务员参加讲评。总结每个号位的工作、相互配合情况、工作程序等经验教训，对重要问题进行探讨，对重要旅客案例进行分析。

三、VVIP 旅客

（一）VVIP 旅客运输基本要求

对于航空公司来说 VVIP 旅客的运输规格是最高的，在整个运输保障过程中，从信息的确认到人员的确定再到保障过程必须严格按照规定执行。VVIP 旅客服务保障包括以下内容。

1. 运输保障服务组人员确定

VVIP 级别重要旅客属一级、二级保障。当航空公司负责对 VVIP 级别要客进行运输时，所有的信息传递要求都是保密且传递途径必须严格按照航空公司的要求由乘务调度席传递到各航空公司要客保障负责经理再传递到乘务组。航空公司要客保障负责经理负责将乘机人员数量、要客姓名及职务、要客座位分布及要求等信息准确传递给乘务组。

航空公司要客保障负责经理需要根据航班性质挑选专机保障客舱乘务长人选及备份人选，并请示乘务队领导及其他相关部门领导意见。在确认保障客舱服务乘务长后，由乘务长挑选客舱服务组其他空中服务人员，共同完成客舱服务保障工作。选择基本条件包括具有良好的形象、具有丰富的客舱服务经验、较强的沟通能力、较强的应变能力等。此外，如果航班为党和国家领导人乘坐的重要航班，航空公司要客保障负责经理需对执行航班服务任务的客舱服务人员进行严格政审，挑选政治背景为中共党员、中共预备党员、共青团员的人员来执行服务任务。客舱备份人选的条件和客舱服务人员的挑选条件相同。

2. 运输保障会议要求

一般情况下，在运输 VVIP 旅客前，保障组需要做充分的准备工作，这就需要有充足的准备时间。各个航空公司获知乘机信息的时间不同，召开重要航班保障会议的规定时间也不同。在有充分准备时间的要客保障中，至少提前 48 h 召开重要航班保障会议。如果准备时间不足，需要提前 24 h 召开重要航班保障会议。参加航班保障会议的人员包括地面和空中所有运输保障人员。极特殊情况下，如果航空公司获知 VVIP 乘机信息不足 24 h，根据实际情况特殊处理。

3. 信息保密要求

当获得 VVIP 信息并进行传递的过程中，要求乘务组成员不得通过任何平台、采用任何方式向外界透露任何 VVIP 信息内容，要有保密意识，全局意识、提高政治敏感度。

阅读与思考

最豪华的飞机 VVIP "土豪舱" 是什么样的？

对于经常出差的人，坐火车、乘飞机是最习以为常的事了。但是坐过飞机的人都知道，飞机的舱位比较狭窄，还有不好吃的食物。一般人坐飞机基本上都是这种体验，但是对于那些"土豪"们，他们乘坐飞机会受到什么待遇呢？首先他们乘坐的飞机都极尽奢华，还有美女空姐贴心细致的服务，可以说是贵宾级的享受。这对于"土豪"们还只是一般的头等舱位奢侈的乘坐体验，那么要是坐在世界上最豪华的头等舱又是什么感觉呢？它里边到底是什么样的呢？现在世界上最富丽堂皇的飞机应该是美国推出的第一个带有 VVIP 舱的客机——波音 787。这是美国在 2009 年推出的一个全新型号的客机，是航空史上首架超远程中型客机。它里面的奢华程度堪比五星级酒店，现在所有的客机头等舱都没法和它比。相比其他客机，它有很多优势：首先，整个飞机都采用节能环保的材料，同时它的排量很低，造成的环境污染很小，舱位内的环境可以说无比奢华。对于那些"土豪"级别的人来说，坐在上面也是一种极致体验。其次，这架飞机能承载

40名旅客，在商务客机和私人飞机间自由切换。整个飞机活动范围超过2 000 ft（1 ft=0.304 8 m），这里面包括超大卧室、豪华洗澡间，甚至办公区域、私人电影院一应俱全，堪比五星级酒店。同时飞机经过专业降噪处理，在飞机上你听不到任何噪声，可以安心休息。它还装置了其他客机所没有的新型其他过滤系统，可以去除舱内异味与气态污染物。这样旅客就能吸收到质量更好的空气，减少头疼、头晕，让旅客不会有一丁点不舒适。这架飞机对于分秒必争的旅客更是香饽饽，因为它可以横跨太平洋，也可以从中东飞到美洲海岸，飞行时间能持续17 h，而且中间不需要添加燃料。与以往的客机相比，波音787机舱内采用空气压缩机来维持，而不是传统的引擎放气模式。机舱内的压力范围维持在1228～2 438 m，实验结果表明人在这种范围内吸收的氧气要比其他气压范围内多8%。这样一来旅客就不会有晕机、头疼等症状了。可以说大大提高了舒适度。

（二）VVIP旅客运输服务要点

1.航前准备会阶段

与重要旅客不同的是，VVIP旅客运输在预先准备阶段需要由航空公司要客保障负责经理带领所有参与保障人员提前召开重要航班保障准备会议。在空中服务人员的确定中，首先由航空公司要客保障负责经理指定乘务长。要求乘务长形象端庄良好、有突出的工作能力、强烈的责任感、熟练的业务能力。在指定客舱乘务长后，再由航空公司要客保障负责经理和乘务长指定服务能力突出的两舱乘务员担任VVIP的服务工作。航班中，如果有外宾则要求乘务组中配有相应语种乘务员。要求能够流利进行对话，能够交流无障碍地与外宾进行服务沟通。在预先准备阶段，乘务长负责对执行飞行的所有机组乘务员进行仪态、仪表、着装等全方面的形象检查。

准备阶段，全体乘务组成员需要全面掌握VVIP旅客的姓名、身份、职务、称呼、饮食习惯、爱好、禁忌等。了解VVIP旅客的出行计划等相关信息，以便在客舱服务过程中能够和旅客进行适宜的交谈，避免尴尬。积极准备航班飞行过程中涉及的有关航线资料，包括途径的地域地理位置特征、气候特征、风土人情、民族特色、名胜古迹等相关知识。

飞行中的航餐提供是非常重要的环节。航餐需要提前针对VVIP的饮食习惯及饮食要求进行准备。乘务长要提前掌握航餐品类，并提出合理化建议。航餐在准备期间一定要注意包装要求、餐具要求等，要层层把关。还需要注意的是，VVIP旅客的航餐应以清淡为主，并根据航程的长短确认航餐的次数，安排航餐的时间除了根据飞行情况，还要考虑到旅客的实际需要。

乘务组全体成员要熟知航班安保程序。对航班出现特殊情况如机组人员调整、航班延误等能马上应对。如果遇到以上情况，乘务长要及时向航空公司要客保障负责经理汇报，以确保各项工作顺利开展。

航前准备会分为两种，一种是乘务组单独召开；另一种是机组与乘务组共同参与。

航前准备会按照国内航线和国际航线提前召开时间也不同。各个航空公司的规定也不相同。

准备会中，要求乘务组人员服装整齐干净、佩戴胸牌、资料及个人应携带物品齐全。乘务长主持乘务组准备会，根据各号位的岗位职责进行合理分工。乘务长负责检查乘务员个人准备情况，包括服装、头型是否符合规定；检查飞行证件、飞行资料是否齐全。乘务长要重点强调航班保障要求，乘务长需将信息传递给乘务组人员知晓。

准备会中，空中安保人员再次强调航班安全事项。各航空公司要客保障负责经理确认保障组人员了解重要航班的保障要求。

2. 登机前准备阶段

机上准备工作包括机组人员的个人物品存放于指定的行李架或衣帽间内，不得放置在旅客座椅上或应急出口处；乘务员按照职责检查应急设备、服务设备、娱乐系统、客舱设备、卫生间及标示牌；检查内话机、灯光系统、音频系统、应急设备，确保各设备正常；检查和摆放安全演示设备、报纸杂志；检查卫生间和厨房设备；检查安全带扣好并整齐摆放；检查机供品、检查餐食的数量和质量；检查鲜花的质量；检查礼品。

乘务组应在 VVIP 登机前严格落实航前客舱清舱程序。对机上所有物品及储物柜/格、餐车位/内、应急设备存放处、行李架、旅客座椅和座椅前面杂志存放处、洗手间等地方进行严格清查，以确保无外来物品，如发现可疑情况应立即反馈机长和乘务长。

VVIP 登机前乘务长要从地面人员处获得警卫人员座位并指定专人协助 VVIP 警卫人员对客舱进行安全检查。

一般情况下，VVIP 警卫人员需要在 VVIP 旅客登机前登机。VVIP 登机前，乘务长和空中保卫人员提前与 VVIP 警卫人员对航班安全等特殊要求进行沟通。

3. 迎客阶段

乘务长仪态端庄、面带微笑，在登机口迎接 VVIP 登机。根据航班保障要求，有时乘务长和机长需要共同迎接 VVIP 登机。待 VVIP 登机后，乘务长主动引领 VVIP 入座。

VVIP 登机后，乘务长主动接拿安放行李，并交接清楚行李的数量，确定是否有贵重行李和易碎物品。在递交、接拿行李时，要双手操作，一次只能拿一件行李。如果是大件或较重的行李，可以寻求随机工作人员或其他同事协助。如果行李中有贵重物品或易碎物品，按照航空公司的运输规定，可要求 VVIP 自行保管，或者按照 VVIP 意愿进行安放。

乘务员一定在 VVIP 旅客登机前了解座位的分布情况，在引领和服务过程中，对 VVIP 的称谓必须准确，要注意身份、职务高低的区分。如果一名 VVIP 身兼多职，则称呼最高职务。如果没有准确了解称谓，则私下提前与 VVIP 随行人员进行沟通，并通知所有为其的服务人员。

乘务员在服务过程中，一定要以 VVIP 旅客的喜好和具体要求为服务依据，不要自作主张，保证服务的针对性和准确性。同时，乘务员还要随时观察客舱情况，保证航班飞行中应急出口通道畅通，防止航班在紧急时刻的撤离。

4. 起飞后阶段

航班起飞前，提醒飞机上的 VVIP 旅客及所有随行人员系好安全带，提醒飞机马上就要起飞了。飞机进入巡航高度时，确保客舱温度适宜的情况下乘务员要注意观察 VVIP 旅客的状态。如果要客需要休息，乘务员要主动帮其调整桌椅，如果是宽体客机，则帮助旅客进行铺床服务，帮其盖好薄被，放好枕头，拉上遮光板，关掉通风口和阅读灯。如果旅客有阅读的需要，则观察阅读灯是否开启，了解 VVIP 旅客是否有阅读杂志的需要，并帮助旅客查找；如果 VVIP 旅客有观看影像的需要，则帮助 VVIP 旅客调试影像频道，并帮其调好音量。乘务长或乘务长指定其他乘务员随时关注 VVIP 旅客的需求和动态，及时为 VVIP 旅客解决问题。整个服务中，严格按照客舱服务操作标准进行。

对于 VVIP 旅客的餐饮服务一定要根据具体要求，提前确认用餐时间、用餐程序、餐食种类等。航空公司要尽量满足 VVIP 旅客的要求，并根据实际情况灵活掌握。乘务长在预先已经掌握 VVIP 旅客的用餐时间情况下，也要提前再次确认用餐时间，确认是否还有其他要求。无论是为我国 VVIP 旅客，还是为外国宾客，还是为主陪供餐，在供餐前一定要征询陪同负责人员的意见。为同一排 VVIP 旅客提供服务时，按照先主宾再主陪、先女宾后男宾的次序进行。准备航餐时，要注意将服务间隔帘拉好，避免航餐加热时有味道进入客舱内。航餐加热时，严格按照加工加热标准，保证质量。

当 VVIP 旅客用餐期间，乘务员不要打扰，在 VVIP 旅客有需要时，要积极主动为其服务。比如，VVIP 旅客需要乘务员帮助泡茶，并自带茶叶，那么乘务员就要按照 VVIP 旅客的要求为其服务。在 VVIP 旅客用餐结束后，乘务长要主动了解其用餐感受，询问在餐食方面需要加强和改进等方面的意见和建议，同时做好记录，并对 VVIP 旅客所提出的意见表示感谢。

如果是夜航航班，VVIP 旅客用餐后需要休息，时刻提醒旅客系好安全带，此时乘务员应帮助旅客对灯光模式进行调试，并注意询问 VVIP 旅客是否需要薄毯和枕头。同时，在 VVIP 旅客休息时，乘务员尽量减少在客舱内的走动，以免叨扰其休息。即使在 VVIP 旅客休息时，乘务员也要随时观察客舱内的情况，一旦 VVIP 旅客有服务需求，乘务员要第一时间为其服务，但要注意不要打扰到其他 VVIP 旅客的休息。注意在和 VVIP 旅客交谈时，不能涉及商业、工作机密等内容，不得涉及国内、国际等敏感的政治方面问题，不得向要客索要签名，不得要求和要客合影留念，禁止在任何公众网络平台发布要客信息。乘务员还要随时检查客舱、卫生间情况，保持干净、整洁、无异味。

5. 下降和欢送旅客阶段

当航班准备下降时，下降前乘务员要向 VVIP 旅客告知航班到达的时间，目的地天气等情况，提醒要客增减衣物。

航班降落停稳后，乘务员立即进行隔帘服务。首先要帮助 VVIP 旅客及协助随行人员拿好行李，同时清点行李数量，确认随身物品没有遗落客舱。无论飞机停靠客梯车还是停靠廊桥，都要优先安排 VVIP 旅客及随行人员先行下飞机，并与地面接机人员做好交接。如果航班非专机或包机，乘务员还要同同舱或其他舱位旅客做好解释说明工作（但是不能泄露 VVIP 身份等信息）：本次航班有重要宾客，根据安保要求，需安排

重要宾客先行下机，请其他旅客稍加等候。乘务员在确认 VVIP 旅客及随行人员已经全部下机，行李已全部携带后，待要客乘坐的贵宾车及警备车驶离，再安排其他旅客下机。乘务组应有效组织、合理安排维持好现场秩序，避免因 VVIP 人数过多、行李过多等因素干扰 VVIP 旅客下机。

航班飞行任务完成后，乘务长需要就本次航班的 VVIP 服务保障工作向航班公司要客保障经理进行汇报。

乘务长组织召开航后讲评会，认真总结本次飞行经验，针对服务中出现的问题进行分析，并对航班保障提出改进意见和建议，在航班结束后以书面形式向航空公司要客保障负责经理详细汇报 VVIP 服务情况、VVIP 特点及旅客提出的意见等内容。

乘务长需将 VVIP 旅客的需求特点及今后乘务员服务中应注意的重要环节事项记录在乘务日志中。

📖 阅读与思考

2014 年 7 月 13 日，随着闪亮的东航银燕平稳降落在香港赤鱲角机场，由东航山东分公司客舱服务部执飞的 MU785（济南 – 香港）运送山东代表团前往香港参加经贸洽谈会的保障任务圆满完成。自 7 月 11 日接到为 50 余人的山东代表团提供服务任务后，客舱服务部济南地区立即按照 VVIP 保障标准积极面对，不仅提前召开准备会，还特别指派济南分部干部带队，并安排平日工作突出、业务素质过硬的优秀乘务员组成凌燕乘务组执飞此次任务。为了让贵宾们感受到低调、精彩、高雅、温馨的东航服务，凌燕乘务组提前查阅大量资料，了解有关此次代表团的成员特点及商务活动。当天早上的准备会中，凌燕乘务组特意再次重申了 VVIP 服务的相关内容，通报了此次保障任务的特点，强调各项服务流程与细节，并针对近期空防形势和国际形势制订防劫机预案，对空防安全和要客服务作出了更细致的要求和准备。伴随着愉悦的登机音乐，美丽的凌燕们身着优雅的"青花瓷"制服，以精致的妆容微笑着迎接代表团的每一位成员。进行空中供餐服务时，头等舱乘务员按照 VVIP 的供餐程序，为贵宾们提供了精心准备的早点及水果；普通舱乘务员同样为代表团成员们提供了最热情周到的服务，令宾客们赞不绝口。在整个航程中，凌燕乘务组亲切热情，分寸把握得恰到好处，优雅的举止、适时的询问、贴心的服务让各位贵宾感受到东航个性化的客舱服务。细心的乘务长还将几位重要旅客的阅读习惯、饮食偏好等记录下来，以备后续航班借鉴使用。航班落地前，VVIP 旅客不仅为乘务组留言祝福，还与乘务组合影留念。此次山东代表团航班保障任务既是对山东凌燕的一次锻炼，更是对客舱服务部安全、服务工作的一次实战检验。东航山东分公司客舱部将总结前期工作的经验教训，踏实培养乘务队伍，用一次次令人满意的表现为东航树立良好的企业形象。

（资料来源：民航资源网）

思考：请根据所学的知识，对上述案例中乘务员对 VVIP 旅客的服务，进行服务流程的梳理。

任务实训

实训任务：重要旅客的客舱服务。

实训目标：

1. 知识目标：掌握重要旅客的客舱服务流程和重要旅客客舱服务要领。

2. 技能目标：能在客舱为重要旅客服务。

3. 情感目标：具有大局意识、付出意识、集体意识。

实训要求：每 5 ～ 6 人为一个乘务组，1 人为乘务长，其余为各号位乘务员，执飞 LF 航空公司 2020 年 12 月 9 日 LF5101 航班，按照客舱服务标准，进行重要旅客客舱服务流程操作。

实训形式：乘务组形式，乘务长负责制。

实训步骤：

1. 乘务组练习重要旅客登机前服务准备。

2. 每位乘务员进行客舱内重要旅客服务演练。

实训总结：乘务组自行分析和乘务组间互相分析，乘务教员总结。

任务小结

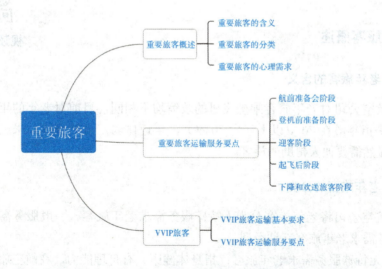

任务三　老年旅客

案例导入

一名东航山西客舱部的乘务员在执飞太原飞往昆明的航班时，航班中一位 83

岁的奶奶，引起了她的注意。奶奶满头银发，朴素的着装，系了一条颜色艳丽的丝巾，十分引人注目。飞机平飞后，乘务员走到奶奶身边，称赞她的丝巾漂亮，奶奶说："人上年纪了，年纪老了，脸不漂亮了，但精神状态可不能老！"奶奶笑着开始和乘务员聊天，讲到她年轻的时候穿不上花衣裳，现在算赶上了好时代，大家都可以穿喜欢的服装，系漂亮的丝巾，只是她不太会系丝巾，系出来不是那么美丽，也希望乘务员们可以教她。"奶奶，当然没问题，我来教您一种简单的丝巾系法，可以轻松系成一朵花的样子。"乘务员愉快地答应了，便将奶奶的丝巾在手中叠起来，奶奶边看边学，称赞她手法娴熟，还亲自尝试学习。叠好后，乘务员帮奶奶系在脖颈上，奶奶激动地照着镜子说，"真好看！谢谢你姑娘，我仿佛又年轻了好几岁。"老人脸上灿烂的笑容，就如同盛开的花朵一般美丽，也盛开在乘务员的心间。能用自己的服务和关心，让旅客开心、舒心，也会让所有的乘务员感到莫大的快乐和自豪。

（资料来源：民航资源网）

思考：客舱服务中，年长旅客的服务内容有哪些？

知识链接

视频：老年旅客

一、老年旅客概述

（一）老年旅客的含义

各大航空公司对老年旅客乘坐飞机的政策均不相同，目前对老年的年龄定义也不同，一般是指年龄在 70 岁以上（含 70 岁），年迈体弱，虽然身体并未患病，但在航空旅客中显然需要他人帮助的旅客。

（二）老年旅客的分类

有些航空公司将老年旅客分为无特殊服务需求老年旅客、一般服务需求老年旅客和特殊服务需求老年旅客三种类型。

（1）无特殊服务需求老年旅客：指身体健康、有自理能力，在航空旅途过程中不需要航空公司给予特别照顾的老年旅客。此类旅客可按一般旅客进行运输。

（2）一般服务需求老年旅客：指因年龄偏大，在航空旅途过程中需要航空公司提供某种或多种服务的老年旅客。一般服务需求老年旅客分为两类，一类是对乘机流程和环境不熟悉，无法顺利办理登机牌、候机、上下飞机、到达领取行李整个过程，需要安排人员给予引导服务，即无陪（引导）老年旅客。二类是因为身体年迈、体力不支、身体残疾等原因需要轮椅代步。

（3）特殊服务需求老年旅客：指运输过程中需要担架，或需要提供医疗氧气，或肢体病伤，或怀疑在飞机上需要额外医疗服务的情况下，才能完成所需航程运输的老年旅客。

📖 阅读与思考 ●

　　2015年，海南航空公司乘务长樊雪松和她的组员如同往常一样执行郑州至海口的HU7302航班的空中服务工作，这是一架B737-700型飞机，乘务员座位和旅客是相对的。飞机正点起飞时间是15:05，那天她准备好开始迎客，而特殊服务旅客往往是最先登机的。这时樊雪松看到一名乘坐轮椅的旅客由地面人员推到舱门口，她立即迎上去搀扶老人，老人的登机牌显示他和老伴的座位是35H、35J，由于扶起老人时发现他的腿特别不方便，举步维艰，她马上查询了一下旅客信息网，确定31H没人坐，于是安排大爷坐在前面31H，樊雪松想这样坐在前舱既能方便老人使用洗手间，又可以随时照顾他。扶老人坐好后樊雪松给老人腿上轻轻地盖上了毛毯，并且介绍了呼唤铃及洗手间的位置。此时她发现老人说话模糊不清，不能准确地表达自己的想法，只能靠手势让其他人理解，这让她对老人的关注度更加提高了。飞机平飞后正常为旅客提供餐饮服务时，老人坐在第一排，樊雪松看他手不方便，主动帮忙打开了刀叉包，并且打开了餐盒，老人刚开始要了一盒米饭，他的右侧身体半身不遂，只能靠左手进食，看到他颤颤巍巍地努力想抬起左手将米饭尽力送入口，非常艰难。樊雪松询问大爷："米饭是不是太硬了，我给您换一份面条好吗？"老人用含糊不清的话语说"好"。樊雪松立刻重新拿来一份面条，还问大爷："我喂您吃吧？"此时老人愣了几秒，眼里有些泪光闪烁，随后点了点头。于是樊雪松蹲在老人身边喂他用餐，刚喂了大爷两口饭时，大爷突然像孩子一样，嘴里还含着饭号啕大哭，哭声吸引了周围旅客的关注，樊雪松说："大爷，您别哭，您怎么了？"老人用肢体语言加上含糊不清的话语说："我原来是名医学教授，由于患了脑梗塞右侧瘫痪。"樊雪松记得，此时旁边女士说："那您还是我的前辈呢，您为别人服务了一辈子，自己却得了这病，乘务员还能这么悉心地照顾你，是不是特别感动？"老人哭得更厉害了，一直哭着。樊雪松立即拿来了毛巾帮老人擦鼻涕、擦眼泪，一边给老人擦泪，一边自己也湿了眼眶，接着喂老人吃完了一盒面条，当得知老人有老伴同行后，这位旁边的女士也主动换了座位，让老人夫妻俩坐在了一起，并且对樊雪松的服务提出了赞扬。后续樊雪松继续关注老人的状态，直至飞机落地后为老人安排轮椅送下飞机。

（资料来源：新浪海南）

　　思考：案例中，老年旅客属于哪一种类型的老年旅客？在空中飞行中，应如何更好地为老年旅客服务？

（三）老年旅客心理特点

　　在民航服务中，经常会遇到老年旅客。他们有的是跟团队出行，有的是散客出行。对于身体健康情况良好、和正常旅客无异的老年旅客，空中乘务员无须特殊照顾。但是有些老年旅客由于年龄较大，身体不能同正常人一样行动而感觉自卑，暗暗

伤心，这种强烈的自卑感有时还伴有较强的不服老的自尊感。对于这样的老年旅客，乘务员在服务的时候要充分考虑到他们的心理，不仅要时刻关注他们的需求、满足他们的需要，还要照顾到这类旅客比较固执、倔强的性格特点。针对这类旅客的心理特点，乘务员要主动、热情、耐心、细心，要善于观察旅客的需求，及时提供必要的帮助，要注意尊重对方的意愿，不要使他们觉得自己"无能"，觉得自己是弱者。

二、老年旅客运输服务要点

（一）迎客阶段

（1）热情搀扶年长及身体较弱的旅客，并主动提出帮助其提拿行李上下飞机，但是要注意不要强硬搀扶那些不服老、不愿意让人搀扶的老年旅客。

（2）如果老年旅客使用拐杖，可由乘务长暂时替其收好，可放置在前舱衣帽间或者封闭空间内，也可以放在老年旅客的座椅下。但是一定要注意不能影响其他旅客的通行。在航班落地后予以归还。

（3）有些老年旅客由于身体原因比较怕冷，所以当旅客坐好后，乘务长要主动为老年旅客提供毛毯，并帮助旅客将毛毯盖在腿上。还要注意应旅客的要求可将其脚部垫高后将脚部盖上。

（4）由于老年旅客听力下降，听觉较差，对于机上广播经常听不清楚，乘务员应主动告诉其飞行时间、飞行距离、介绍客舱服务设备包括安全带的系法和解法、呼唤铃、洗手间的位置和使用方法及清洁袋的使用方法等。

（5）航班起飞前，要多关注老年旅客。安全巡视客舱时，查看老年旅客的安全带是否系好，并帮助调节安全带的松紧。

（二）起飞后阶段

（1）客舱服务中，在和老年旅客交流过程中，应适当提高音量、放缓语速，语言要简练、声音要柔和。

（2）在为老年旅客提供餐饮服务时要主动详细介绍各种饮料的甜度、酸度和餐食等。尽量为老年旅客提供热饮、软食。老年旅客在用餐时，征得其同意后，可主动为其打开餐盒及刀叉包。

（3）飞行过程中，要多关注老年旅客的状态，主动看望并问询老年旅客是否需要帮助。工作空余时，在不影响老年旅客休息的情况下多和他们沟通交谈，缓解他们紧张的心情，消除老年旅客的寂寞感。

（4）飞行过程中，对于行动不便的老年旅客需要用洗手间时，乘务员应主动搀扶其如厕，并提前帮助其放好马桶垫纸后在门外等候，待旅客如厕后再协助其回到自己的座位。

长安航空开展"敬老思亲在长安"重阳节主题航班活动

"欢迎您搭乘长安航空重阳节主题航班出行。古时，民间在重阳节有登高祈福、秋游赏菊、佩插茱萸等习俗并传承至今，当今又增添了敬老、爱老等内涵，于重阳之日享宴高会、感恩敬老。"10月25日，正值农历九月九重阳佳节，海航旗下长安航空在9H6008由乌鲁木齐飞往西安的航班上开展了"敬老思亲在长安"重阳节主题航班活动。

乘务员首先向旅客们简要介绍了重阳节的由来和习俗，让旅客们进一步了解了有关重阳节的传统文化知识。随后，客舱内响起了经典老歌《九月九的酒》，不少旅客也主动加入合唱了起来。一曲结束后，还有旅客意犹未尽，唱起了家乡的歌谣，用歌声表达对家人、对故乡的思念。

除此之外，长安航空还特意为当天乘机的70岁及70岁以上旅客准备了飞机模型作为节日礼物，向他们送上节日的祝福，让他们在万米高空中度过一个难忘的重阳节。

长安航空以践行中国"文化自信"为指引，积极打造文化航空，在保障广大旅客安全、舒适出行的同时，大力弘扬中华优秀传统文化、传承民族精神血脉，精心打造安全、便捷、温馨、活力的"家文化"服务品牌。

（资料来源：中国民航网）

思考：谈谈我国的传统美德有哪些。

（三）下降和欢送旅客阶段

（1）飞机下降前，告知旅客目的地的温度等天气情况，提醒旅客增减衣物。

（2）了解老年旅客下机是否有人来接、是否需要轮椅等服务。

（3）到达目的地后，提醒老年旅客携带好随身行李，并帮助旅客将其行李从行李架上取下。让老年旅客最后下机，同时搀扶其下机，交代地面服务人员予以照顾并与地面人员做好交接工作。

（4）如遇航班延误、取消等特殊情况，应及时帮助老年旅客第一时间联系其家人，并详细说明航班情况。

知识角

老年人不建议乘坐飞机出行，海拔和空气压力变化是主因

经常乘坐飞机出行的小伙伴都能敏感地感觉到，当飞机在起飞和降落的过程中，我们的耳鼓会因气压的变化，发出"咔咔"的声音，科学的做法是嘴里嚼口香糖，让口腔内外的空气压力一致，但是有呼吸障碍的患者或者婴幼儿，则不会这样，就会因此受到伤害，所以从这一角度上来说是不建议老年人乘坐飞机出行的，当然如果老年人的身体足够健康，是没有问题的。再有，不建议让老年人独自外

出，尤其是乘坐飞机出行，是因为老年人不仅体力会下降，听力和视力同样会下降，在乘坐飞机出行时，需要沟通和理解，有的老人不会使用智能设备，还有的因看不清导航指示等原因，错过航班的事情时有发生。如果确实需要老人独自出行，即使身体健康状况良好，也应当提前去医院做一次体检，开具一个健康证明，一般需要在出发前7天做体检，拿着这个健康证明，航空公司就不会拒绝老人乘机出行了，尤其是独自外出，更是如此。

任务实训

实训任务：老年旅客的客舱服务。

实训目标：

1. 知识目标：掌握老年旅客的客舱服务流程和老年旅客客舱服务要领。

2. 技能目标：能在客舱为老年旅客服务。

3. 情感目标：尊老的传统美德的传承，具有爱心与责任心，严谨的工作态度。

实训要求：每5～6人为一个乘务组，1人为乘务长，其余为各号位乘务员，执飞LF航空公司2020年12月9日LF5101航班，按照客舱服务标准，进行老年旅客客舱服务流程操作。

实训形式：乘务组形式，乘务长负责制。

实训步骤：

1. 乘务组练习老年旅客登机前服务准备。

2. 每位乘务员进行客舱内老年旅客服务演练。

实训总结：乘务组自行分析和乘务组间互相分析，乘务教员总结。

任务小结

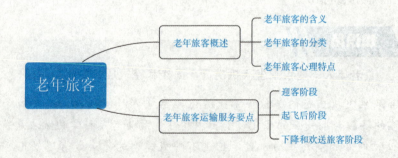

任务四　无成人陪伴儿童

📖 案例导入

国航贵州飞往杭州的航班上有一个无人陪伴的 9 岁小男孩，要交到乘务员手里时，小男孩明显很拘谨，甚至是紧张，不愿意登上飞机。最后还是孩子的爸爸妈妈给他打了电话，他才同意登机。为了服务好这个无人陪伴的小旅客，乘务组私下沟通了一下，希望在旅程中能得到孩子的认可。小男孩坐定后，乘务员就给他介绍了机上安全注意事项，并告知了洗手间的位置，尽量想减少他对周围环境的陌生感。但没想到，小男孩的眼泪突然啪嗒啪嗒掉了下来。乘务长决定跟小男孩聊一聊。

她来到小男孩跟前说："我家有个小妹妹，她难过的时候，会对着玩具说说话，说完了心情就好了，你要不要试试？"这招果然有效，小男孩对着玩具说完后情绪稳定了一些。"阿姨这个时间段有空，你要不要跟阿姨也说说？"乘务长试探地问。小男孩先摇摇头，但后来有点憋不住了，就跟乘务长说，上来的时候就肚子痛，来之前喝了牛奶。"有些人的体质喝了牛奶会胃胀气，紧张了后，更难受。"乘务长让男孩站起来稍微走了走，"身体不舒服，要诚实地告诉别人。放心，阿姨有一套方法，你不用紧张。"渐渐的，孩子的话变多了，告诉乘务长，他长大了想做飞行员，因为第一次坐飞机，感觉"起飞要死掉了"，所以特别紧张。乘务长开导他，并让机长给这个长大想做飞行员的男孩写了寄语。下飞机后，男孩给妈妈打了电话，并跟全体机组人员道了谢，本以为就此告别，没想到他走到廊桥口，又跑了回来，说想跟机组人员一起拍张照。"当时，我真的很感动，短短的一段旅程，没想到能收获这样一段温暖。"邱晨说，其实"小候鸟"们都很独立，心思比大人们想象得更成熟。

（资料来源：民航资源网）

思考：你觉得乘务长服务无成人陪伴儿童的方法正确吗？在为无成人陪伴儿童服务的时候还有哪些服务内容呢？

📖 知识链接

一、无成人陪伴儿童

视频：无成人陪伴儿童

（一）无成人陪伴儿童的含义

无成人陪伴儿童（简称无陪儿童），是指年龄满 5 周岁（含）但不满 12 周岁，且没有年满 18 周岁并有民事行为能力的成年人陪伴乘机的儿童，无陪儿童的数量不计入儿童旅客承运数量。如果一个孩子已满 12 周岁，但不足 18 周岁，也可自愿申请无成

人陪伴儿童服务。不同航空公司的不同航线、不同航班，对于无成人陪伴儿童的限制人数、年龄等均有差别。

（二）无成人陪伴儿童的心理特征

无成人陪伴的儿童旅客首次独自乘机旅行时会感到害怕、惊奇、担忧、害羞。所以，家长在确定儿童将会独自旅行时，应该先根据儿童的实际情况和兴趣爱好，再根据飞行的时间为孩子做好相应的准备。保证孩子在飞机飞行期间可以睡好、吃好、玩好，有一个愉快的飞行体验。

（1）陌生的人群和环境通常是儿童不愿意接受的，在无成人陪伴的情况下，无陪儿童的恐惧感会增强，对安全的需要就更加强烈。在乘机时，无成人陪伴儿童往往会表现为不接受或抵触乘务员的服务，这就要求在他们乘机的时候，与普通旅客相比，乘务员要给予无成人陪伴儿童更多的照料和关心，特别是要注意他们的安全问题。

（2）当儿童的父母把儿童交给航空公司地面服务人员并离去的时候，此时儿童的心理会产生孤独感，尤其是第一次独自旅行的孩子，这种孤独感更加强烈。这时，就需要乘务员找一些话题来进行安抚，在有限的时间内拉近与无陪儿童的距离。

（3）当无成人陪伴儿童对周围的环境熟悉后，大多就开始表现出了活泼好动等天性。此时，他们对周围事物开始感兴趣，并好奇起来，甚至离开座位。乘务员还要耐心地陪伴孩子，并与其交流。

（三）无成人陪伴儿童运输一般规定

（1）无成人陪伴儿童旅客服务应在旅客购票时提前向航空公司提出申请，否则航空公司有权拒绝承运。

（2）一般情况下，航空公司各个舱位都接受无成人陪伴儿童旅客的运输服务。

（3）无成人陪伴儿童的座位不可以安排在紧急安全出口处。

（4）无成人陪伴儿童旅客运输前，要求航空公司或者机场的地面服务人员和机上乘务员做当面交接手续的办理。

（5）采用适当的方法有针对性地对无成人陪伴儿童进行服务和照顾。乘务员要先和无成人陪伴儿童建立良好的关系，要让儿童信任、喜欢。在和无成人陪伴儿童说话时，要注意保持乐观开朗的情绪，面部表情要温和、亲切，面带微笑，说话声音大小适中，语速、语调适中。采用适当的肢体语言拉近与儿童间的距离，如拉住他们的小手、轻拍他们的肩膀等。同时，要和他们保持同样的高度进行交谈，所以乘务员要蹲下身体，和儿童保持平视。

（6）在和无成人陪伴儿童交谈时，注意语言表达的内容要简单，容易被他们这个年龄阶段理解和接受。尽量用一些儿童喜欢的词语，浅显易懂，切勿长篇大论。和他们多谈谈他们喜欢的动画片、童话故事等，激发孩子交流的兴趣。为了保证在为无成人陪伴儿童讲解舱内设备使用方法时能够被接受，乘务员可以运用猜测、提问、复述、总结等技巧。

（7）多鼓励、多表扬。尤其是当发现无成人陪伴儿童表现出紧张的情绪时，乘务员要加倍地关心他们。此时，可以在不影响航班正常飞行的情况下，通过讲故事、变魔术、猜谜语、绘画等方式与无成人陪伴儿童进行互动，转移孩子的注意力，使他们紧张的情绪放松下来。

（8）保障旅客的安全为首要任务。同有人陪伴儿童一样，乘务员尤其要注意无成人陪伴儿童在航班起飞和降落时的安全。比如，如何应对耳压、帮助系好安全带、放置好行李物品等。对于无成人陪伴儿童，在航班上乘务员和他们的监护人同样肩负着重要责任，因此，对儿童的饮食、睡眠、如厕等问题一定要十分细致。

二、无成人陪伴儿童运输服务要点

（一）迎客阶段

（1）乘务长要与航空公司或机场的地面服务人员进行交接工作，包括检查无成人陪伴儿童证件、记录儿童旅客的座位情况、对无成人儿童旅客所随身携带的物品进行仔细的核对。除详细记录物品的数量外，还要对重要物品包括手机、证件等进行确认，对儿童旅客的证件进行全程保管。如果航班中有多个无成人陪伴儿童旅客，还要进行交接单信息的逐一确认，特别需要注意的是，在中转、经停站时对无成人陪伴儿童上下机的确认。

（2）每个航班中，乘务长都要安排指定的乘务员对无成人陪伴儿童做全程负责。从引导无成人陪伴儿童上机并到座位就座，再到客舱内无成人陪伴儿童的安全、就餐等服务工作。在为无成人陪伴儿童介绍飞机设备的功能和使用方法时，要注意他们的安全，避免由于操作不当导致儿童旅客受伤。

（3）登机后，乘务员要单独为无成人陪伴儿童旅客介绍安全带的系法和解法，以及呼唤铃的位置，检查座椅扶手是否可以固定，在检查前乘务员应确认无成人陪伴儿童旅客是否处于安全位置，同时，为了保证安全起见，提醒无成人陪伴儿童旅客不要抬起座椅扶手。在航班起飞前的安全检查中，查看安全带的松紧度是否适中。

（二）起飞后阶段

（1）餐饮服务过程中为无成人陪伴儿童提供饮料时，要注意水杯不宜过满，热饮、热食温度适中。尽量不要为儿童提供冷饮、冷食。饮用前，乘务员需要提醒他们注意小桌板上的饮料，尤其是热饮及热食盒，避免造成衣物污染及意外烫伤。主动帮助无陪儿童打开餐盒及刀叉包，介绍餐盒里的食物种类和名称，注意在地面交接工作的时候了解无成人陪伴儿童是否存在过敏原，如豆制品、牛奶、鸡蛋等蛋白质过敏、谷物过敏等，避免无成人陪伴儿童出现过敏现象。

（2）用餐后，乘务员要及时收回用完的餐具，并多提供一些餐巾纸或湿纸巾备用。

（3）禁止向无成人陪伴儿童发放坚果类食品，乃至经判断无法水溶软化的任何小食品，以避免在食用过程中卡住儿童的气管，造成生命危险。航空公司可以在接收无成人陪伴儿童前，为他们准备小饼干类食品代替坚果类食物。

（4）乘务员需全程监控小旅客的安全，当小旅客出现不安全行为及周围出现不安全因素时，须及时制止以确保小旅客的人身安全。

（5）航班飞行期间，乘务员可以为无成人陪伴儿童提供无可吞咽细小零件的玩具、儿童图书等，以便安抚儿童在旅途过程中无聊的情绪。

（6）乘务员要在整个航程中不间断的关注、关心无成人陪伴儿童情况，一旦发现有异常，马上询问。

（7）乘务员要根据客舱温度的变化，为儿童随时增减衣物。

（8）乘务员要主动询问无成人陪伴儿童是否需要上洗手间，并必须亲自带领其前往和带回。在无人陪伴儿童使用洗手间或离开座位时，乘务员要帮助他们看管其随身行李及贵重物品，避免丢失或损坏。

阅读与思考

在一架由广州飞往上海虹桥的航班上，小旅客yaya被中国东航广州地服交给带班乘务长，移交无人陪伴儿童乘机服务护照证件等交接文件后，她正式转由该航班的乘务长小杨负责。乘务长小杨与yaya确认了姓名和目的地后，将她带到了对应机座。当发现其旁边是男性旅客后，便与附近旅客协调，更换一名女士坐在了yaya身边，成为她的援助者。因为无人陪伴儿童乘机服务有明确要求，小旅客身边原则上不安排坐异性旅客。由于yaya性格腼腆且家长没有预订儿童餐，拿到的是与其他大人一样的吞拿鱼面包。"我不爱吃这个，但是我饿。"yaya对乘务员说。乘务员立即将这个消息告知了乘务长小杨，小杨想起头等舱有一份水果布丁和小三明治，便赶紧拿给了她。飞机降落前，由于担心yaya提拿托运行李的时间较长，乘务长小杨带她来到头等舱帮她重新扎了马尾辫。还送了yaya飞机上的很多儿童玩具，帮助她整理小书包。落地后，小杨在机门口与yaya道别，腼腆的她也变得开朗起来，跟乘务长小杨摆手说再见。

（资料来源：民航资源网）

思考：本案例中东航为无成人陪伴儿童yaya提供了哪些服务？如果是你，觉得怎样做会服务得更好？

（三）下降和欢送旅客阶段

（1）在飞机开始下降前，确保无成人陪伴儿童在座位上坐好并系好安全带，提醒儿童旅客飞机开始下降。如果此时无成人陪伴儿童正在睡觉，一定要提前叫醒他们，注意叫醒方式。同时，可为他们提供矿泉水，防止压耳。

（2）在飞机下降前，乘务员要帮助无成人陪伴儿童整理好随身物品，如果终点站的室外温度较始发站有变化，乘务员要帮助无成人陪伴儿童提前更换衣服，并叮嘱他们飞机停稳后不要自行活动，一定要等待乘务员的引领。

（3）填写无成人陪伴儿童服务卡，在无成人陪伴儿童到达目的地后将服务卡交给其监护人，让监护人了解无成人陪伴儿童在旅途中的乘机情况。

（4）航班乘务长要了解全航程中对无人陪伴儿童服务情况，在航班下降前再次确认无成人陪伴儿童，其情况是否正常等，以便做好监控。

（5）航班落地后，如果确认落地站为无成人陪伴儿童的经停站，原则上建议该儿童不下飞机，并安排专门的乘务员陪伴照顾。如果航班在经停站停留时间较长，则需安排无成人陪伴儿童下机，此时乘务长要同经停站地面特殊旅客服务人员进行工作交接，在航班经停期间由地面特殊旅客服务人员照看无成人陪伴儿童。在航班离站关舱门前，再由地面特殊服务人员将无成人陪伴儿童与乘务长进行交接。

（6）航班落地后，乘务员送客时，如果航班为窄体飞机公务舱，乘务员要注意调整送客站位，并且要保证送客过程中面向机尾方向，这样方便监控客舱的下客情况，能够在视线范围内，观察到无成人陪伴儿童的情况，防止该儿童自己下机。如果航班为宽体客机或航班中没有无成人陪伴儿童，乘务员的送客站位不需要调整，站位不变。

（7）乘务员要帮助无成人陪伴儿童把行李取下整理好，然后将其引领到舱门口。

（8）乘务长将无成人陪伴儿童及其随身携带行李、证件等交接给地面工作人员，并与地面服务人员进行交接单的处理。

（9）在运送无成人陪伴儿童过程中如遇航班延误、取消等情况，应及时根据无成人陪伴交接单上的家人电话与孩子家长取得联系，详细说明航班情况，并在监护人的允许下采取相关照顾措施。

知识角

中国三大航空无陪儿童旅客服务指南

（1）中国国际航空无陪儿童旅客服务指南。

服务对象：年满5周岁未满12周岁儿童旅客单独乘机，必须办理无成人陪伴儿童服务手续。年满12周岁未满18周岁的旅客可自愿申请无成人陪伴儿童服务。年满16周岁未满18周岁的聋哑/双目失明旅客可自愿申请无成人陪伴儿童服务。

申请方式：由儿童的监护人或监护人的授权委托人在线填写《无成人陪伴儿童乘机申请书》，并提交服务预订申请。工作人员办理成功后，会将最终确认好的《申请书》和《UM标识牌》电子版发送到申请人邮箱中，按要求打印并填写相关信息，办理乘机登记手续。

申请时限：在国航官网申请办理无人陪伴儿童服务，最迟于航班起飞48 h之前申请办理。

（2）中国东方航空无陪儿童旅客服务指南。

服务对象：年满5周岁未满12周岁儿童旅客单独乘机，必须办理无成人陪伴儿童服务手续。儿童与成人一起旅行时，所乘坐的飞机物理舱位不同，视为无成人陪伴儿童。

申请方式：由儿童的监护人或监护人的授权委托人前往东航直属售票处、拨打

95530 或访问官网提出无成人陪伴儿童运输申请，填写《无成人陪伴儿童乘机申请书》，并提供始发站和目的站送接人员的姓名、地址和联系电话。

对于通过官网申请服务的旅客，由儿童的监护人或监护人的授权委托人在线填写《无成人陪伴儿童乘机申请书》，并提交服务预订申请。东航将根据航班起飞日期确认申请，并与申请人联系。申请时限：国内航班最晚在航班计划离港时间前 48 h 申请；国际（地区）航班最晚在航班计划离港时间前 96 h 申请。

（3）中国南方航空无陪儿童旅客服务指南。

服务对象：指年满 5 周岁但未满 12 周岁的，没有年满 18 周岁且有民事行为能力的成年旅客在同一物理舱位陪伴乘机的儿童。

申请方式：通过南航客服热线 95539、南航官方 App、南航直属营业部等途径申请。

儿童凭有效身份证件购票，如身份证、户口簿（16 岁以下）、护照，并持与购票时一致的证件原件办理乘机手续。接送机时，接送机人须持有效身份证件原件在机场办理接送机手续。

申请时限：不得晚于航班起飞前 48 h。

（资料来源：中国民航总局网）

任务实训

实训任务：无成人陪伴儿童旅客的客舱服务。

实训目标：

1. 知识目标：掌握无成人陪伴儿童旅客的客舱服务流程和客舱服务要领。

2. 技能目标：能在客舱为无成人陪伴儿童旅客服务。

3. 情感目标：培养责任意识，传承爱幼传统美德。

实训要求：每 5 ~ 6 人为一个乘务组，1 人为乘务长，其余为各号位乘务员，执飞 LF 航空公司 2020 年 12 月 9 日 LF5101 航班，按照客舱服务标准，进行无成人陪伴儿童旅客客舱服务流程操作。

实训形式：乘务组形式，乘务长负责制。

实训步骤：

1. 乘务组练习无成人陪伴儿童旅客运输航前准备。

2. 每位乘务员进行客舱内无成人陪伴儿童旅客服务演练。

实训总结：乘务组自行分析和乘务组间互相分析，乘务教员总结。

任务小结

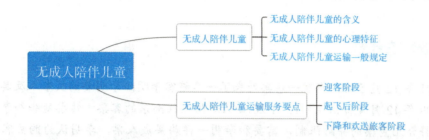

任务五　儿童旅客

案例导入

日常航班中，会经常遇到小朋友，我们永远不知道古灵精怪的他们下一秒会做些什么。所以，乘务员们会在小朋友们上机之后告诉他们飞机上设备的使用方法，以及可能会使小朋友受伤的一些行为，避免小朋友们受到伤害。在一次飞行中，有两位小朋友第一次坐飞机，他们对飞机上的一切事物充满了好奇，乘务员们就带着他们认识并了解了一些服务组件，解答了他们的疑惑，例如：飞机上可以坐多少人啊？飞机为什么会颠簸呢？起飞下降时可以通过吞咽动作和喝水来缓解压耳。看着他们知道答案之后开心的样子，乘务员们也倍感满足。

虽然每一次与旅客的接触只有短短几小时，但我们认为优质的服务靠的不仅仅是标准与程序，更需要的是对细节的点滴用心，是发自内心关注旅客感受而建立起来的信任。

（资料来源：民航资源网）

思考：民航空中服务中，儿童旅客的服务内容有哪些？

知识链接

视频：儿童旅客

一、儿童旅客

1.儿童旅客的含义

儿童旅客是指年龄满 2 周岁但不满 12 周岁的乘机人。其中，2 ～ 4 岁儿童必须有同舱位 18 岁以上成人陪伴。每一个超过 2 周岁的儿童旅客都必须有座位和安全带，飞

机在地面移动、起飞、着陆过程中，不可以共用座位上的安全带。儿童旅客不得安排在紧急安全出口处的座位。

📖 **阅读与思考** ●

2021年12月5日，东航一售票处来了一名旅客李明，李明要购买本人及其孩子李新（2009年12月4日出生）12月20日从沈阳飞往南京的客票，售票处告知李明，其孩子不符合儿童票的年龄限制，需要和李明一样购买成人票，李明认为购买客票当日孩子并未满12周岁，所以应该按照儿童票销售。

（资料来源：民航资源网）

思考： 旅客李明的孩子是否能够购买儿童票，为什么？

2. 儿童旅客的心理特征

儿童旅客一般具有性格活泼、天真幼稚、好奇心强、善于模仿、判断能力较差等特点。每位年满18周岁且有完全民事行为能力的成年旅客购票时，最多可携带2名儿童，且儿童须购买与其同行成人相同服务等级的客票。

知识角

航空公司对儿童旅客承运数量的要求见表7-2。

表7-2　航空公司对儿童旅客承运数量的要求

机型	儿童旅客数量限制		
	公务舱	经济舱	航班总量
737-700	4	68	72
737-800	—	104	104
787-8	21	106	127
787-9	18	145	163
330-200	21	76	97
330-300	11	115	126

注：每个机型最大可载运儿童旅客数量计算原则为旅客人数×90%，具体各舱位儿童旅客人数以各航空公司实际安排为准。另外，儿童旅客除不可安排在应急出口座位之外，座位安排不受其他要求限制。

每位年满18周岁且有完全民事行为能力的成年旅客购票时，最多可携带2名儿童，且儿童须购买与其同行成人相同服务等级的客票。超过规定数量的儿童，且满足我公司无陪儿童运输条件的，需办理无成人陪伴服务。

（资料来源：海南航空）

二、儿童旅客运输服务要点

（一）迎客阶段

（1）儿童旅客登机时可稍弯下腰表示欢迎及爱护，但避免摸儿童的头部。

（2）如儿童与家长的座位不在一起，在确保配载平衡的前提下，应尽可能地给予调换。

（3）主动协助安放行李，建议将儿童常用的物品放在前排座椅下方，便于取用。

（4）乘务员在引导带儿童的成人旅客入座时需提醒其小心抬放座椅扶手，无须主动为其抬放；如旅客提出需求，乘务员在抬放扶手前应确认小旅客处于安全位置且扶手可以正常固定。扶手无法正常固定时，乘务员需及时告知旅客，有必要时可在符合配载平衡的前提下为其调整座位。

（5）如有特殊情况，需要与小旅客接触，乘务员须提前做好手部清洁。

📄 素养提升 ●

　　"六月，是童年的摇篮，是童年的梦乡……在这里，我们全体机组乘务员祝福天下所有的大小朋友儿童节快乐，并诚挚邀请您参加机上儿童节特别活动……希望在这个特殊的快乐节日给您留下难忘的回忆。"乘务员通过机上活动广播，向大小旅客们发出了活动的邀请。六一主题航班活动从"粮票的故事"开始。乘务员一边介绍粮票的历史，一边引导旅客们在座椅口袋里寻找20世纪记忆中的那枚小小的粮票。随后，乘务员邀请三位小朋友走到前舱模拟当年用粮票换取食物的场景，小朋友们用等价的粮票换取了自己喜欢的"童心"餐食，也明白了粮食来之不易。参与活动的小朋友还获赠了袁隆平院士的传记，小朋友们纷纷表示会继续发扬中华传统的美德，爱惜粮食，好好吃饭，不浪费一粒米饭。童心向党，声声不息。随后，小朋友们在乘务员的带领下，用童真的手势和稚嫩的歌喉，在客舱中表演了《童心向党》手势舞，表达对中国共产党百年诞辰的诚挚祝福，歌声在客舱内久久回荡，带领着旅客们走向了童年的时光。当大小朋友们还沉浸在难忘的歌声中时，乘务员随后又邀请小朋友们用自己的童心妙笔，发挥自己的想象力，在纯白T恤上描绘出对祖国的祝福。在孩子们的想象力下，天安门、长城、革命故事等仿佛插上了童心的翅膀，孩子们用生动的画作把心中对党的美好祝愿落在了画纸上，为党的百年华诞献礼致敬。

（资料来源：民航资源网）

思考：谈谈民航儿童旅客服务中，你有哪些创新的好点子。

（二）起飞后阶段

1.餐饮服务时的工作要求

（1）在为儿童旅客提供饮料服务时，需先问询其需要何种饮料，然后再将饮料先递给监护人。如果旅客需要冷饮服务，则需为儿童旅客同时提供吸管。为儿童提供热饮

时，乘务员须严格按照热饮冲泡标准进行操作，要先将热饮递交给其监护人，并用服务用语提醒不要将热饮放置在儿童旅客能碰触到的地方，以免烫伤。为儿童旅客提供热饮时切记不要将热饮倒满整个杯子，提醒旅客可以为其续杯，并禁止用吸管饮用。

（2）送饮料时，要提醒坐在靠过道带儿童的旅客，注意让儿童的手远离咖啡壶、茶壶等盛装热饮的容器，以避免烫伤。

（3）发餐时，不得将盛有热餐的食盒直接从孩子头部上方递送，避免餐食汤汁滴落造成烫伤。向儿童的监护人说明当日提供的餐食主要成分，确定餐食中是否含有引起儿童过敏的食物，避免儿童误食。

（4）乘务员不得将自己携带的食物提供给儿童旅客食用，禁止为儿童旅客提供坚果类食品乃至经判断无法水溶软化的任何小食。如果是机上发放的坚果类小吃，则务必提醒儿童的监护人，注意自身在食用过程中，避免喂食儿童。同时，还要向监护人耐心解释由于飞机飞行过程中，随时会出现颠簸等情况，加上儿童年龄小，吞咽能力较差，容易发生意外情况。

（5）如果儿童旅客有需要，航空公司可针对儿童旅客在航班起飞前，准备一些小饼干、甜点等儿童食品。

2. 乘务员巡舱工作要求

（1）航班起飞前，乘务组了解航班信息时，在已经了解航班中有儿童旅客的前提下应为儿童旅客准备一些小玩具、儿童读物等用品。

（2）乘务员巡舱时，要提醒监护人不要让儿童自己使用洗手间。对自己独自使用洗手间的儿童旅客要提示监护人进行全程监控，并对洗手间门推拉注意事项向监护人进行提示，防止儿童开关门时夹伤事件的发生。

（3）在航班飞行过程中，乘务员需全程监控儿童旅客的安全，当儿童旅客出现不安全行为或者其身边周围出现不安全因素时，乘务员有义务马上制止以确保儿童旅客的人身安全。一旦发现在客舱中有单独行动的儿童旅客，要第一时间将其带回座位交给监护人，因为儿童旅客的自我保护意识较弱，自我保护的能力较差，尤其是在狭小的客舱内，必须在其监护人的监护下在客舱内活动。但是需要强调的是，即使有监护人的看管，也不允许儿童旅客离开座位随意在客舱内嬉戏打闹，必须要坐在自己的座位上并系好安全带。

（4）尽量满足儿童旅客的要求，为其提供纸巾等清洁物品，同时，随时帮助儿童旅客清洁其座椅周围的杂物。

📖 **阅读与思考** ●

深航配餐部推出六一"童心童趣"主题儿童套餐

多彩的童心可以是一种理想生活的状态，也可以是一个人憧憬美好的意境。伴着花的芳香，踏着歌的节拍，又一次迎来了"六一"的快乐时光。

2022年6月1日，深航空厨又"放大招"，特别为"六一"当天搭乘深航深圳出港航班公务舱的小朋友准备了"六一"主题限定版儿童餐食，在万米高空享受节日的快乐。在这个欢快的节日里，深航大厨们将各种营养健康的食材进行精心搭配，选用深航飞机模型元素作为主题造型及卡通甜品、时令水果的完美搭配，设计了富有创意的云端美食，从造型上吸引小朋友们的眼球，深受小朋友的喜爱。

"食满四季，夏日拾趣"。深航配餐部遵循"深知味，圳当时"的服务理念，于蓝天之中、彩云之上，让小朋友们享受节日的舌尖美味，度过一个别样的"六一"儿童节。

（资料来源：民航资源网）

思考：通过以上深航"六一"推出儿童套餐的案例，你还有什么新的创意能使旅客在枯燥的飞行中愉快度过吗？

（三）下降和欢送旅客阶段

当飞机准备下降前，提醒监护人提前带儿童去卫生间。如果儿童正在睡觉，需要叫醒正在睡觉的儿童，同时可向其提供矿泉水，防止压耳，并再次确认儿童在座位上坐好并系好安全带。

航班停稳后，乘务员组织旅客下机，此时要多关注带儿童的旅客，询问是否需要帮助。在旅客同意的情况下，乘务员协助旅客提拿行李，并提醒旅客带好随身携带的物品。下飞机时提示小朋友注意舱门口的台阶。

知识角

儿童乘坐飞机要注意什么？

（1）选择什么航班最好：在大多数情况下，最好都选择直达航班。这不仅是因为孩子只消忍受一次飞机起落给耳朵带来的不适，而且也是因为这样能省去转机带来的各种麻烦（如提取行李等）。不过，如果飞行时间较长，孩子的耐心也差，可能希望选择中途需要转机的航班。有些父母认为在飞国际航班或者比较长的国内航班时，能够中途转一下机，会更舒服，孩子们也能借此欣赏欣赏风景、伸展伸展双腿。并且建议不要选择红眼航班，一来红眼航班打乱人体正常作息时间；二来红眼航班取消延误的可能性也较大。

（2）选择什么座位好：首先一定要赶在人潮之前到达机场确认座位。否则，如果这趟飞机满员的话，甚至有可能不得不和孩子分开坐。现在是互联网时代，基本都可以在网上值机了，也可以提前在网上值机，一般在起飞前12～24 h才可值机。

（3）怎样度过等待起飞的时间：在等待登机起飞的这段时间，尽可能让孩子在机场多消耗一些体力，这样他在飞行的时候即使没有睡着，也会很放松。有些机场为儿童准备了专门的活动场地，但如果碰上这样的地方，一定要给孩子规定一个玩耍的时间，并且还要不断提醒孩子时间快到了，避免孩子到该走的时候不想走，乱发脾气。

（4）什么时候登机：到底是早登机好还是不要早登机？这个问题一直众说纷纭。

倾向早登机的家庭认为这样肯定能找到放行李的地方，而且还有时间在飞机上安装儿童座椅（如果需要的话）。另外，孩子可能也不会因为机舱空间太局促而过于烦躁。反对早登机的家长则认为飞机上的空气不好，而且谁也不知道飞机到底什么时候起飞，所以最好等到最后一刻再登机。

（5）怎样度过机上的时间：在飞机上电子设备需要关闭不能使用，飞行时间虽然看似漫长，但如果能够精心安排，也会感觉过得很快。等飞机开始稳步飞行后，就可以来玩圣诞老人（圣诞老人也会飞的，不是吗？）的游戏了。每隔1 h左右，给孩子一个礼物让其打开。这个礼物不必特别新奇或者昂贵，可以是书、零食或小贴画，不过最好是孩子以前没有见过的，这样感兴趣的时间会比较长。当然了，如果能来点创意那就更好了，如机上的防吐纸袋，用彩笔画一画就能当玩偶。

（资料来源：民航在线）

任务实训

实训任务：儿童旅客的客舱服务。

实训目标：

1. 知识目标：掌握儿童旅客的客舱服务流程和客舱服务要领。

2. 技能目标：能在客舱为儿童旅客服务。

3. 情感目标：培养足够的耐心、细心，传承爱幼传统美德。

实训要求：每5～6人为一个乘务组，1人为乘务长，其余为各号位乘务员，执飞LF航空公司2020年12月9日LF5101航班，按照客舱服务标准，进行儿童旅客客舱服务流程操作。

实训形式：乘务组形式，乘务长负责制。

实训步骤：

1. 乘务组练习儿童旅客运输航前准备。

2. 每位乘务员进行客舱内儿童旅客服务演练。

实训总结：乘务组自行分析和乘务组间互相分析，乘务教员总结。

任务小结

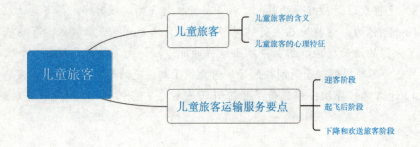

任务六 婴儿旅客

案例导入

2022年2月4日大年初四，文山－天府的3U6682航班上有特殊的一家三口：妈妈是四川人，爸爸是云南人，宝宝还不到半岁。由于工作等原因，身为四川人的妈妈已经很多年没有回家了，尤其是生下宝宝后感到非常想念自己的爸爸、妈妈，希望能早日将健康可爱的宝宝带到外公、外婆身边。可是从登机开始，妈妈怀里的宝宝就一直哭得非常厉害，手脚还一个劲儿地挥舞，原来爸爸妈妈为了赶路已经4个小时没有给他换尿布、喂奶了，小朋友肯定饿坏了。乘务长罗静听到小朋友哭声后赶紧接过他们的行李，安排乘务员带旅客找到座位后，又把妈妈带到卫生间协助换了尿布，其他乘务员赶忙送来了兑奶粉的温水，这时妈妈不好意思地问："你们能不能帮我抱着他，他不让爸爸抱，我很快就把奶粉兑好！"乘务员张敏伸手过去说："当然了，没问题，我最喜欢抱小宝宝！"大家都担心地看着宝宝的反应，这时，宝宝先是一愣，又看了看张敏满脸堆笑的脸，竟然呵呵呵地跟着笑了起来，大家都被他稚气可爱的表情逗乐了，爸爸妈妈也如释重负地笑了，连声致谢。

（资料来源：民航资源网）

思考：民航服务中，对于婴儿旅客，我们都需要做哪些服务工作呢？

知识链接

一、婴儿旅客

（一）婴儿旅客的含义

视频：婴儿旅客

婴儿旅客是指出生14天至2周岁的婴儿。婴儿旅客必须有成年旅客陪伴方可乘机，不单独占用座位。出生超过14天但是不满90天的早产婴儿乘机旅行应出示《诊断证明书》。为保证应急情况下婴儿的用氧，婴儿必须被均匀分布在客舱中有备份氧气面罩的座位处，避免集中于客舱的某个区域内。相连的同一排座位上都有旅客时，不得同时出现两个不占座的婴儿。安排在飞机同一侧的婴儿旅客前后至少要间隔2排座位，每排座位仅限安排1名不占座婴儿旅客。另外，带婴儿的旅客不得坐于安全应急出口座位。

（二）婴儿旅客运输一般规定

（1）带婴儿的旅客在办理登机手续的时候可以向航空公司地面服务工作人员提出帮助申请，地面服务人员可以协助旅客，将旅客送至登机口。

（2）有些航空公司的航班中，尤其是国际航班还为婴儿旅客配备了婴儿摇篮，旅客在订票时可以向航空公司提出使用申请。

（3）航空公司为婴儿旅客准备了儿童餐和婴儿餐。旅客在登机前，需要按照航空公司的规定提前向航空公司申请进行预订。

（4）未满14天的初生儿原则上是不可以乘坐飞机的。如果旅客携带早产婴儿保育箱出行，还需要出具航空公司认可的医院的医疗证明。

（5）在为带婴儿旅客服务时，如果航班上提供的产品旅客表示不接受，则不为旅客提供，乘务员应想办法为旅客解决。

（6）航班中，为婴儿提供的纸尿裤有型号区分，为旅客提供之前应询问其监护人适用的型号，再选取相应型号。

（7）婴儿背带有最大承重，若婴幼儿体重超过此限制，则不能为其提供。乘务员应另想办法帮助旅客解决问题。

（三）婴儿安全带的使用方法

民航中，婴儿安全带适用于两岁及两岁以下的旅客，不适宜使用婴儿摇篮、没有单独座位且不能独坐的婴幼儿。

（1）婴儿安全带用专用的橘红色袋子装配，并常态配备在机上指定位置，装有婴儿安全带的袋子上有中英文的"婴儿安全带""SEATBELT INFANT"字样，以便乘务员与加长安全带进行区分。

（2）乘务员做航前检查时，要检查婴儿安全带是否存放在指定位置，数量是否齐全，是否在待用状态；在航班中有可用婴儿安全带的情况下，乘务员要主动向怀抱婴儿的旅客提供婴儿安全带并详细介绍婴儿安全带的使用方法。如果旅客拒绝使用婴儿安全带，乘务员不能做强制要求，也不能口头威胁旅客，但必须在安检时提示旅客注意怀抱好婴儿并注意安全。

（3）每个航空公司在每个航班上配备的婴儿安全带的数量都是有固定要求的。即便如此，也会出现配备的婴儿安全带数量少于航班实际婴儿数量的情况。如果出现旅客提出需求但无法满足，乘务员应婉言告知旅客婴儿安全带配备数量有限，可采取怀抱的形式固定和保护。

（4）婴儿安全带若出现丢失或损坏，乘务长须填写客舱记录本（CLB）。

二、婴儿旅客运输服务要点

（一）迎客阶段

（1）旅客登机时，乘务员应主动上前提出帮助带婴儿的旅客提拿行李、引导入座、协助安放行李。通常情况下，乘务员应提醒旅客将婴儿常用物品放在前排座椅下，方便旅客取用。

（2）乘务员引导带婴儿的成人旅客入座前，需提醒旅客小心抬放座椅扶手，如果旅客提出要求，让乘务员帮助抬放，乘务员应主动帮助。但在抬放扶手前一定要确认婴儿旅客处于安全位置且扶手可以正常固定。当扶手无法正常固定时，乘务员应及时告知旅客，必要时在允许的条件下为其调整座位。

（3）主动征求婴儿家长是否需要关闭头顶的通风孔，防止婴儿吹风着凉。及时为婴儿提供枕头或小毛毯。同时，为旅客介绍呼唤铃的使用方法并告知旅客有需要时可以随时呼叫。告知旅客洗手间的位置，并告知为婴儿换尿布可以在洗手间完成。

（4）旅客坐好后，乘务员为婴儿提供婴儿安全带，并指导成人旅客如何系好安全带。如果旅客的座位是靠过道的位置，则应提示旅客，不要将婴儿的头部朝向过道的方向，以免其他旅客或餐车经过时伤及婴儿。

（5）客舱内有专门的位置可以帮助旅客保管婴儿车，如果旅客有需要，可以告知旅客存放的位置。

（二）起飞后阶段

1. 餐饮服务时的工作要求

乘务员为旅客发餐时，不得将加热后的餐食盒直接从婴儿头部上方传递给其他旅客，以免餐食的汤汁滴落在婴儿身上造成烫伤。主动和婴儿家长旅客进行沟通，了解是否需要为其准备婴儿食物，有无特殊要求。在为婴儿旅客准备餐食时，一定要和家长说明餐食中所含的成分，避免婴儿食用后出现过敏反应。

航程中，多数家长都会要求乘务员协助其为婴儿冲调奶粉，乘务员一定按照家长的要求进行冲调，切记不能按照自己的意愿操作。如婴儿家长要求协助冲调奶粉，冲泡奶粉的常规流程是：用热水先将奶瓶和奶嘴烫洗一下，然后在奶瓶中添加适量的温水（按婴儿家长的要求操作）；在手背上滴洒少许试一下水的温度，和家长确认好水温后，按照婴儿家长的要求加入奶粉，并盖上奶嘴和瓶盖，用手摇匀。再次确认冲调无误后，将奶瓶擦拭干净，用小毛巾或餐巾纸包好，送给婴儿家长。

2. 巡舱期间工作要求

（1）乘务员要时刻关注客舱内带婴儿旅客的需求，主动帮助带婴儿旅客。但是需要注意的是，除非婴儿家长请求乘务员的帮助，否则乘务员不要主动要求抱婴儿。如果旅客提出请求需要照顾婴儿，在与婴儿接触前，乘务员一定提前做好手部清洁，并确认自己身上没有能够刮伤婴儿的硬物装饰（比如铭牌）后，才可以轻轻抱起婴儿。

（2）有些航班中，为婴儿旅客配备的设施比较齐全，包括婴儿摇篮、baby 板等。在配有婴儿摇篮的航班，如果旅客有需要，在航班巡航高度飞行期间可为其提供。乘务员需要提前给婴儿摇篮铺上毛毯、提供枕头方便婴儿平躺，并帮助系好安全带。有的航班中的 baby 板通常设在洗手间内，方便旅客给婴儿换尿布。如果航班中没有该设备，在不影响其他旅客的情况下，可在乘务员座椅上为婴儿更换尿布。此时，乘务员需提前在座椅上铺好毛毯，准备好清洁袋、纸巾等。操作期间，乘务员要注意压住座椅以免弹起夹伤婴儿。换

完后乘务员提醒家长洗手或用热毛巾擦手。铺过的毛毯后续航班不再使用，做回收处理。

（3）及时清理婴儿旅客座椅周围的纸屑或其他杂物。全程监控带婴儿旅客周边的安全，当旅客出现行为不当及周边存在安全隐患时，需及时提示家长避免不安全事件发生。

📖 素养提升 ●

　　2022年2月17日13:14，东航MU5804航班，承载着120名旅客从上海虹桥机场起飞前往昆明。飞机平飞后，13:50，乘务员李雪梅巡舱时发现31H座旅客怀抱中的婴儿发生呕吐，两眼翻白、呼吸急促，立即上前查看询问婴儿身体情况，小婴儿2月大，有低血糖病史。了解情况后，乘务员立即报告客舱经理和机长，同时广播寻找到4位医生，乘务员将机上的应急医疗箱和氧气瓶递到医生手中。13:58，医生检测到婴儿瞳孔正常，心率110。孩子持续呕吐，四位医生查看情况后，建议尽快落地，取得医疗救助。"可以这样吗？可以吗？可以吗？"婴儿母亲含着泪水，向客舱经理询问航班是否可以提前降落。乘务员李雪梅再次向机长报告婴儿病情和医生的建议，接到报告后，14:05，机组立即决策前往最近的机场长沙备降。东航地面签派员迅速监控航班运行动态，与塔台、长沙地面工作人员和机场急救取得联系，提供航班备降信息及备降原因。14:45，飞机落地，机场救护车及医疗人员已经等候在停机位，飞机停稳，舱门打开，急救人员第一时间上机顺利将婴儿接走。在整个抢救过程中，是医生给予了孩子最及时、有效的抢救，是同机旅客对飞机备降给予了理解和支持，是机组、乘务组、东航各部门快速决策，多方联动，为婴儿生命护航提供一切便利。"敬畏生命、敬畏规章、敬畏职责"。

（资料来源：民航资源网）

　　思考：你觉得本案例中乘务员的处理是否得当？为什么？

（三）下降和欢送旅客阶段

（1）飞机下降时乘务员根据情况提醒婴儿家长给孩子喂奶或喂水，以避免婴儿睡觉时压耳。

（2）如在飞机飞行中，婴儿借用客舱摇篮的，乘务员要及时收回。

（3）提示大人将婴儿头部朝身体内侧环抱，以免落地时的冲力过大而碰伤。

（4）航班落地后，乘务员主动帮助婴儿家长整理好随身物品，提醒旅客拿好行李不要遗漏并帮助提拿送下飞机。

（5）上机时，若婴儿旅客委托乘务员保管婴儿车，在航班落地后，应在旅客下机时提前在廊桥口或下机口将婴儿车摆放好。

知识角 ///

认识飞机上的婴儿服务产品见表7-3。

表7-3 认识飞机上的婴儿服务产品

产品名称	图片	适用对象	适用人群、提供及回收方式	使用方法
婴儿围嘴		0~3岁婴幼儿使用	1. 向需要进行喂哺的旅客提供； 2. 乘务员主动询问携带婴幼儿的监护人是否需要，并给予提供，每人每次提供一个； 3. 使用后无须回收，未使用的如数回收（回收单位为"个"）	1. 若旅客提出需求，乘务员应将此类产品提供给监护人，乘务员可协助监护人为婴幼儿佩戴、擦拭或更换； 2. 禁止乘务员直接为婴幼儿提供，避免因使用不当造成婴幼儿不适
婴儿湿巾		0~5岁	1. 向需要更换纸尿裤，或用手抓食物的婴幼儿旅客提供； 2. 乘务员主动询问携带婴幼儿的监护人是否需要，若需要，将整包提供给旅客，请旅客自行抽取； 3. 拆封后无须回收，未使用的如数回收至原配发处（回收单位为"包"）； 4. 如配备单片包装，则直接提供给旅客，航后按实际剩余量回收	1. 若旅客提出需求，乘务员应将此类产品提供给监护人，乘务员可协助监护人为婴幼儿佩戴、擦拭或更换； 2. 禁止乘务员直接为婴幼儿提供，避免因使用不当造成婴幼儿不适
婴儿纸尿裤		0~3岁婴幼儿	1. 向需要更换纸尿裤的婴幼儿旅客提供； 2. 乘务员无须主动询问，若旅客提出需求，则立即提供，每人每次按型号提供一片； 3. 使用后无须回收，未使用的如数回收至原配发处（回收单位为"片"）	1. 若旅客提出需求，乘务员应将此类产品提供给监护人，乘务员可协助监护人为婴幼儿佩戴、擦拭或更换； 2. 禁止乘务员直接为婴幼儿提供，避免因使用不当造成婴幼儿不适
授乳巾		需要给婴幼儿哺乳或挤乳的妈妈乘客	1. 向需要授乳、挤乳的妈妈旅客提供，减少授乳时的尴尬； 2. 乘务员若发现正在哺乳、挤乳的妈妈旅客，应主动询问是否需要授乳巾遮蔽，若需要，则立即为旅客提供； 3. 非一次性用品，使用完毕需装回包装袋，并回收至原配发处（回收单位为"个"）	1. 肩带通过纽扣固定； 2. 穿过两个金属环，再翻转过来穿过第二个金属环； 3. 穿戴时注意金属环不要触碰到头部，外出哺乳时，请将肩带纽扣扣上
婴儿背带		0~2岁婴幼儿	向没有申请婴儿摇篮且不占座的婴幼儿提供，以解放其监护人的双手、减轻负担，使其旅途更加舒适。平飞后，乘务员在客舱中发现此类婴幼儿时，应主动向其监护人介绍此产品，若旅客需要，乘务员应立即提供并帮助佩戴。非一次性用品最晚应于下降前收回，并装回包装袋、回收至原配发处（回收单位为"个"）	将背带斜挂于肩部（根据个人习惯左肩或右肩均可），扣好搭扣，将婴幼儿放入背带内，调整婴幼儿的角度保持舒适姿势

从以上的资料中可以看出，民航的航班上为婴儿旅客提供了很多方便使用的产

品，为婴儿旅客的服务也是非常周到细致的。但是很多家长还是不放心，比如说奶粉，当我们确认航班中有婴儿旅客，在做航班准备的时候，我们就为婴儿旅客准备了奶粉，但是很多婴儿家长还是选择食用自己携带的奶粉，那么请问，罐装奶粉可以带上飞机吗？

（资料来源：海南航空）

任务实训

实训任务：婴儿旅客的客舱服务。

实训目标：

1. 知识目标：掌握婴儿旅客的客舱服务流程和客舱服务要领。

2. 技能目标：能在客舱为婴儿旅客服务。

3. 情感目标：树立安全意识、责任意识；培养服务意识。

实训要求：每 5 ～ 6 人为一个乘务组，1 人为乘务长，其余为各号位乘务员，执飞 LF 航空公司 2020 年 12 月 9 日 LF5101 航班，按照客舱服务标准，进行婴儿旅客客舱服务流程操作。

实训形式：乘务组形式，乘务长负责制。

实训步骤：

1. 乘务组练习婴儿旅客运输航前准备。

2. 每位乘务员进行客舱内婴儿旅客服务演练。

实训总结：乘务组自行分析和乘务组间互相分析，乘务教员总结。

任务小结

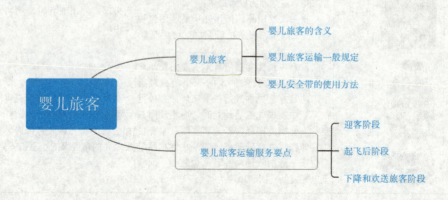

任务七　孕妇旅客

案例导入

2022年2月14日晚，从三亚飞往成都的海南航空 HU7303 航班上一名女旅客突然羊水破裂即将分娩，海南航空乘务组紧急处理，用毛毯搭起"临时产房"，在全体机组人员和一名护士旅客的全力配合下，女旅客顺利生产，客舱内旅客们发出阵阵掌声，祝福小婴儿平安诞生。当天晚上 21:10，HU7303 航班准点从三亚起飞，飞机平飞不久，一名女旅客从洗手间出来后，神色有些慌张，乘务员黄瑞婷发现后立即上前询问，得知该旅客即将生产，并提出协助需求。情况紧急，乘务员黄瑞婷立即报告客舱经理和乘务长。乘务长王潇得知情况后果断安排旅客平躺在后舱连排座位上。客舱经理高璐立即向机长汇报客舱特情，然后通过广播寻找医生进行协助："各位旅客，现在飞机上有位旅客即将分娩，如果哪位旅客是医生或护理人员，请马上与乘务员联系，谢谢！""我是护士，可以帮忙生产！"一名女旅客从座位上急忙赶往后舱协助。随后，乘务员利用毛毯遮挡住该区域，紧急搭建起了一个"临时产房"。乘务组迅速组建起"空中紧急助产小组"协助护士，一边提供毛毯、橡胶手套、急救箱及应急医疗箱等分娩备用工具，一边安抚产妇，缓解她的不适和焦虑。22:21，"用力、吸气、再呼气……"在全体机组人员、护士及产妇的共同配合下，不到一个小时，这位母亲顺利诞下一名男婴，母子平安。听到婴儿清脆悦耳的哭声，客舱内响起了阵阵掌声，旅客们纷纷欢呼："生出来了！生出来了！"

（资料来源：民航资源网）

思考：民航运输中，对于孕妇旅客的运输服务具体要求有哪些呢？

知识链接

一、孕妇旅客

（一）孕妇旅客的含义

视频：孕妇旅客

怀孕不足 8 个月（32 周）的孕妇乘机，除医生诊断不适应乘机者外，按一般旅客运输，但须随身携带医院提供的能证明其孕期的证明材料，如母子保健书册。怀孕超过 8 个月（32 周）但不足 35 周的孕妇乘机，须提供县（市）级以上医院开具的有效的适合乘机的医疗诊断证明。该医疗诊断证明须有检查医院的盖章和医生签字及能够适合乘机的日期。该乘机医疗诊断证明应在乘机前 7 天内签发有效，医疗诊断证明主要

内容包括旅客姓名、年龄、怀孕时间、旅行的航程和日期、是否适合乘机、在机上是否需要提供其他特殊照料等。

通常，航空公司都有孕妇乘机的相关规定，因为孕妇是比较特殊的人群，制定的有关规定也是为孕妇们的安全着想。因为高空有电离辐射，有气压的改变，这些可以导致早产情况的发生。所以在乘坐飞机的时候，多半要求孕妇在早孕期，最迟是在34周，因为怀孕的周期越大，乘坐飞机更容易发生破水、早产等意外的情况，所以有些航空公司规定：怀孕35周（含）以上者不能乘机、预产日期在4周（含）以内者不能乘机、预产期临近但无法确定准确日期者不能乘机、已知为多胎分娩或预计有分娩并发症者不能乘机、产后不足7天者不能乘机。

在能够提供相关医疗证明文件前提下，怀孕超过32周（含）但不足36周（9个月）的健康孕妇，应有成人陪伴，并在乘机前24 h内交验"医疗诊断证明书"，有些航空公司可以给予承运。相对于有成人陪伴，民航运输中还有无陪孕妇。航空公司对于点对点进出港国内航班上推行独立乘机孕妇（32周以内）即无陪孕妇上下机引导服务，称为无陪孕妇服务。

（二）孕妇旅客的需求特点

怀孕的女性往往会受到周围人的格外关照，因此怀孕旅客在整个航程中也会希望得到民航服务人员的格外照顾。航空公司接受承运的孕妇怀孕周期都在相对稳定的安全期，孕妇的精神状态比较好，孕吐的现象比较少，流产的风险也比较小。但是由于妇女在怀孕期间，免疫系统处于相对较弱的状态，抗外界干扰能力相对较差。飞机在高空飞行过程中，客舱氧气相对减少、气压较地面偏低，所以容易引起孕妇血压升高、下肢血栓等身体不适。特别是在飞机起飞和降落过程中，海拔高度的急剧变化会造成气压差的瞬间增大及巨大的惯性，这都有可能造成孕妇出现意外。

二、孕妇旅客运输服务要点

（一）迎客阶段

（1）乘务员看到孕妇旅客登机时，询问旅客是否需搀扶并主动帮助其提拿、安放随身携带物品。

（2）孕妇旅客就座后，乘务员帮助旅客按其要求调节通风口，向旅客介绍呼唤铃的位置及使用方法，用毛毯或枕头垫于孕妇旅客腹部，协助旅客将安全带系于大腿根部，注意不要系得过紧。

（3）主动询问孕妇的身体状况，如有不适，可为孕妇多提供几个清洁袋和矿泉水，并满足其他需求，尽量让其感觉舒适。

（4）一般情况下，不能将孕妇旅客安排在安全出口座位。安排的座位应视情况可

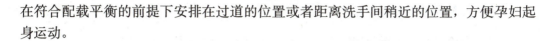

在符合配载平衡的前提下安排在过道的位置或者距离洗手间稍近的位置，方便孕妇起身运动。

（二）起飞后阶段

（1）提供餐食过程中，要尽量根据孕妇喜欢的口味提供有营养的饮料和食物，在选择过程中，推荐孕妇旅客食用果汁类和温水为宜。孕妇如需加餐应优先提供。如孕妇需要增加餐食的量或者额外需要辣椒酱等，根据航班实际配备情况尽量满足。孕妇容易饥饿，即使不是供餐时间，也可以为其多准备一些食物。

（2）乘务员巡舱期间，随时关注孕妇的乘机情况，如发现其有不舒服的情况，主动询问是否需要帮助。巡舱期间，在航班巡航高度飞行较平稳时，可建议孕妇旅客每隔一个小时走动一下，让下肢血液循环畅通。或者在座位上做些简单的动作，如活动双肢。

（3）航班飞行中，要多观察孕妇旅客情况。一旦需要帮助，应立即协助。比如，孕妇需要从行李架上取拿物品，乘务员要主动第一时间给予协助。

（4）当孕妇旅客需要去洗手间，而此时排队人数较多时，乘务员可帮助孕妇旅客征询前面旅客的意见，让孕妇优先使用。在征得其他旅客的同意后，要向给予配合的旅客表示感谢。

（5）在飞行中，一旦发现孕妇有生产前兆，或者发生孕妇急症，乘务员应马上通过广播寻找机上旅客是否有医生能够提供医疗帮助。如果情况非常紧急，则要报告机长，与地面联系沟通是否进行航班返航或迫降。

📖 **素养提升** ●

2018年1月11日，在武汉天河国际机场，一女子竟然用硅胶制作的孕妇假肚皮藏了一只小狗，试图蒙混过关登上飞机。当天19时许，湖北省公安厅机场公安局航站区派出所民警接到安检工作人员报警，称有一名孕妇藏匿限运品过安检。到达现场后，民警发现该名孕妇神色慌张，刻意压低帽檐躲避民警的眼神，举止神态十分不正常。

通过民警深入调查发现，该名女性旅客小李（化姓）是一名女大学生，户籍地在甘肃省，未结婚更未怀孕，因其意图将刚满月的小狗从武汉带回老家甘肃，便在网上搜索出"怀里藏狗"过安检的"小妙招"。于是，小李便网购了"孕妇假肚皮"的硅胶道具，将小狗放在里面想瞒天过海，在安检时本已通过安检机，但细心的安检员总感觉这个女孩虽然大腹便便，然而神态举止不像孕妇，便对其手工检查，摸到其肚子时，安检员吓了一大跳，明显感到里面动得厉害，安检工作人员立即报警，女大学生见瞒不住，只好把小狗拿出来。

假装孕妇运狗的情况，在天河机场还是第一次遇到。因小李的行为已扰乱了安检工作现场的秩序，根据《中华人民共和国治安管理处罚法》之规定，小李被处行政罚款。

（资料来源：中国新闻网）

思考：你如何评价案例中当事人的行为？

（三）下降和欢送旅客阶段

（1）安检时注意查看孕妇安全带的松紧程度和系的位置是否正确。

（2）协助孕妇旅客提前整理好随身物品。

（3）下机时协助孕妇提拿行李，并将她送至机门口与地服交接。

（4）乘坐经停航班的孕妇，可征求其意见后决定是否下机休息。

（5）为避免拥挤，可安排孕妇旅客后下机。

知识角 ///

坐飞机对孕妇有哪些影响

（1）飞行会伤害胎儿吗？

不会的。没有证据表明短程飞行会对孕妇腹中的胎儿造成伤害。舱压不会影响到宝宝。事实上，如果乘坐的是没有舱压的小型飞机，才可能会出现问题。在高空中，氧气是相当稀薄的，这也就意味着孕妇的身体要进行高强度工作才能为自身及宝宝输送充足的氧气。在飞行的过程中，过多地暴露在大气辐射中也会增加流产的风险，因此，很多航空公司会增加相应的预防措施，避免怀孕早期的空乘人员登机工作。

（2）飞行过程中，怎样才能乘坐得更舒适？

孕妇坐飞机需要长时间坐着，这可能使双脚及踝关节肿胀、腿抽筋。站起来在过道里活动一下，做做简单的伸展运动，可以使血液循环保持畅通。当孕妇可以坐或站着时，首先伸展腿和脚后跟，然后轻轻地勾脚、伸伸小腿肌肉。在坐着的时候，还可以转转脚踝，扭扭脚趾。

孕妇坐飞机有可能会略微增加患血栓和静脉曲张的风险。乘飞机时穿着专门的护腿长袜（不是紧身裤袜）有助于保持血液循环畅通、舒缓静脉肿胀。为了获得最大限度的保护，最好要在早上起床之前就穿上这种长袜，并且穿一整天。

如果孕妇旅客座位旁边还有空位，可以把脚放上去，脱掉鞋子能感觉好些，当然舱压会使孕妇的脚胀，再穿鞋子的时候就感觉紧了。如果腹部很大不容易弯腰，穿拖鞋式的鞋会方便得多，只是走起路来不太跟脚，要多加小心。

任务实训

实训任务：孕妇旅客的客舱服务。

实训目标：

1. 知识目标：掌握孕妇旅客的客舱服务流程和客舱服务要领。

2. 技能目标：能在客舱为孕妇旅客服务。

3. 情感目标：培养热爱岗位、敬业奉献精神。

实训要求：每 5 ～ 6 人为一个乘务组，1 人为乘务长，其余为各号位乘务员，执飞 LF 航空公司 2020 年 12 月 9 日 LF5101 航班，按照客舱服务标准进行孕妇旅客客舱服务流程操作。

实训形式：乘务组形式，乘务长负责制。

实训步骤：

1. 乘务组练习孕妇旅客运输航前准备。
2. 每位乘务员进行客舱内孕妇旅客服务演练。

实训总结：乘务组自行分析和乘务组间互相分析，乘务教员总结。

任务小结

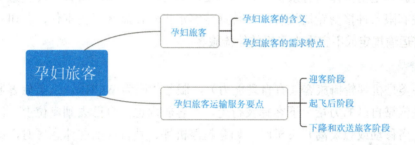

任务八　轮椅旅客

案例导入

　　尊老、敬老、爱老是中华民族的传统美德。2021 年 10 月 13 日，重阳节前夕，东航江西分公司客舱部三长党员熊洁和刘欣辰在北京—南昌的 MU5174 航班上，用自己的实际行动践行了这一传统美德。该航班到达北京后，熊洁乘务长接到飞机上有一位完全不能行走的轮椅旅客乘机的通知。于是，熊洁和刘欣辰立即支好机上轮椅，等待旅客上机。轮椅旅客是一位老奶奶，登机后，熊洁为她介绍了机上设施并为其提供毛毯，航班中耐心询问老人是否需要上洗手间，为她分餐，提供饮料。考虑有些老人因行走不便，不愿意在机上喝饮料，不想给其他人增添麻烦。为了打消旅客这个念头，熊洁主动告诉旅客，公务舱洗手间就在旁边，让旅客不再有心理负担。下机时，由于老奶奶说自己的脚一点都不能走，于是刘欣辰便把老奶奶抱上了轮椅，这让她非常感动。"看到飞机上的老人家，就会想到自己的亲人，希望自己能让老人们更舒心。"刘欣辰在谈起这次经历时说道。对于这两位党员来说，这是一个普通航班中一件很普通的事，但是东航江西客舱部的党员们却一直坚持着做着这些普通又温暖的事，他们是党

员，也是积极温暖的客舱人，有他们在，客舱便多了一缕温暖的阳光。

（资料来源：民航资源网）

思考：像案例中这种为轮椅旅客服务的实例还有很多，那么客舱服务中，轮椅旅客的服务内容有哪些，你知道吗？

知识链接

视频：轮椅旅客

一、轮椅旅客概述

1.轮椅旅客的含义

轮椅旅客是指身体适宜乘机且行动不便，需要轮椅代步的旅客。民航运输中，航空公司按有限条件接受轮椅旅客，按普通旅客承担轮椅旅客运输责任，公司有权拒绝承运不符运输规定或不宜乘坐飞机的轮椅旅客。

2.轮椅旅客的分类

第一类是机坪轮椅旅客（有自理能力），服务代码为 WCHR。这类旅客通常能够脱离轮椅依靠自己的力量上下客梯及行走，在客舱内也能自己去到座位上，但是如果进行远距离移动或想要离开飞机时，如穿越停机坪、站台或前往休息区时，就需要轮椅。该类旅客运输不受限制。

第二类是客梯轮椅旅客（半自理能力），服务代码为 WCHS。这类旅客通常可以自己进出客舱寻找座位，但是在上或下客梯时需要别人背扶，像是距离比较远地前往、离开飞机或休息室时则需要轮椅。该类旅客运输受到一定限制。

第三类是客舱轮椅旅客（无自理能力），服务代码为 WCHC。这类旅客可以在座位就座，但完全不能动弹，并且前往、离开飞机或者休息室时需要轮椅。在上下客梯和进出客舱座位时需要背扶。该类旅客运输受到严格限制。

3.轮椅旅客运输一般规定

（1）一般来说，各个航空公司针对不同的轮椅的购票申请及承运方面都有不同的要求。有些航空公司规定 WCHR 和 WCHS 旅客的订座和购票必须通过航空公司的直属售票处或特别授权的售票处办理。同时，旅客需要提前按照航空公司的要求填写《乘机申请书》《诊断证明书》等相关材料，并在航班始发地提出乘机申请。

（2）具备乘机条件的轮椅旅客乘机可免费托运一辆其自备的轮椅，可以在值机柜台或客舱门口交运。

（3）为确保旅客及旅客随行人员所携带行李的安全与旅客的舒适，轮椅仅限购票时申请轮椅旅客本人乘坐。不允许轮椅旅客怀抱婴儿或儿童及超过舱位等级要求的随身行李，因为航空公司服务人员无法同时看护婴儿和儿童及提拉行李。超过相应舱位非托运行李标准要求的行李，需按照航空公司的规定办理托运手续。

（4）如果旅客携带的轮椅为可折叠式的，那么可将轮椅带入客舱。如果旅客携带的轮椅为不能折叠，那么旅客的自备轮椅不可带入客舱。带入客舱的轮椅必须可装入客舱封闭式衣帽间或隔间内，如果客舱内没有能够存放轮椅的设备或者空间的情况下，航空公司要求旅客将轮椅进行托运。

（5）如果客舱内允许装入轮椅的客舱封闭衣帽间或隔间内没有足够的空间，轮椅将被放置于货舱中进行运输。航空公司会为旅客提供能够方便旅客上下飞机的摆渡轮椅。

（6）轮椅应最后装机优先卸下，便于行动不便的旅客在下机时使用。

（7）目前，我国国内航线为需要轮椅的旅客提供的限额是：每个航班 WCHS 和 WCHC 只限两名，并需要为旅客安排运输工具和抬旅客的工作人员；每个航班 WCHR 不限人数。

轮椅使用注意事项如下。

（1）打开轮椅时，要确认销钉锁紧，并听到销钉锁紧的声音。

（2）放下扶手时，注意不要把手放在扶手接合部位，小心受伤。

（3）当轮椅打开时，要注意随时踩下轮椅刹车，禁止将轮椅单独放置在客舱中，无人监控。

（4）当旅客坐好后，要系好固定扣带。

（5）轮椅设备仅在客舱中使用，对于旅客在地面接送，仍需提前向机场申请轮椅服务。

（6）轮椅使用完毕后，须及时将其折叠好放回储藏位置。

知识角

航班上的轮椅如何申请？

通常情况下，由于身体不便需要申请轮椅的旅客需要提前联系所订票的航空公司客服，申请免费轮椅服务。航空公司会根据轮椅旅客的性质配送不同的轮椅服务。例如，航空公司在为无自理能力的轮椅旅客提供轮椅服务时，所提供的轮椅服务需从候机楼开始一直到航班结束。西部航空工作人员表示："因为每个航班可能会因为机型、特殊旅客人数的原因有所限制，所以我们建议早一些到机场以便办理轮椅乘机手续较为稳妥。"

（资料来源：民航微出行）

二、轮椅旅客运输服务要点

1. 迎客阶段

（1）乘务长与地面工作人员做好交接工作，确认轮椅旅客的具体情况及特殊服务

要求。再次明确轮椅旅客是否需要提前登机。

（2）执行飞行的航班乘务长需指派乘务员引导旅客进入客舱并入座。正常情况下，轮椅旅客应提前向航空公司进行申请，航空公司会对轮椅做特殊安排。如因其他原因未对轮椅旅客座位做特殊安排时，乘务员应根据客舱的座位实际情况为旅客调换至带活动扶手的过道座位或方便上下机、活动空间较大的座位。

（3）当轮椅旅客为 WCHR 时，乘务员只需引领旅客到座位；当轮椅旅客为 WCHS 时，乘务员需要配合地面服务人员搀扶轮椅旅客上下飞机；当轮椅旅客为 WCHC 时，此类轮椅旅客需要有陪同人员共同乘机，航空公司对此类旅客的运输有严格的限制，乘务员要配合共同乘机的陪同人员将旅客背扶到客舱座位。在引领轮椅旅客就座后，乘务员应主动询问其是否需要枕头或毛毯，同时为旅客系好安全带。

（4）为轮椅旅客服务时，旅客就座后，乘务员应旅客要求帮助其垫高下肢，尽量让其感觉舒适。

（5）对于随身携带的拐杖或手杖的旅客，拐杖或手杖由乘务长暂时替其保管，放置在前舱衣帽间或距离旅客有一定距离的封闭空间内，在落地后再予以归还。

2. 起飞后阶段

（1）在为旅客提供餐食服务时，乘务员应主动协助旅客放下小桌板，介绍饮料、餐食种类。在旅客选择后，乘务员按照旅客需求帮助其打开包装，将餐食摆放好。

（2）如果旅客由于病情较重不能自主进餐，乘务员需要将餐食盒饮料交给共同乘机的陪同人员，或者协助陪同人员打开餐食包装。

（3）为轮椅旅客服务时需小心谨慎，注意不要碰触其伤残部位。

（4）在为轮椅旅客服务的时候，要充分考虑旅客意愿，根据旅客的实际情况避免过于热情或冷漠。不要好奇旅客的病残情况或长时间盯着病残部位，服务中表情尽量亲切、自然，不要大惊小怪，不要伤害旅客的自尊心。

（5）巡航过程中，乘务员要和旅客的陪同人员勤沟通，了解旅客的特殊需求。在为其提供帮助之前，尽量征询陪同人员，用最适宜的方式协助旅客，包括协助旅客使用卫生间。

（6）帮助轮椅放置和取回随身携带物品，包括客舱存放的助残设备。

3. 下降和欢送旅客阶段

（1）飞机下降前及时告知轮椅旅客及其陪同人员航班即将到达的时间、到达站的天气情况，积极回答旅客询问的相关事宜并提醒旅客增减衣物。

（2）帮助轮椅旅客整理随身物品，提醒其及陪同人员待航班停稳后待其他旅客下机后再最后下机。

（3）航班降落后，根据轮椅旅客的情况进行分别处理。如果旅客能够自行移动的，乘务员可协助陪伴人员将旅客搀扶先行下机。如果旅客为不能移动的无自理能力的限制旅客，则乘务员在地面服务人员到达后，协助陪同人员和地面服务人员安排旅客最后下机。乘务员将旅客送至舱门口后，与地面工作人员做好交接。

（4）乘务员将代为保管的辅助工具提前拿出并准备好或确认轮椅是否已到位。

（5）如果航班落地站位为轮椅旅客的经停站，则建议旅客过站不下飞机，并有专人照顾。

任务实训

实训任务：轮椅旅客的客舱服务。

实训目标：

1. 知识目标：掌握轮椅旅客的客舱服务流程和客舱服务要领。

2. 技能目标：能在客舱为轮椅旅客服务。

3. 情感目标：培养一视同仁的工作态度、认真严谨的工作作风。

实训要求：每 5 ～ 6 人为一个乘务组，1 人为乘务长，其余为各号位乘务员，执飞 LF 航空公司 2020 年 12 月 9 日 LF5101 航班，按照客舱服务标准，进行轮椅旅客客舱服务流程操作。

实训形式：乘务组形式，乘务长负责制。

实训步骤：

1. 乘务组练习轮椅旅客运输航前准备。

2. 每位乘务员进行客舱内轮椅旅客服务演练。

实训总结：乘务组自行分析和乘务组间互相分析，乘务教员总结。

任务小结

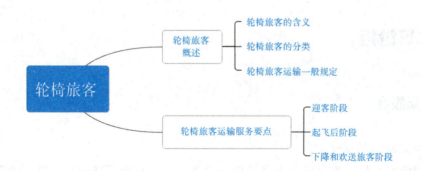

任务九　担架旅客

案例导入

2021 年 4 月 14 日，西藏航空 TV9856 航班从拉萨出发，平稳落地成都双流机场，这是一趟特殊而又温暖的航班。

航前，航班乘务组接到通知，本次航班有一名担架旅客，因车祸导致颅骨多发骨折、双肺挫伤等多处伤病，病情危重，需要回到成都接受治疗。接到通知后，乘务组立即做好特殊情况处置预案，反复梳理担架旅客保障流程，积极做好分工配合。

为确保该名担架旅客能够顺利登机，少一点颠簸，也为病人减少一分痛苦，乘务组与机场地服人员通力配合，平稳将病人安置在已提前准备好的机上担架上，并帮助随行医生固定好病人，安放好他们随身携带的医疗用品。同时，乘务长也在第一时间与医生确认好成都站的场内救护和平台车的保障，并报告机长，确保后续保障无忧。旅客登机时，地服又告知乘务长还有一名轮椅旅客和一名眼球破裂的旅客。由于是远机位，轮椅旅客上机不便，乘务组立即安排人员到客梯车下协助登机，并将家属原本分开的座位根据空置的座位协调到了一起，方便照顾。飞行途中，乘务组时刻关注三位特殊旅客的身体情况，提供细致周到的服务，让他们在近两小时的旅程中能感到更舒适一些。飞机降落在成都双流机场，救护车和地服工作人员早已在机舱外等候。担架旅客在众人的齐心协力下顺利下机，由救护车接走。另外两位特殊旅客也平安下机。

（资料来源：中国民航网）

思考：在民航运输中，担架旅客的运输服务要求有哪些？

知识链接

一、担架旅客

1. 担架旅客的含义

担架旅客是指因患重病或者受重伤的原因，在旅行中不能使用飞机上的座椅而只能躺卧在担架上，或者不能在飞机座椅上坐着而必须躺着乘机的旅客。

2. 担架旅客运输一般规定

（1）一般情况下，航空公司可能根据机型、航线等因素对每个航班、每个航段承运担架旅客的人数等有不同的规定，因此，担架旅客必须提前提出购票申请。每个航空公司规定的时间各有不同，旅客可以通过航空公司的官方网站或者航空公司的直属售票处进行线上预订申请。若无提前申请，原则上航空公司对于当天提出申请的特殊旅客不予接收。

（2）担架旅客需要给予特殊照顾的，购票时需提供医疗诊断证明，且注明在××日前适宜乘机有效。医疗诊断证明须由三级甲等以上医疗单位开具，并有医生签字及医疗单位盖章方可有效。各航空公司对医疗诊断证明开具的时间也有具体的要求，但须在航班始发前。

（3）为了保证担架旅客的出行方便及安全，航空公司要求担架旅客需要有至少一名医生或者护理人员陪同旅行，并将担架旅客的陪同人员安排在拆卸座位邻近的座位上。

（4）担架旅客需要按照航空公司的具体要求填写特殊旅客乘机申请书。

（5）一般情况下，航空公司允许担架旅客自备担架，也会提供专业担架，不收取使用费。航空公司也可以在飞行之前提前为旅客安排救护设备、救护车等。但旅客需要将具体要求在购票时提出。

（6）通常航空公司不为担架旅客办理中转、联程服务。

二、担架旅客运输服务要点

在为担架旅客提供正常服务时，乘务员不得因为旅客身体上的缺陷及病态，显露出歧视、不尊重的表情或语言冒犯。

1.迎客阶段

（1）航空公司相关部门需提前了解本航班担架旅客信息，乘务长需要与地面服务人员进行好交接工作，详细了解旅客的信息，了解旅客特殊服务需求。此种旅客需要优先登机。

（2）执行飞行的航班乘务长需指派乘务员引导旅客进入客舱并入座。正常情况下，担架旅客应提前向航空公司进行申请，航空公司会对担架旅客座位做特殊安排。如因其他原因未对担架旅客座位做特殊安排，乘务员应根据客舱的座位实际情况为旅客调换至带活动扶手的过道座位或方便上下机、活动空间较大的座位。

（3）当为担架旅客服务时，旅客就座后乘务员应旅客要求帮助其垫高下肢，尽量使其感觉舒适。

（4）在为担架旅客服务时，乘务员需要在旅客登机前在旅客的座位上提前将毛毯等备品平铺在座椅上。根据旅客的病情，安排旅客的躺卧姿势和方向，并为其系好安全带。

（5）航空公司规定，担架旅客原则上必须有陪同人员共同乘机。乘务员要与陪同人员积极沟通，及时掌握旅客的特殊需求并告知陪同人员注意事项。

2. 起飞后阶段

（1）在为旅客提供餐食服务时，乘务员应主动协助旅客放下小桌板，介绍饮料、餐食种类。在旅客选择后，乘务员按照旅客需求帮助其打开包装，将餐食摆放好。

（2）如果旅客由于病情较重不能自主进餐，乘务员需要将餐食盒饮料交给共同乘机的陪同人员，或者协助陪同人员打开餐食包装。

（3）为担架旅客服务时需小心谨慎，注意不要碰触其伤残部位。

（4）在为担架旅客服务的时候，要考虑他们的意愿，根据旅客的实际情况避免过于热情或冷漠，不要好奇旅客的病残情况或长时间盯着病残部位，服务中表情尽量亲切、自然，不要大惊小怪，不要伤害旅客的自尊心。

（5）巡航过程中，乘务员要和旅客的陪同人员勤沟通，了解担架旅客的特殊需求。在为旅客提供帮助之前，尽量征询陪同人员，用最适宜的方式为旅客服务，包括协助旅客使用卫生间。

（6）帮助担架旅客放置和取回随身携带物品，包括客舱存放的助残设备。

3. 下降和欢送旅客阶段

（1）飞机下降前及时告知担架旅客的陪同人员即将到达的时间、到达站的天气情况，积极回答旅客询问的相关事宜并提醒旅客增减衣物。

（2）保证担架旅客在航班下降阶段头部朝机尾方向躺卧，并适当垫高头部，系好安全带。

（3）帮助担架旅客整理随身物品，提醒旅客及陪同人员待航班停稳后及其他旅客下机后再最后下机。

（4）航班降落后，如果旅客为不能移动的无自理能力的旅客，则乘务员在地面服务人员到达后，协助陪同人员和地面服务人员安排旅客最后下机。乘务员将旅客送至舱门口后，与地面工作人员做好交接。

（5）乘务员将代为保管的辅助工具提前拿出并准备好，或确认担架等是否已到位。

（6）如果航班落地站位为担架旅客的经停站，则建议旅客过站不下飞机，并需要有专人照顾。

素养提升

手足情深，两岸民航携手紧急运送担架旅客

2017年12月6日11:45，厦门航空（简称厦航）商务调度室接到一个紧急电话，一名台湾旅客由于颈椎骨折，伤情严重，急需乘机回台湾继续治疗，需要用担架运输。因为担架旅客乘机要拆飞机座椅，协调安检、通关等一系列特殊保障，通常需要提前72 h向航空公司申请，但因该旅客伤情紧急，厦航决定特别开辟绿色通道："不管困难多大，这个保障任务我们来完成！"厦航立即启动应急保障方案：客

运营销委为旅客紧急出票；运行指挥部指挥前方站确保执飞 MF881 飞机按时飞抵厦门，为客舱加装医疗设备和保障后续航班正常出发争取时间，并通知地面服务保障、飞机维修、签派等相关部门做好担架安装、特殊旅客空中保障通知和准备；地面服务保障部协调机场指挥中心、机场急救中心、平台车等机场相关特殊岗位和服务车辆保障，安排地面保障人员专门沟通驻场边防、海关、检验检疫等联检单位，就出境通关、登机流程预先梳理。与此同时，厦航台湾办事处的准备工作也紧锣密鼓地展开：工作人员联系旅客家属提前到达机场，沟通地面代理协调松山航务处、移民署、海关、卫检、机场医生、消防局等单位保障担架旅客优先通关，并积极沟通救护车进场保障事宜。

14:00，飞机前序航班一落地，厦航飞机维修工程师马上上机，迅速拆除最后三排座椅的中间座位安装担架。机组成员也提前进场，确认担架安置情况，做好准备。

15:00，运载旅客的救护车到达机场后，机场各联检单位、厦航地面服务保障部都安排专人，为担架旅客优先办理出境、检疫和通关、安检、乘机手续，并安排该旅客最先登机。

17:19，MF881 航班顺利起飞。飞行过程中，乘务组时刻关注旅客的情况，考虑到担架旅客行动不便，乘务组喂该旅客水，并为他按摩手臂，防止长时间卧躺造成的不适。旅客全程神志清醒，对工作人员的悉心照顾表示感谢。

18:33，飞机顺利抵达台北松山机场，厦航驻台北办事处工作人员及机场救护车已提前在机坪等候。

19:07，担架旅客在工作人员的细心保障下，顺利下机并送往医院就医。

"生命至上"是厦航人一直以来的保障原则。从领受任务到保障担架旅客平安抵达，仅用了不到 7 个小时，各单位多方位、全流程无缝衔接，为旅客搭建"绿色生命通道"。厦航人用真情彰显社会责任感和使命感，更用实际行动验证了厦航速度！

（资料来源：民航资源网）

思考：谈谈为担架旅客做空中服务时，应注意哪些环节。

任务实训

实训任务：担架旅客的客舱服务。

实训目标：

1. 知识目标：掌握担架旅客的客舱服务流程和客舱服务要领。

2. 技能目标：能在客舱为担架旅客服务。

3. 情感目标：培养严谨的工作思路、团队合作能力、探究式的学习精神。

实训要求：每 5～6 人为一个乘务组，1 人为乘务长，其余为各号位乘务员，执飞 LF 航空公司 2020 年 12 月 9 日 LF5101 航班，按照客舱服务标准进行担架旅客客舱服务流程操作。

实训形式：乘务组形式，乘务长负责制。

实训步骤：

1. 乘务组练习担架旅客运输航前准备。

2. 每位乘务员进行客舱内担架旅客服务演练。

实训总结： 乘务组自行分析和乘务组间互相分析，乘务教员总结。

任务小结

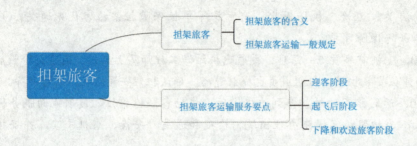

任务十　盲人旅客

案例导入

2021 年 5 月 14 日，在东方航空西北分公司执行的 MU9614（烟台—西安）航班上，"客舱已准备好，可以上客！"随着乘务长任卓雯的一声口令，乘务组成员已经整整齐齐地站在舱门处，静静等待着"它"的到来。

一对夫妇慢慢映入眼帘，女士衣着优雅，男士面容和善，其后紧跟着一只浑身米白、毛色光亮的拉布拉多，身着印有"导盲犬大连训练基地"的红色制服。舱门前，乘务长任卓雯迅速接过旅客的行李，并让他扶着自己的胳膊引导他入座，耐心地帮助安放好的行李后，又小心翼翼地让他触摸安全带、呼唤铃、通风口、救生衣和氧气面罩的位置，介绍使用方法及应急出口的方向。经验丰富的任卓雯在起飞前告知组员要特别注意尊重盲人旅客，做到时时关注，有求必应。在交流中，乘务组获知导盲犬名叫"动动"，作为一条三岁半的拉布拉多，它已经是位经常坐东航飞机的"老朋友"了。虽然"动动"一动不动地趴在主人脚下，但还是占据了 31 排座位的大部分空间，为避免其他旅客不理解，任卓雯随即向周围旅客耐心地解释"动动"有正规的健康检疫证明，并提前申请了民航勤务犬登机的手续，符合民航运行规定。

平飞后，乘务组就进入了忙碌的服务阶段。区域乘务员进行餐饮服务时详细地向该旅客介绍餐食和饮料，将餐食里的食物品种和饮料的摆放位置告诉他。乘务长巡舱时关注着他的需求，询问他是否使用洗手间，并引导和搀扶他进出洗手间，手把手让他触摸洗手间内设施，一一讲解使用方法。很快，林先生同乘务组熟络起来，他坦言自己很幸运，像"动动"这样的导盲犬中国不到300只，全世界也就3万只，有它的陪伴生活工作方便多了。只要提起"动动"，礼貌得体的林先生就眉飞色舞、神采奕奕，神情中毫无保留地展示出自豪感。下机前，林先生为了感谢乘务组的服务和关怀，主动提出为了纪念和感谢这次有意义的飞行经历，带着"动动"和乘务组一起合张影。影片留下了"动动"聪明机灵的身影，留下了林先生夫妇二人难忘的飞行经历，也留下了东方航空乘务组对更多像林先生这样残障人士的美好生活期许。

（资料来源：民航资源网）

思考： 在民航运输中，盲人旅客的运输服务要求有哪些？

知识链接

视频：盲人旅客

一、盲人旅客

1. 盲人旅客的含义

盲人旅客是指双目失明，单独旅行需要承运人提供特殊服务或有成人陪伴旅行的成人旅客。其中，眼睛有疾病的旅客不属于盲人旅客，应按病患旅客有关规定办理。

2. 盲人旅客运输一般规定

（1）不满16周岁的盲人旅客单独乘机，航空公司不予承运。

（2）盲人旅客在整个航空旅行的过程中须有成人陪伴同行，该盲人旅客接受运输，此类盲人旅客运输不受限制。

（3）单独旅行的盲人旅客，必须在订座时提出申请，经航空公司同意后，在航班离站前48 h内购票，此类盲人旅客运输受限制。

（4）单独旅行的盲人旅客必须具备自己走动、能够照料自己、在进食时不需要其他人帮助的能力。

（5）无成人陪伴和无导盲犬引路的盲人旅客必须能够生活自理，在始发站应由家属或他人照料陪送到上机地点，在到达站应该由旅客的家属或其照料人在下机地点予以迎接。

（6）盲人旅客如携带导盲犬，必须提前申请，经航空同意后方可携带，其所携带的导盲犬应符合相关规定，并具备必要的检疫证明。导盲犬可以由盲人旅客免费携带进客舱或单独装进有氧货舱。同一客舱内只能装运一只导盲犬。

（7）盲人旅客一般具有孤独感、自卑感，情感丰富、敏感，自尊心强，行动不便，平时多较文静，情感不外露等心理特征。在为盲人旅客服务时，应耐心倾听旅客的倾诉和抱怨。

（8）态度好一点、动作快一点地为盲人旅客提供及时的服务。在工作中，要争取在最短的时间达到最佳的效果。

（9）面对旅客提出的需要，服务人员应第一时间给予解答，不能以手里有事为借口来推脱旅客。

知识角

国际盲人节

1984年，在沙特阿拉伯首都利雅得召开的世界盲人联盟成立大会上，确定每年的10月15日为"国际盲人节"（White Cane Safety Day），这使盲人在国际上第一次有了统一的组织和自己的节日。在这以前，盲人节没有固定的日子，一些欧洲国家的盲人经常在秋天举行文艺活动，并把这项活动的纪念日称为"白手杖节"。1989年9月18日，中国残疾人联合会发出通知，要求各地在每年的国际盲人节时，由省（市）盲人协会出面，业务部门协助，结合当地情况，举行适当的庆祝活动，以活跃盲人的生活，体现国家和社会对盲人的关怀。

（资料来源：360百科）

二、盲人旅客运输服务要点

1. 迎客阶段

（1）安排盲人旅客先于普通旅客登机。在接收盲人旅客的过程中，乘务长要与机场地面工作人员做好交接，包括盲人旅客的座位号。提前安排乘务员为盲人旅客服务，乘务员向盲人旅客介绍自己，并引导盲人旅客进入客舱到座位。引导过程中让旅客的左手拉住乘务员的右肘。旅客入座前，乘务员要引导旅客用手触摸前排座椅、自己的座椅椅背及扶手，以确认位置。同时，帮助旅客放好随身行李，告知旅客行李的位置，协助盲人旅客亲自触摸确认自己行李的位置。

（2）乘务员为盲人旅客介绍座位周边情况，告知旅客机上设备的位置及使用方法，协助盲人旅客触摸设备，特别是呼唤铃的位置。

（3）帮助盲人旅客系好安全带，并让旅客自己用手感触安全带的锁扣如何使用。

2. 起飞后阶段

（1）乘务员在餐饮服务过程中，为盲人旅客提供餐饮时，先要帮助盲人旅客放下小桌板，同时为旅客介绍餐食种类。注意介绍过程中要尽量详尽，语音的速度放慢一些，交流过程中要有足够的耐心，给其足够的思考时间，同时积极回答旅客提出的问题，根据旅客的需要为其提供。

（2）当为盲人旅客提供餐饮时，乘务员要主动热心地帮助旅客打开餐盒外包装及刀叉包装，告知盲人旅客餐盘的位置及将餐盘比喻为时钟，主动介绍餐盘内餐食的情况。

（3）为盲人旅客倾倒热饮时注意不要过满，递送给旅客时确认完全安放稳妥后再松手。

（4）当确认旅客用餐结束后，为旅客收餐时，乘务员要再次和盲人旅客确认其是否用餐完毕，在征得旅客同意后再进行收餐工作。

（5）客舱服务过程中，乘务员要随时关注盲人旅客的情况，尽量主动为其服务。乘务员可主动询问盲人旅客是否想使用洗手间，在旅客需要的情况下，将其引导至洗手间内，同时，乘务员要为盲人旅客介绍洗手间的内部使用说明。待旅客使用完毕后乘务员要负责引领盲人旅客回到其座位上。

（6）如果盲人旅客携带导盲犬进入客舱，要求盲人旅客必须在登机前为导盲犬系上牵引绳索，并不得占用旅客座位或让其任意跑动。导盲犬必须随时跟随盲人旅客，待盲人旅客坐在座位时，其携带的导盲犬必须跟随盲人旅客坐在旅客座位旁，不得阻碍和堵塞客舱过道或其他出口处。同时要为导盲犬带上口套，防止在客舱内给其他旅客带来困扰。在周边旅客同意的情况下，导盲犬可不戴口套。

3. 下降和欢送旅客阶段

（1）飞机下降前乘务员要及时告知盲人旅客航班到站时间、到达站的天气情况等相关信息，主动询问盲人旅客是否需要帮助包括协助其更换衣物等。

（2）乘务员再次和盲人旅客确认随身物品的位置，询问是否需要提供帮助，提醒盲人旅客航班停稳后等待乘务员引导最后下机。

（3）在盲人旅客下机前，乘务员要帮助盲人旅客检查座椅周边是否有遗留物品。待航班其他旅客下机后，乘务员协助盲人旅客提拿行李并主动搀扶其下机。

（4）盲人旅客下机时，乘务员与地面工作人员做好交接工作。

（5）建议航班在过站时，如果盲人旅客为经停站，原则上建议盲人旅客不下飞机并由专人照顾。如果盲人旅客必须下飞机，则乘务员要与地面服务人员交接好，避免造成盲人旅客不正常运输。

📄 **素养提升** •

2022年1月16日，在桂林航空的班机上迎来了一位特殊的旅客，它是一只导盲犬，它的名字叫"宁宁"。"宁宁"迎面走来，严肃认真却又不失乖巧可爱。因为有它，它身边的两位主人可以安全、快速地行走。

当天，桂林航空地服工作人员提前准备、全程引导，"宁宁"和主人周先生一行顺利地通过安检，桂林航空的乘务长李享早已在登机口迎接他们，待将三位旅客安顿好

后，李享耐心向"宁宁"周围的旅客详细解释了"四不"原则：不投食、不围观、不抚摸、不打扰。此时，"宁宁"也放松下来，安安静静地躺在主人身边。在一个多小时的飞行过程中，"宁宁"始终乖巧懂事。飞机落地后，桂林航空徐州基地地服工作人员早早地在机舱门口等候接机，帮助旅客提拿背包，护送旅客安全离机，周先生对桂林航空的周到服务和细心帮助，表示满意和感谢！

关爱残疾人是中华民族的传统美德，让关爱的阳光照进每一个残疾人的心里，导盲犬是盲人的眼睛，在此我们呼吁，对待导盲犬：

不喂食：千万不可以喂导盲犬吃东西！避免导盲犬接触人类的食物之后，容易受食物影响分心而使主人有危险！

不抚摸：请勿在未告知主人的情况下随意抚摸，行进中的导盲犬会因此分心。

不呼唤：请勿故意发出任何声音吸引导盲犬的注意，避免导盲犬分心造成视力残疾人的危险。

不拒绝：导盲犬是视力残疾人的眼睛，拒绝导盲犬陪同进入会造成极大的不便。《中华人民共和国残疾人保障法》修订导盲犬可自由进出大众运输及公共场所，不得拒绝导盲犬进入或提出其他附带条件。

主动询问：如遇视力残疾人带着导盲犬，无论是否有人陪同，请主动询问是否需要帮助，征得同意后提供协助。

（资料来源：民航资源网）

思考：谈谈导盲犬对于盲人旅客的重要性。

任务实训

实训任务：盲人旅客的客舱服务。

实训目标：

1. 知识目标：掌握盲人旅客的客舱服务流程和客舱服务要领。

2. 技能目标：能在客舱为盲人旅客服务。

3. 情感目标：具有示范引领精神、自觉维护他人权益、积极解决问题的态度。

实训要求：每 5～6 人为一个乘务组，1 人为乘务长，其余为各号位乘务员，执飞 LF 航空公司 2020 年 12 月 9 日 LF5101 航班，按照客舱服务标准，进行盲人旅客客舱服务流程操作。

实训形式：乘务组形式，乘务长负责制。

实训步骤：

1. 乘务组练习盲人旅客运输航前准备。

2. 每位乘务员进行客舱内盲人旅客服务演练。

实训总结：乘务组自行分析和乘务组间互相分析，乘务教员总结。

任务小结

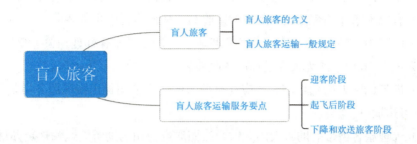

任务十一　聋哑旅客

案例导入

2021年10月29日，"全国第十一届残疾人运动会暨第八届特殊奥林匹克运动会"在陕西西安顺利闭幕，共有5 000多名运动员和技术官员参加比赛。东航西北分公司作为残特奥会运输保障单位，考虑到聋哑旅客及听觉障碍旅客乘机感受，该分公司设计制作了"乘机温馨小贴士"。在起飞前安全检查阶段，乘务员可以针对不同航线的特点，书写独特的"小贴士"送给聋哑旅客及听觉障碍旅客，帮助其更好地理解安全须知和疫情防控措施，拉近乘务组和特殊旅客之间的距离，也增加了旅客关怀，同时小卡片的形式温馨便携，方便反复阅读，避免引人注意，减少特殊旅客因被过度服务和关注的不适感。

客舱服务部乘务培训分部开展"送课进一线"保障"残特奥会"手语现场演示指导，精心录制"残特奥会"致礼广播词音频、致礼广播及手语演示视频，送课进一线，大大增强了乘务员学习手语的兴趣和效果，为"残特奥会"服务保障营造了良好的学习氛围。

（资料来源：民航资源网）

思考： 在民航运输保障中，如何为聋哑旅客服务呢？

知识链接

一、聋哑旅客

1. 聋哑旅客的含义

聋哑旅客是指因双耳听力缺陷不能说话的旅客，不是指有耳病或听力弱的旅客。

2. 聋哑旅客运输一般规定

（1）一般情况下，聋哑旅客不需要在购票时提前向航空公司申请特殊服务。

（2）有成人陪伴的聋哑旅客乘机的接收与一般旅客运输条件相同。

（3）已满16周岁的无成人陪伴的聋哑旅客，按一般旅客办理相关手续。

（4）不满16周岁的无成人陪伴的聋哑旅客，航空公司不予承运。

（5）携带助听犬的聋哑旅客，应在订票时向航空公司提出特殊服务申请，承运人同意后方可运输。

（6）聋哑旅客携带的助听犬的运输，按照航空公司的助听犬运输规定办理。

二、聋哑旅客运输服务要点

1. 迎客阶段

（1）聋哑旅客登机前，乘务长要与地面工作人员做好交接工作，同时乘务长安排专人为聋哑旅客服务，如果航程中有会手语的乘务员则安排其为旅客服务。乘务员要主动引导聋哑旅客就座，主动帮助旅客安放随身行李，可以将旅客常用的物品放在聋哑旅客座位前排座椅下方便于取用。

（2）乘务员通过手语或者肢体表达为聋哑旅客介绍其座位周边的情况，尤其是客舱设备的使用，如呼唤铃的使用方法。为聋哑旅客示范安全带的使用方法。如果沟通不畅，可以采用书写的方式进行沟通。

（3）聋哑旅客无法听到客舱里的广播，因此需要乘务员为聋哑旅客进行专门服务，包括告知航班的起飞时间、到达时间、经停等情况。

（4）客舱广播安全须知时，因为聋哑旅客无法听到广播内容，应在视频图像下方加注字幕，或者利用部分视频图像向聋哑旅客提供手语播报画面。

2. 起飞后阶段

（1）在为聋哑旅客提供餐饮时，要将饮料包装上的产品说明标识出示给旅客，让旅客自主选择喜欢的饮料。航班中提供的餐食种类也要对聋哑旅客做详尽说明，由其自行选择。

（2）乘务员在为聋哑旅客服务的过程中，虽然存在语言交流障碍，但是要注意耐心服务，注意细节服务，不要表现出不耐烦或置之不理。如果沟通不顺畅，要准备好纸和笔进行沟通交流。

（3）乘务员收餐时，要确认聋哑旅客用餐已经结束，同时征得旅客同意后才可以收餐。

（4）航程中，乘务员要时刻关注聋哑旅客的情况。在聋哑旅客有需求的时候，第一时间为其服务。

3. 下降和欢送旅客阶段

（1）飞机下降前乘务员要及时用手语或文字的方式告知聋哑旅客航班即将到站时间、到达站的天气情况等相关信息。主动询问聋哑旅客是否需要帮助包括协助其更换衣物等。

（2）航班落地后，乘务员再次和聋哑旅客确认到达站是否正确。如航班落地站为经停站，则乘务员应提醒聋哑旅客，避免旅客误下机离站。

知识角

残疾人航空运输管理办法

第一章　总则

第一条　为保护残疾人在航空运输过程中的合法权益，规范残疾人航空运输的管理及服务，根据《中华人民共和国残疾人保障法》《中华人民共和国民用航空法》和有关法律、法规、规章，参照《残疾人权利国际公约》及国际惯例，制定本办法。

第二条　本办法适用于依照中华人民共和国法律设立的承运人使用民用航空器运送残疾人而收取报酬的国内、国际航空运输，或经承运人同意而办理的免费航空运输。

第三条　残疾人与其他公民一样享有航空旅行的机会，为残疾人提供的航空运输应保障安全、尊重隐私、尊重人格。

第四条　本办法中下列用语，除具体条文中另有规定外，含义如下：

（一）"残疾人"是指在心理、生理、人体结构上，某种组织、功能丧失或者不正常，全部或者部分丧失以正常方式从事某种活动能力的人。残疾人包括肢体、精神、智力或感官有长期损伤的人，这些损伤与各种障碍相互作用，可能阻碍残疾人在与他人平等的基础上充分和切实地参加社会活动，具体表现为视力残疾、听力残疾、言语残疾、肢体残疾、智力残疾、精神残疾、多重残疾和其他残疾的人。

（二）"具备乘机条件的残疾人"是指购买或持有有效客票，为乘坐客票所列航班到达机场，利用承运人、机场和机场地面服务代理人提供的设施和服务，符合适用于所有旅客的、合理的、无歧视运输合同要求的残疾人。

（三）"医疗证明"是指由医院出具的、说明该残疾人在航空旅行中不需要额外医疗协助能安全完成其旅行的书面证明。

（四）"残疾人团体"是指统一组织的人数在10人以上（含10人），航程、乘机日期和航班相同的具备乘机条件的残疾人。

（五）"服务犬"是指为残疾人生活和工作提供协助的特种犬，包括辅助犬、导听犬、导盲犬。

第五条　机场无障碍设施设备的配备应遵守《无障碍环境建设条例》，并符合民用机场航站楼无障碍设施设备配置标准的要求。

第六条　承运人、机场和机场地面服务代理人应免费为具备乘机条件的残疾人提供本办法规定的设施、设备或特殊服务。

第二章　残疾人运输人数及拒绝运输的预防

第七条　除另有规定外，承运人不得因残疾人的残疾造成其外表或非自愿的举止可能对机组或其他旅客造成冒犯、烦扰或不便而拒绝运输具备乘机条件的残疾人。

第八条　承运人拒绝为具备乘机条件的残疾人提供航空运输时，应向其说明拒绝的法律依据。

具备乘机条件的残疾人要求提供书面说明的，承运人应在拒绝运输后 10 日内提供。

第九条　航班上载运在运输过程中没有陪伴人员，但在紧急撤离时需要他人协助的残疾人数为：

（一）航班座位数为 51～100 个时，为 2 名；

（二）航班座位数为 101～200 个时，为 4 名；

（三）航班座位数为 201～400 个时，为 6 名；

（四）航班座位数为 400 个以上时，为 8 名；

（五）载运残疾人数超过上述规定时，应按 1：1 的比例增加陪伴人员，但残疾人数最多不得超过上述规定的一倍；

（六）载运残疾人团体时，在按 1：1 比例增加陪伴人员的前提下，承运人采取相应措施，可酌情增加残疾人乘机数量。

本条所述没有陪伴人员但在紧急撤离时需要他人协助的残疾人，包括使用轮椅的残疾人、下肢严重残疾但未安装假肢的残疾人、盲人、携带服务犬乘机的残疾人、智力或精神严重受损不能理解机上工作人员指令的残疾人。

除本条规定外，承运人不得以航班上限制残疾人人数为由，拒绝运输具备乘机条件的残疾人。

第十条　陪伴人员应在定座时声明陪伴关系，并单独出票。承运人应保证陪伴人员与具备乘机条件的残疾人同机旅行。

陪伴人员应有能力在旅行过程中照料残疾人，并在紧急情况下协助其撤离。

第三章　定座和购票

第十一条　承运人及其销售代理人应在其售票处、售票网络或电话订票系统中设置相应的程序，以便残疾人说明其残疾情况、所需服务及协助要求。

本规定第九条所述的残疾人应当在定座时将残疾情况、所需服务及协助要求等信息告知承运人或其销售代理人。

残疾人从销售代理人处定座的，销售代理人应及时将相关信息告知承运人。

承运人应尽快答复定座的残疾人，是否能够满足其乘机需求。

第十二条　具备乘机条件的残疾人需要承运人提供下列设备设施或服务时，应

在定座时提出，最迟不能晚于航班离站时间前 48 小时：

（一）供航空器上使用的医用氧气；

（二）托运电动轮椅；

（三）提供机上专用窄型轮椅；

（四）为具备乘机条件的残疾人团体提供服务；

（五）携带服务犬进入客舱。

具备乘机条件的残疾人提出需求后，承运人应通过其订座系统或其他手段，确保该需求被记录，并及时传递到相关人员。

承运人应在 24 小时内答复具备乘机条件的残疾人，是否能够提供本条（一）至（四）项所需求的服务。

第十三条　具备乘机条件的残疾人已按第十二条提出需求，但由于航班取消或不能提供残疾人所要求的设备而被迫转到其他承运人的航班时，由该承运人提供残疾人向原承运人所要求的服务，原承运人应予以协助。

第十四条　承运人及其机场地面服务代理人应根据请求，向具备乘机条件的残疾人提供下列航空运输中有关设施和服务的信息：

（一）带活动扶手座位的位置，以及按照本办法规定不向具备乘机条件的残疾人提供的座位；

（二）航空器运输具备乘机条件的残疾人的能力的限制；

（三）在客舱或货舱内存放残疾人常用助残设备的限制；

（四）航空器内是否有无障碍卫生间；

（五）飞机上能够提供给残疾人的其他服务及设施。

第十五条　除以下情况外，承运人不得要求具备乘机条件的残疾人提供医疗证明：

（一）在飞行中需要使用医用氧气；

（二）承运人有合理理由认为残疾人在飞行过程中没有额外的医疗协助无法安全地完成航空旅行。

医疗证明应当在具备乘机条件的残疾人在航班离站之日前 10 日内开具。

第四章　乘机

第十六条　机场应在航站楼的主要入口处设置综合服务柜台，并设有醒目标识，为具备乘机条件的残疾人提供航班信息，协助其联系承运人、办理乘机手续或安全检查等服务。

第十七条　承运人、机场和机场地面服务代理人应保证具备乘机条件的残疾人能及时得到在航站楼或航空器上提供给其他旅客的信息，包括售票、航班延误、航班时刻更改、联程航班衔接、办理乘机手续、登机口的指定以及托运和提取行李等信息。

第十八条　除另有规定外，承运人、机场和机场地面服务代理人不得限制具备

乘机条件的残疾人在航站楼内活动，或要求其留在某一特定区域。

第十九条　承运人、机场和机场地面服务代理人应当为具备乘机条件的残疾人免费提供登机、离机所需要的移动辅助设备，包括但不限于航站楼内、登机口至远机位的无障碍电动车、摆渡车以及在机场及登机、离机时使用的轮椅、机上专用窄型轮椅。

第二十条　具备乘机条件的残疾人托运其轮椅的，可使用机场的轮椅。

具备乘机条件的残疾人愿意在机场使用自己轮椅的，可使用其轮椅至客舱门。

第二十一条　具备乘机条件的残疾人在地面轮椅、登机轮椅或其他设备上不能独立移动的，承运人、机场和机场地面服务代理人按各自责任不得使其无人照看超过 30 min。

第二十二条　具备乘机条件的残疾人需要承运人提供第十二条或本章规定的登机、离机协助的，应在普通旅客办理乘机手续截止前 2 h 在机场办理乘机手续。

具备乘机条件的残疾人未能按第十二条要求提前通知或未按本条要求提前在机场办理乘机手续的，承运人应在不延误航班的情况下尽力提供上述服务或协助。

第二十三条　除另有规定外，承运人不得禁止具备乘机条件的残疾人在任何座位就座，或要求其在某一特定座位就座。

第二十四条　具备乘机条件的残疾人提出以下座位需求的，承运人应尽力做出安排：

（一）具备乘机条件的残疾人使用机上轮椅进入客舱后，无法进入带固定扶手的过道座位的，承运人应为其提供一个带活动扶手的过道座位或方便出入的座位；

（二）除另有规定外，承运人应为陪伴人员安排紧靠残疾人的座位；

（三）当具备乘机条件的残疾人与其服务犬同机旅行时，承运人应提供相应舱位的第一排座位或其他适合的座位；

（四）对于腿部活动受限制的具备乘机条件的残疾人，承运人应为其提供相应舱位的第一排座位或腿部活动空间大的过道座位。

第二十五条　具备乘机条件的残疾人及其服务犬应与其他旅客一样接受安全检查。

承运人、机场和机场地面服务代理人应通知具备乘机条件的残疾人在办理安检前清空随身携带的排泄袋。

第二十六条　对具备乘机条件的残疾人的助残设备进行安全检查过程中，安检人员判断该助残设备可能藏有武器或其他违禁物品的，可进行特殊程序的检查。

第二十七条　在条件允许的情况下，机场应设置残疾人安全检查无障碍通道。

第二十八条　机场应为具备乘机条件的残疾人设立独立、私密的安全检查空间。

具备乘机条件的残疾人请求私下安全检查的，安检人员应及时安排。

第二十九条　通常情况下，承运人、机场和机场地面服务代理人应安排具备乘机条件的残疾人及其陪伴人员优先登机及错峰离机。

本规定第九条所述的残疾人在飞机前排就座的，承运人应安排其优先离机。

因某种原因需减载部分旅客的，承运人应优先保证具备乘机条件的残疾人及其陪伴人员的运输。

第三十条　承运人、机场和机场地面服务代理人应尽可能安排具备乘机条件的残疾人使用廊桥登离机，并提供相应协助；在不能提供廊桥的情况下，应提供登离机协助。

登离机协助包括按需要向具备乘机条件的残疾人提供服务人员、普通轮椅、机上专用窄型轮椅、客机梯、升降设备等。

第三十一条　当不能使用廊桥或升降装置时，应以具备乘机条件的残疾人同意的可行方式提供登离机协助。

第三十二条　航班不正常时，承运人、机场和机场地面服务代理人除按相关规定做好服务工作外，还应对残疾人在以下方面予以特殊协助：

（一）及时主动提供相关信息，包括退票、签转、后续航班的安排等；

（二）指定休息区域，安排住宿时应考虑无障碍设施设备等条件；

（三）主动询问相关需求，并予以协助。

第三十三条　承运人、机场和机场地面服务代理人应当为第九条所述的残疾人到港提供行李提取、引导等必要的协助和服务。

第五章　助残设备存放

第三十四条　承运人不得将附件一规定的、具备乘机条件的残疾人带进客舱的助残设备作为随身携带物品进行限制。

客舱内有存放设施和空间的，按照先到先存放的原则办理，助残设备的存放应当符合民航局关于安保、危险品航空运输的相关规定。

客舱内没有存放设施或空间的，应将助残设备免费托运。

第三十五条　具备乘机条件的残疾人可免费托运1件附件一规定外的助残设备。

第三十六条　电动轮椅应托运，具备乘机条件的残疾人托运电动轮椅，应在普通旅客办理乘机手续截止前2h交运，并符合危险品航空运输的相关规定。

第三十七条　承运人对托运的助残设备应拴挂行李牌，并将其中的识别联交给具备乘机条件的残疾人。

为防止丢失和损坏，承运人应将助残设备及其拆卸下的部件进行适当包装。

第三十八条　除另有规定外，承运人应在靠近客舱门的地方接受托运和交回助残设备，以便具备乘机条件的残疾人能尽可能使用自己的助残设备。

第三十九条　托运的助残设备应从货舱中最先取出，并尽快送到客舱门交给具备乘机条件的残疾人。

第四十条　具备乘机条件的残疾人提出在行李提取区取回其助残设备的，承运人应满足其要求。

第四十一条 助残设备的运输优先于其他货物和行李，并确保与具备乘机条件的残疾人同机到达。

第四十二条 承运人不得要求具备乘机条件的残疾人签署免责文件，放弃其对助残设备损坏或丢失进行索赔的权利，收运时已损坏的除外。

第六章 空中服务

第四十三条 承运人以视频方式向旅客播放安全须知时，应加注字幕或在画面一角使用手语向听力残疾人进行介绍。

承运人在客舱内播放的语音信息应以书面形式提供给听力残疾人。

第四十四条 承运人单独向具备乘机条件的残疾人介绍安全须知时，应尽可能谨慎和不引人注目。

第四十五条 承运人应在客舱内提供由具备乘机条件的残疾人要求的，或承运人提供时其接受的下列服务：

（一）协助移动到座位或从座位离开；

（二）协助做就餐准备，例如打开包装、识别食品及食品摆放位置；

（三）协助使用机上轮椅往返卫生间；

（四）协助有部分行走能力的残疾人往返卫生间；

（五）协助放置和取回随身携带物品，包括在客舱存放的助残设备。

第四十六条 不要求承运人向具备乘机条件的残疾人提供下列特别协助：

（一）协助实际进食；

（二）在卫生间内进行协助，或在旅客座位上就排泄功能方面予以协助；

（三）提供医疗服务。

第七章 服务犬

第四十七条 承运人、机场和机场地面服务代理人应允许服务犬在航班上陪同具备乘机条件的残疾人。

具备乘机条件的残疾人应负责服务犬在客舱内的排泄，并不会影响机上的卫生问题。

第四十八条 具备乘机条件的残疾人应向相关部门提供服务犬的身份证明和检疫证明。

第四十九条 带进客舱的服务犬，应在登机前为其系上牵引绳索，并不得占用座位和让其任意跑动。

承运人在征得服务犬机上活动范围内相关旅客同意的情况下，可不要求残疾人为服务犬戴上口套。

第五十条 除阻塞紧急撤离的过道或区域外，服务犬应在残疾人的座位处陪伴。

具备乘机条件的残疾人的座位处不能容纳服务犬的，承运人应向残疾人提供一个座位，该座位处可容纳其服务犬。

第八章　联程运输

第五十一条　联程运输时，交运承运人应负责为具备乘机条件的残疾人提供航班的衔接服务。

第五十二条　联程运输衔接时，自交运承运人将具备乘机条件的残疾人交给接运承运人时起，由接运承运人承担为其提供相应服务和协助的责任。

第五十三条　交运承运人航班不正常造成具备乘机条件的残疾人未能与接运承运人航班衔接的，交运承运人应负责为具备乘机条件的残疾人提供一切必要的安排和协助。

第五十四条　原接运承运人航班不正常改由另一接运承运人接运的，原接运承运人应负责为具备乘机条件的残疾人提供一切必要的安排和协助。

第九章　管理与培训

第五十五条　承运人、机场和机场地面服务代理人应根据本办法制订详细的服务方案，明确为具备乘机条件的残疾人提供相应服务的办法和程序，并以书面、网络等适当形式向社会公布。

第五十六条　承运人、机场和机场地面服务代理人需要告知的其他重要服务信息，应以具备乘机条件的残疾人容易获取的方式提供。

第五十七条　承运人应在公布的航班离站时间前24 h将残疾人需要协助的信息传至：

（一）起飞、到达和经停地的机场和机场地面服务代理人；

（二）若不是在运营承运人定座的，应以可行方式尽快将信息传递到运营承运人；

（三）联程运输时，交运承运人应将有关信息及时传递到接运承运人，并由接运承运人通知机场和机场地面服务代理人。

第五十八条　在航班起飞后，承运人应将航班上具备乘机条件的残疾人人数、残疾情况、助残设备的位置以及需要的特殊协助或服务的信息尽快通知经停地、目的地机场。

第五十九条　承运人、机场和机场地面服务代理人应当制定培训大纲，保证为残疾人提供服务的员工接受与其职责相符的下列培训和服务指导：

（一）残疾人航空运输方面的法规、政策培训；

（二）为残疾人服务的意识、心理及技巧等培训；

（三）对具备乘机条件的残疾人及其行李物品、服务犬进行安全检查方面的培训；

（四）为具备乘机条件的残疾人提供服务及协助的工作程序培训；

（五）使用及操作无障碍设施设备的培训。

第六十条　为保证知识更新和员工服务熟练程度，承运人、机场和机场地面服务代理人应在前一次培训后的36个月内进行复训。

培训记录应保存三年以上并随时接受民航主管部门的检查。培训记录应载明以下内容：

（一）受训人员姓名；

（二）最近一次完成培训的日期；

（三）培训内容；

（四）表明已通过培训考核的证据。

第六十一条　承运人应当使用本办法附件二中的表格，按年度向民航主管部门报送运输的具备乘机条件的残疾人数量及情况。

第六十二条　承运人、机场和机场地面服务代理人应每年对残疾人航空运输服务能力进行自我评估，确保持续符合民航主管部门关于残疾人航空运输服务的各项要求。

第十章　投诉处理

第六十三条　具备乘机条件的残疾人的合法权益受到损害时，可向承运人、机场和机场地面服务代理人投诉，也可向民航主管部门投诉。

第六十四条　承运人、机场和机场地面服务代理人应设立专门机构或指定专门人员负责受理残疾人投诉受理工作，对外公布投诉受理方式，并报民航主管部门备案。

第六十五条　承运人、机场和机场地面服务代理人应尽快处理残疾人投诉，并接受民航主管部门监督。

任务实训

实训任务：聋哑旅客的客舱服务。

实训目标：

1. 知识目标：掌握聋哑旅客的客舱服务流程和客舱服务要领。

2. 技能目标：能在客舱为聋哑旅客服务。

3. 情感目标：具备不断学习探索的精神、实事求是的工作态度。

实训要求：每 5～6 人为一个乘务组，1 人为乘务长，其余为各号位乘务员，执飞 LF 航空公司 2020 年 12 月 9 日 LF5101 航班，按照客舱服务标准，进行聋哑旅客客舱服务流程操作。

实训形式：乘务组形式，乘务长负责制。

实训步骤：

1. 乘务组练习聋哑旅客运输航前准备。

2. 每位乘务员进行客舱内聋哑旅客服务演练。

实训总结：乘务组自行分析和乘务组间互相分析，乘务教员总结。

任务小结

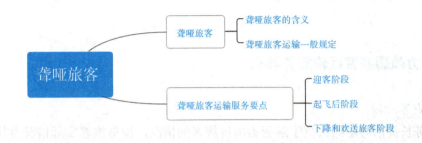

任务十二　智力障碍旅客

案例导入

饰演《北京人在纽约》中的阿容让王姬的事业走到顶峰，却给她带来生命中无法承受的痛。在拍摄该戏时，王姬怀孕了，由于劳累过度，生下来的孩子竟然是一个智力障碍儿童。

在《艺术人生》中，王姬提起儿子时说："如果能换得儿子的健全，她甘愿付出一切，乃至生命。"但这是不可能的，所以她的愿望是奋力打拼多接戏，"等我将来不在了，能让儿子吃上一盘西红柿炒鸡蛋，我就放心地瞑目了"。

2008年6月发生了一件让王姬非常震怒的事情，她含泪讲述儿子和母亲乘坐从洛杉矶飞往北京的航班时，儿子被机长认定为"不安全因素"而遭勒令下机。

王姬通过媒体控诉国航，并呼吁社会关注弱势群体，该举动得到了各界关注。

（资料来源：百度文库）

思考： 你支持哪一方，王姬还是国航？并说明理由。

知识链接

一、智力障碍旅客

1. 智力障碍旅客的含义

智力障碍是指智力或感官有长期损伤的人。这些损伤与各种障碍相互作用，可能阻碍在与其他人平等的基础上充分和切实地参加社会活动。此类旅客智力测试的得分远远低于平均分数，且日常生活如交流、自理和参与社会活动的能力有限。

2. 智力障碍旅客的特征

情绪不稳定，意志薄弱，自控能力差，缺乏自信，交往能力差，难以学会人际交往。

二、智力障碍旅客运输服务要点

1. 迎客阶段

乘务长提前与陪同人员了解智力障碍旅客的情况，根据旅客实际情况为其安排合适的座位。必要时要进行座位的调整，注意与航班其他旅客保持一定的距离，不要引起其他旅客的不适感，但不得将智力障碍旅客安排在紧急出口处的座位。

2. 起飞后阶段

（1）乘务员为旅客提供餐饮服务时，要征询陪同人员意见后再提供，避免提供含酒精的饮料。在为智力障碍旅客面对面服务时，不要长时间盯着旅客看，为其服务时表情应轻松、自然，不可有嫌弃、躲闪的行为。

（2）航班飞行中，乘务员要多关注旅客的情绪状态，必要时协助陪同人员控制智力障碍旅客的情绪。

3. 下降和欢送旅客阶段

乘务员主动询问陪同人员是否需要帮助，根据旅客意愿给予协助。

任务实训

实训任务：智力障碍旅客的客舱服务。

实训目标：

1. 知识目标：掌握智力障碍旅客的客舱服务流程和客舱服务要领。

2. 技能目标：能在客舱为智力障碍旅客服务。

3. 情感目标：培养处乱不惊的稳定心理、处理紧急情况的冷静思维。

实训要求：每 5 ～ 6 人为一个乘务组，1 人为乘务长，其余为各号位乘务员，执飞 LF 航空公司 2020 年 12 月 9 日 LF5101 航班，按照客舱服务标准，进行智力障碍旅客客舱服务流程操作。

实训形式：乘务组形式，乘务长负责制。

实训步骤：

1. 乘务组练习智力障碍旅客运输航前准备。

2. 每位乘务员进行客舱内智力障碍旅客服务演练。

实训总结：乘务组自行分析和乘务组间互相分析，乘务教员总结。

📖 任务小结

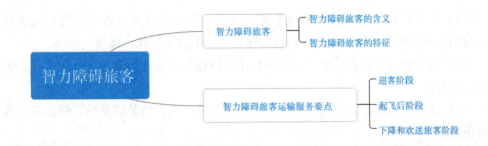

```
                            ┌── 智力障碍旅客的含义
              ┌─ 智力障碍旅客 ─┤
              │              └── 智力障碍旅客的特征
   智力障碍旅客 ─┤
              │                      ┌── 迎客阶段
              └─ 智力障碍旅客运输服务要点 ─┤── 起飞后阶段
                                    └── 下降和欢送旅客阶段
```

任务十三　行为及精神异常旅客

📖 案例导入

据纽约邮报报道，2020年7月6日，美国航空从达拉斯飞往夏洛特的一架航班上，在飞机即将降落时，一名女子试图在飞行中打开舱门，还在座位上大喊大叫，甚至还咬人。空乘无奈用胶带把她绑在座位上，安排其他旅客先下飞机。

这名明显精神失常的女子嘴上贴着胶带仍在大喊大叫，手臂和身体也被用胶带禁锢在座位上，过道上还放着一个担架。美国航空之后确认了这起事件，该女子被送往夏洛特当地一家医院，并被列入公司的禁飞名单。

（资料来源：民航资源网）

思考：民航中，如何判定旅客为精神异常旅客？

在航班中，如果有旅客情绪激动或不稳定，乘务员要观察由何种原因所致，才能更好地做好客舱服务工作。乘务员要积极主动听取旅客的抱怨，了解旅客抱怨的主要原因，不要试图打断或解释。如果是因为某个人或某件事引起了旅客的异常，乘务员要向其道歉并告知将帮忙转达给其他有关人员，以安抚旅客的情绪。为防止意外发生，乘务长要安排其他乘务员与精神异常的旅客沟通，观察情况的进展，并将情况报告给机长。

📖 知识链接

一、行为及疑似精神异常旅客

1.行为及疑似精神异常旅客的含义
行为及疑似精神异常旅客包括人格改变、固执、多动症、冲动、社交退缩、强迫

性行为、攻击性行为甚至自残的旅客。

2. 行为及疑似精神异常旅客的特征

（1）从外在看，旅客携带的行李和其外表、着装等方面与普通旅客相比明显突出，包括穿戴与季节、天气情况不符合的旅客；身上散发特殊、怪异气味等。

（2）携带的行李或者雨伞、拐杖等易于藏匿违禁物或者可能成为作案工具的物品登机的旅客。

（3）以疾病为理由，但是明显与实际情况不符，或者伪装成孕妇、病残等特殊旅客身份的。

（4）行为不正常的旅客，包括神情明显紧张、眼神游离，或逃避安检人员的询问，或看到工作人员有疾步走开或频繁触摸、查看某一部位等不正常行为的。

（5）语言表达异常的，包括动作和言语增多；自言自语；不断地、无目的地重复某些简单的言语或动作；机械地重复别人的言语和动作；对答不能切题或答非所问。

（6）神情不正常，包括目光呆滞，行为偏执；过分冷漠或热情；神情漠然或异常亢奋，经工作人员指引或解释后仍沉浸在自我状态中无法自拔，无故发笑或无故与人争吵，不听劝告的旅客。

（7）扰乱公共航空秩序，如吵架、酗酒等或突如其来的伤人毁物行为。

二、行为及精神异常旅客运输服务要点

1. 迎客阶段

（1）旅客登机后，航班起飞前，如果机组发现航班内有行为及精神异常旅客，则机组人员要与地面工作人员联系，对该名旅客进行诊断。同时，对整个处理过程进行记录。如果行为及精神异常旅客表现出过激行为，则根据机长指示采取相应的管制措施。在机场医生给出诊断结果后，如果旅客可乘机，则安排旅客继续乘机，并在航程中多关注旅客的行为举止，安抚旅客情绪。如机场医生诊断该名旅客无法乘机，则机场地面工作人员需要为该名旅客办理中止航程手续。

（2）机场的地面服务人员在和机组乘务员交接工作时，要具体说明精神异常旅客的情况及异常行为。

（3）在行为及精神异常旅客的运输过程中，座位的安排不能引起其他旅客的不适，同时注意不能将其安排在安全出口处的座位，也不能安排在过道的座位，注意和其他旅客保持一定距离。一般情况下，行为及精神异常旅客的座位安排在后舱的座位。航前准备会中，安全员、机组人员、乘务员要充分了解行为及精神异常旅客情况，并做到全程监控。安全员的座位一般安排在行为及精神异常旅客座位附近，以便做到全航程监控。

（4）原则上每个航班安排行为及精神异常的旅客人数是有限制的。航空公司如在

一个航班中承运多名行为及精神异常旅客，则航班中一般需要增加安全员和乘务员，以保障航班的正常飞行及飞行安全。

（5）航前准备会中，乘务长要做好运输中行为及精神异常旅客的运输保障预案。做好人员服务的分工，详细说明旅客的具体情况及针对飞行中会出现的一些突发事件做提前说明。乘务长要向其他乘务组组员做好传达工作。

（6）航班飞行过程中，机组人员要全程关注行为及精神异常旅客的情况。一旦发现该旅客有危害自身或其他旅客人身安全的行为，应马上采取制止。在不影响其他旅客运输的情况下，安全员对该旅客进行处置。

2. 起飞后阶段

（1）航班飞行过程中，如果乘务员或航空安全员发现或者有其他旅客反映航班中有行为异常及精神异常的旅客，乘务员和安全员要第一时间询问行为异常及精神异常旅客的情况。如果该名旅客有陪同人员，需要向陪同人员了解旅客的具体情况。如果该旅客无陪同人员共同乘机，则要尝试和行为异常及精神异常的旅客进行沟通，通过语言沟通尽量了解旅客的病史，并为旅客提供一些需要。

如果旅客行为无法控制，需要安全员进行介入处理，安全员在处理整个过程时要使用执勤记录仪进行记录，注意不要表现出容易激发旅客情绪的语音或行为；如旅客情绪已经表现出非常激动，且影响到了其他旅客，或者影响到了飞行安全，则乘务长马上向飞行组汇报情况。如对旅客进行了管束并需报案的，安保组成员通知机长呼叫地面公安，按照相关规定办理移交；在航班落地后第一时间通报航空安保部值班员，备案存档；在航班落地前，乘务员和安全员要尽量控制住行为异常及精神异常的旅客，避免其作出危及飞行及客舱安全的举动。

（2）航班飞行过程中，乘务员及安全员要时刻关注有行为异常或精神异常病史的旅客。对于有相关倾向的旅客也要关注其行为。

（3）乘务员需多加观察行为异常及精神异常旅客，防止其进入服务间或舱门区域；在此类旅客使用洗手间时，应安排航空安全员前往监控。

任务实训

实训任务：行为及精神异常旅客的客舱服务。

实训目标：

1. 知识目标：掌握行为及精神异常旅客的客舱服务流程和客舱服务要领。

2. 技能目标：能在客舱为行为及精神异常旅客服务。

3. 情感目标：培养勇于担当的精神、服务他人的工作热情。

实训要求：每 5 ～ 6 人为一个乘务组，1 人为乘务长，其余为各号位乘务员，执飞 LF 航空公司 2020 年 12 月 9 日 LF5101 航班，按照客舱服务标准，进行行为及精神异常旅客客舱服务流程操作。

实训形式：乘务组形式，乘务长负责制。

实训步骤：

1. 乘务组练习行为及精神异常旅客运输航前准备。

2. 每位乘务员进行客舱内行为及精神异常旅客服务演练。

实训总结： 乘务组自行分析和乘务组间互相分析，乘务教员总结。

任务小结

任务十四　被押送的犯罪嫌疑人旅客

案例导入

我们经常看到飞机押送犯人的画面，机舱门打开，警察押解犯人从飞机舷梯上下来。那么问题来了，航空公司是如何押送犯人的？

2015 年南航就执行了一次公安部押送特大电信诈骗嫌疑人归国航班运输任务，近12个小时的空中飞行，加上之前3个小时的事前准备。让我们来看看它们是怎么做的。

11 月 10 日 7:57，由雅加达飞往广州的南航 CZ8624 航班安全降落在广州白云国际机场，这并不是一个普通的航班任务，航班上的旅客中有我国公安部在印度尼西亚破获的特大电信诈骗团伙成员，共计 39 人。

这次特殊航班，南航使用的是波音 737 飞机。航班去程为 11 月 9 日 20:30 从广州出发前往雅加达，航班号为 CZ8623。回程航班 CZ8624 于 11 月 10 日 7:57 在白云机场落地。去程 39 人，回程 108 人。

在接到国家公安部和其他有关部门的特殊运输任务后，南航就开始着手安排飞机，选派优秀的空警、安全员和飞行员，飞行机组选派了两名机长和两名副驾驶组成双机组，还特意选派两名机务一名配载人员随机保障。飞行机组提前准备，对航路情况、目的地机场、沿途备降场等进行详细梳理和分析，对可能遇到各类特殊情况作出详细的处置预案，确保飞行万无一失。

南航还选派资深兼职安全员（持有安全员执照和乘务员双执照）执行押运航班任务，考虑到本次押运犯罪嫌疑人中有女性，特别安排两名女兼职安全员执行航班任

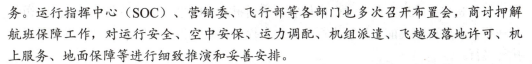

务。运行指挥中心（SOC）、营销委、飞行部等各部门也多次召开布置会，商讨押解航班保障工作，对运行安全、空中安保、运力调配、机组派遣、飞越及落地许可、机上服务、地面保障等进行细致推演和妥善安排。

为了保障这次航班，专门的预案也必不可少。比如，在航班备降方面，如果航班不取消，机上乘机人员一律不下飞机，在机上等候；如果出现取消后补班的情况，乘机人员具体安排由有关部门决定。

在安全保障方面，8名随机空警人员都随机携带了手持安检器械，对嫌疑人实施安检，进行空中安全教育。在机上客舱广播方面，因为性质特殊，所以不通知目的地地名，不安排机上广播。

11月9日20:22，去程航班在白云机场起飞飞往雅加达。在去程的航班上，南航安保组和负责押解的地面公安就进行了分工协作，对回程在雅加达机场的二次安检及犯罪嫌疑人的座位安排等细节都做了安排。

航班于11月10日1:00降落在雅加达机场，完成短暂的地面保障工作后，安保组两名空警负责一名犯罪嫌疑人，开始对犯罪嫌疑人实施严格的"二对一"安检，而七名女性犯罪嫌疑人则由安保组里的女安全员实施安检，整个安检过程严整有序，在保证现场秩序的同时，每完成一名犯罪嫌疑人的检查后，再交给地面公安带入客舱看管。

起飞后，安保组也和乘务组通力配合，加强巡视客舱的力度，按照航前协作制订的预案对客舱实施全程监控。

这次航班的乘务组全部由男性乘务员担当，其实他们都是具有安全员和乘务员双重身份的南航兼职安全员，在雅加达过站期间，安保组完成二次安检后，他们配合地面公安将犯罪嫌疑人带入客舱并妥善安排好座位。

回程航班虽然是夜航飞行，和普通航班不同的是客舱里也保持灯光明亮。乘务组在起飞前还将高端经济舱的隔帘去掉，以方便安保组对客舱实施全方位监控。在服务的过程中，他们都去掉了领带，平时客舱里为旅客提供的刀叉、杯子、餐盘等物品也都消失了，为机上的特殊旅客提供的只有简单的面包、三明治和瓶装水。

11月10日7:57，CZ8624航班终于安全降落在广州白云国际机场，安保组和乘务组又协助地面公安将犯罪嫌疑人押下飞机，当所有人都走出客舱后，空警、安全员再次对客舱进行了认真的清舱后才离开飞机。经过长达15个小时的通宵工作，安保组和乘务组成功完成了此次特殊航班任务。

📖知识链接

一、被押送的犯罪嫌疑人旅客

公安机关工作人员执行押送犯罪嫌疑人时选择乘坐民航飞机，根据执行任务的不

同，在押送犯罪嫌疑人前有时会向航空公司通报，有时也有保密情况。如航空公司收到通报，在航班起飞前，执行飞行的机组会提前得到通报，则需要按照航空公司规定执行飞行。

机场地面工作人员要在航班起飞前将情况向执行飞行的航班机长进行通报，机长通知乘务长，提前做好准备工作。

二、被押送的犯罪嫌疑人旅客运输服务要点

1. 迎客阶段

（1）航班乘务长在接到运送犯罪嫌疑人通知单后，应提前向地面工作人员详细了解押送犯罪嫌疑人的情况，包括罪犯性质、人数、座位，以及一名罪犯有几名警察看押等信息。

（2）一般情况下，公安人员与押送的犯罪嫌疑人会在旅客登机前提前上机，座位不能安排在应急安全出口附近，不能安排在过道的座位。通常，座位都会安排在客舱后部。登机后，乘务员按正常的服务流程为其服务，避免引起其他旅客的注意、怀疑及不适。

（3）在航班起飞降落时，乘务员应监控公安人员不得将犯罪嫌疑人束缚在座位或其他无生命的物体上。

2. 起飞后阶段

（1）在为旅客提供餐饮服务时，乘务员要先征询押送工作人员，是否可以为押送的犯罪嫌疑人提供餐食服务。乘务员不得为犯罪嫌疑人提供金属刀叉、陶瓷制品、玻璃制品等餐具；禁止提供酒类、沸水饮品、瓶装饮料；可向犯罪嫌疑人提供一次性餐具。乘务员在为犯罪嫌疑人提供服务时要像对待一般旅客一样进行正常服务，不必紧张，表情尽量轻松、自然。

（2）航班飞行过程中，乘务员要全程关注犯罪嫌疑人旅客的情绪状态，全力配合押送人员的工作，必要时给予协助。

（3）航班落地后，一般情况下安排公安人员与犯罪嫌疑人旅客最后下机，也会根据每个机场的实际情况而定。

任务实训

实训任务：被押送的犯罪嫌疑人旅客的客舱服务。

实训目标：

1. 知识目标：掌握被押送的犯罪嫌疑人旅客的客舱服务流程和客舱服务要领。

2. 技能目标：能在客舱为被押送的犯罪嫌疑人旅客服务。

3. 情感目标：坚定理想信念，加强品德修养。

实训要求：每 5～6 人为一个乘务组，1 人为乘务长，其余为各号位乘务员，执飞 LF 航空公司 2020 年 12 月 9 日 LF5101 航班，按照客舱服务标准进行被押送的犯罪嫌疑人旅客客舱服务流程操作。

实训形式：乘务组形式，乘务长负责制。

实训步骤：

1. 乘务组练习被押送的犯罪嫌疑人旅客运输航前准备。

2. 每位乘务员进行客舱内被押送的犯罪嫌疑人旅客服务演练。

实训总结：乘务组自行分析和乘务组间互相分析，乘务教员总结。

任务小结

任务十五　其他需要特殊照顾的旅客

案例导入

英国航空一架从尼日利亚飞往伦敦的飞机在降落伦敦希思罗机场后，发生了一起令人震惊的事件。一名头等舱男旅客因为身体过于肥胖，在降落后卡在座位上长达 3 个小时，无法自行移动。工作人员经过多种尝试后，不得不决定打开舱门，并用起重机将他救出。英航内部人士表示，数百名旅客都围观了这一幕，因此这名旅客感到非常羞愧，机组人员只能竭尽全力安抚他。据悉，这名旅客所乘坐的头等舱座位票价高达 7 000 英镑（约合人民币 6.4 万元），是机舱内最宽敞的座位。

这一事件引发了公众广泛关注。首先，作为一名购买头等舱的旅客，他们付出了昂贵的票价，期望得到更好的舒适体验和服务。然而，这次事件却暴露了航空公司在旅客服务方面的不足。对于超重旅客的处理应该更为周到，确保旅客的权益得到保障，同时也维护了航空公司的声誉。

知识链接

一、肥胖旅客运输服务要点

（1）在接收肥胖旅客时，乘务员帮助肥胖旅客查看登机牌，确认旅客座位情况，是占一个还是两个座位。原则上，不能将肥胖旅客安排在紧急安全出口处的座位。在明确座位后，引导旅客到座位，并主动帮助旅客将其行李放到行李架上。随身行李按照旅客的意愿可以放在旅客身边，以便旅客拿取。

（2）旅客坐好后，经过旅客的同意，乘务员帮助旅客调整座位，并为旅客提供加长安全带。询问旅客是否需要打开客舱通风孔。因为肥胖旅客怕热，容易出汗，所以乘务员根据旅客需求为其提供毛巾或冰水。

（3）为肥胖旅客服务时，乘务员要注意语言表达，不要让旅客感觉尴尬或不满。乘务员不能表现出嫌弃或者笑话的表情。

（4）餐饮服务中，如旅客提出加餐需求，应及时满足。

二、晕机旅客运输服务要点

（1）在航班飞行前，旅客提出晕机，乘务员要询问旅客是否有晕机经历，是否服用过晕机药。如果旅客提出要求服务晕机药，乘务员要和旅客说明用药须知（晕机药应在乘机前 30 min 服用，成人每次服用 1～2 片，必要时每 4 h 服用一次，24 h 内总共不超过 12 片）。同时，在确认旅客有晕机经历后，乘务员还要为其多提供一些清洁袋、纸巾等。

（2）在为晕机旅客提供餐饮时，要事先征得旅客同意，询问旅客是否有需要。如果旅客暂时不想进餐，乘务员要为旅客将餐食进行保留。

（3）航班飞行过程中，晕机旅客如果有呕吐等情况，乘务员要主动积极地为旅客提供温水、清洁袋、热毛巾等，并帮助打开通风孔，调整座椅，指导旅客调整呼吸、闭目休息。如果旅客呕吐，乘务员要帮助旅客清理呕吐物，询问旅客是否有其他需要。在此期间，乘务员要时刻关注晕机旅客的情况，严重晕机者根据实际情况提供氧气瓶让旅客吸氧，更严重者需要乘务员呼叫客舱旅客是否有医护人员协同治疗。整个航程中，空乘人员要时刻关注晕机旅客的情况，随时给予帮助。

（4）航班下降前，空乘人员再次询问晕机旅客身体情况，并告知旅客航班即将到站，询问是否需要机场地面工作人员协同下机。

（5）航班到达后，乘务员主动帮助晕机旅客提拿行李并搀扶下机。

三、初次乘机旅客运输服务要点

（1）因为初次乘坐飞机的旅客对客舱内座位的分布不了解，乘务员要主动引导旅客到乘机牌上标明的座位处。如果客舱过道上旅客比较拥挤，乘务员要及时疏通旅客。在引导旅客就座后，要主动为初次乘机旅客介绍飞机上的设备，包括洗手间、呼唤铃、通风孔、阅读灯等的位置和使用方法。

（2）初次乘坐飞机的旅客原则上不安排在紧急安全出口的附近座位。待旅客坐好后，乘务员指导旅客系好安全带。因为是初次乘机，旅客容易兴奋，容易发生在客舱内嬉闹、走动等情况，此时乘务员要耐心为旅客解释，避免飞行中危险的发生。

（3）航班飞行过程中，乘务员要主动积极与初次乘机旅客沟通，随时了解并询问需求，并适时提供帮助。提醒旅客系好安全带。在提供餐饮服务时，主动为旅客介绍饮料餐食的种类、口味，满足旅客的需求。提供餐食时，向旅客说明餐具在餐盒中。

（4）飞机降落阶段，乘务员要提示初次乘机旅客不要紧张、急切。待飞机落地停稳后旅客再从座位站立起来并打开行李架取出行李。在此阶段，一定提醒旅客在座位上坐好并系好安全带。

四、生日旅客运输服务要点

（1）航班起飞前，机组人员如果了解到该航班有当天生日的旅客，在旅客登机后，可以为旅客送上生日卡片或广播祝福。

（2）如果生日旅客对餐食有特殊需求，应尽量满足。如果没有特殊需求，则按照一般旅客进行服务。

五、晚到旅客运输服务要点

（1）晚到旅客登机后，乘务员要再次和其确认航班号、航程等信息，以免旅客错乘。

（2）乘务员帮助晚到旅客找到座位，协助旅客安放好行李，指导旅客尽快就座。

六、无签证过境旅客运输服务要点

（1）无签证过境是指从一国到另一国中间经过第三国时，飞机需要在第三国做技术和商务停留，但是没有经停站第三国的护照签证。因此无签证过境不是犯罪，旅客只是路过一个他们无签证的国家。可以无人陪伴旅行；除非要换飞机，可以在所路过

城市不下飞机。

（2）航班离港前，由承运人负责接收和转运无签证过境旅客；地面代办人员应证实该旅客具有该国目的地的所有必要条件，装有该文件的信封在航班中应由客舱乘务员保管；客舱乘务员必须将无签证过境旅客的文件袋交给接航班的地面工作人员。

七、偷渡者运输服务要点

（1）隐藏在飞机任何分隔舱内，如厕所、衣帽间、机组休息室、行李箱内或其他储藏空间从甲地到乙地的人均可被认为是偷渡者。如果用假护照、假证件企图乘机出境也被认为是偷渡者。

（2）对被怀疑是偷渡者的处理如下。

1）不允许收取偷渡者的任何费用，偷渡者的性质与缺额补差性质完全不同。

2）乘务员一旦在客舱内发现偷渡者，应立即报告给乘务长，并由乘务长报告机长。由机长将有关信息通知给飞行管制人员。飞行管制人员负责协助并收集有关信息向机长转达其他指示。

3）如果在飞机离港前发现有偷渡者，则请机场公安人员将其带下飞机。

八、突发疾病旅客运输服务要点

（1）突发疾病是指在飞行中的飞机内，旅客突然发生疾病并有不断加重情形、或造成人身伤亡的情况。

（2）航班内遇到突发疾病旅客，处置的基本原则是一定要保证生命安全。乘务员发现后应第一时间广播找医生，乘务员问询旅客病情。广播找医生的同时严格按照规定打开应急医疗箱和急救药箱。若广播后航班内有医生能够进行救治，乘务长安排专人进行全程观察、监控。保证第一时间了解旅客信息，询问医生有无注意事项。若航班上广播后确认没有医生，需请示机长。通知机长并给出旅客相关信息包括姓名、性别、年龄、目的地、着陆后需要医务种类、旅客目前症状、生命体征等。

九、乙类传染病旅客运输服务要点

对患有国家规定的乙类急性传染病的患者因急救或一定要乘坐飞机时，除应有医疗单位出具的证明外，必须有航空公司相关部门批准，方可用包舱或包机运送，除在机上要按卫生部门的要求采取防止传染和隔离的措施外，还要求执行任务的空勤人员做好相应的防范工作。任务完毕后，对机舱和有关服务设施等凡与患者有过接触的物具都要进行消毒处理。

十、艾滋病旅客运输服务要点

（1）在办理旅客乘机手续时，值机人员应对发现有艾滋病病状或疑似的旅客及时询问，并报告当地检疫部门查清；凡患有艾滋病的外国人，不准乘坐我国飞机入境。

（2）对进境后发现的艾滋病患者，原则上应由承运进境的航空公司负责用其最早航班运送出境。艾滋病患者乘我国承运人班机出境时，卫生检疫部门应预告通知承运人，经同意作出适当安排后方可办理乘机手续，值机部门应将旅客姓名、座位号等有关情况通知乘务长。

（3）在接受我国出国人员中的艾滋病患者乘机回国时，航空公司应要求当地卫生检疫部门提供必要的书面证明，并提前通知国内运输服务部门，由运输服务部门负责通知各有关单位做好安排。国内航班原则上不接受艾滋病患者乘机，特殊情况需报公司领导批准。

任务实训

实训任务：其他特殊旅客的客舱服务。

实训目标：

1. 知识目标：掌握其他特殊旅客客舱服务流程和客舱服务要领。

2. 技能目标：能在客舱为其他特殊旅客服务。

3. 情感目标：弘扬劳动精神，不断探索创新。

实训要求：每5～6人为一个乘务组，1人为乘务长，其余为各号位乘务员，执飞LF航空公司2020年12月9日LF5101航班，按照客舱服务标准进行其他特殊旅客客舱服务流程操作。

实训形式：乘务组形式，乘务长负责制。

实训步骤：

1. 乘务组练习其他特殊旅客运输航前准备。

2. 每位乘务员进行其他特殊旅客服务演练。

实训总结：乘务组自行分析和乘务组间互相分析，乘务教员总结。

任务小结

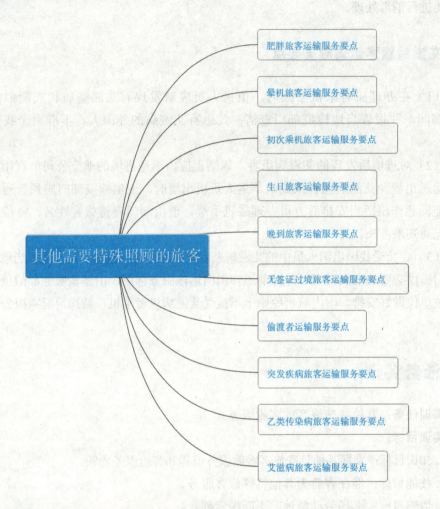

其他需要特殊照顾的旅客

- 肥胖旅客运输服务要点
- 晕机旅客运输服务要点
- 初次乘机旅客运输服务要点
- 生日旅客运输服务要点
- 晚到旅客运输服务要点
- 无签证过境旅客运输服务要点
- 偷渡者运输服务要点
- 突发疾病旅客运输服务要点
- 乙类传染病旅客运输服务要点
- 艾滋病旅客运输服务要点

项目总结

　　本项目介绍了特殊旅客服务，包括特殊旅客的种类、特殊旅客的构成与运输规则、特殊旅客的服务要点和服务特性，培养学生灵活、严谨地与每一名旅客沟通，进行有效的客舱服务。

拓展阅读：党史故事进客舱，
真情服务为人民

拓展练习

一、选择题

1. 为孕妇旅客提供（　　）餐食。

    A. 重口味   B. 清淡食品

    C. 不提供   D. 可口营养

2. 孕妇旅客是指孕期在（　　）周以下的旅客。

    A.28   B.30

    C.32   D.40

3. 儿童餐的代码为（　　）。

    A.BBML   B.MOML

    C.VGML   D.CHML

4. 下列不属于特殊旅客的是（　　）。

    A. 军残旅客   B. 婴儿

    C. 满18岁的旅客   D. 轮椅旅客

5. 重要旅客按照其性质可分为VIP和（　　）。

    A.VVIP   B.CIP

    C.DIP   D.MIP

6. 重要旅客航班保障会议在航班离站前至少提前（　　）h召开。

    A.10   B.12

    C.18   D.24

7. 无成人陪伴儿童（简称无陪儿童），是指年龄满5周岁（含）但不满（　　）周岁，没有年满（　　）周岁且有民事行为能力的成年人陪伴乘机的儿童。

    A.10，16   B.10，18

    C.12，16   D.12，18

8. 当儿童旅客出现耳压时，正确的处理方法是（　　）。

    A. 可喂其喝点水   B. 帮助按揉

    C. 堵住耳朵   D. 躺下

9. 下列不属于轮椅旅客代码的是（　　）。

    A.WCHQ   B.WCHR

    C.WCHS   D.WCHC

10. 航班乘务长在接到运送犯罪嫌疑人通知单后，应提前向地面工作人员详细了解押送犯罪嫌疑人的情况，不包括（　　）。

    A. 罪犯性质   B. 轮椅数量

    C. 座位   D. 警察人数

二、判断题

1. 为盲人旅客提供餐食时，餐盘安放稳妥后，将餐盘比喻为时钟，主动介绍餐食内容。 （   ）

2. 送上飞机的特殊餐食注有明显的标记，供餐时同其他旅客一起提供。 （   ）

3. 为盲人旅客引路时，乘务员扶着盲人的手臂并不断提示行走方向。 （   ）

4. 婴儿旅客是指出生至 2 周岁以下的婴儿。 （   ）

5. 尽可能将婴儿旅客安排在可悬挂婴儿摇篮的座位。 （   ）

6. 担架旅客可以安排在安全出口的位置。 （   ）

7. 为重要旅客供餐时要注意按照先主宾再主陪、先女宾后男宾的顺序上餐。（   ）

8. VVIP 旅客的航餐以清淡为主，无论航程长短，航餐次数固定。 （   ）

9. 老年旅客一般是指年龄在 70 岁以上（含 70 岁）年迈体弱，虽然身体并未患病，但在航空旅客中显然需要他人帮助的旅客。 （   ）

10. 儿童旅客是指年龄满 2 周岁但不满 12 周岁的乘机人。 （   ）

三、简答题

1. 特殊旅客服务基本原则是什么？

2. 轮椅旅客为何要提前向航空公司申请购票？

四、讨论题

随着近几年无陪儿童旅客数量的不断增多，航空公司也更加注重无陪儿童的客舱服务，无成人陪伴儿童运输规定有哪些？

习题答案

项目八
客舱管理

 　　理解客舱管理的意义；学会客舱管理的一般规定；掌握客舱管理中乘务员管理及旅客管理的内容；了解客舱急救的必要性。

 　　充分发挥乘务员的职业技能，能在客舱管理中，为各种不正常的航班旅客服务；能够妥善化解矛盾，积极消除不良影响。

 　　具备严谨的工作作风、周到的服务态度，真情服务；培养灵活应变、能冷静处理各种突发事件的心理素质。

思维导图

任务一　客舱管理概述

案例导入

　　"乘务员，你过来一下，你看这米饭里有多大的一块石头，把我的牙都硌坏了，赶快赔偿……""你懂不懂，我的手机是空中模式，根本不用关闭，你再多说，我就投诉你……""光说对不起有用吗？的确是后面那个旅客开包箱时行李把我砸上的，但你要检查到位会发生这样的事吗？叫你们乘务长来！"……怎么回事，为什么这么多的特殊情况都发生在这个航班上呢？

（资料来源：民航资源网）

　　思考：当你在航班中遇到上述情况时，有能力来圆满解决这些问题吗？你们会在适当的时候用法律来保护自己的权益吗？

知识链接

　　客舱管理涵盖的方面比较多，客舱管理过程要求高是影响客舱品质的主要因素。

一、管理的含义

　　管理是指在一定的组织或企业内根据一定的决策、规章进行协调活动，以达到某个明确的目标。"管理"一词在古代法语中的解释是"领导、执行的艺术"；在拉丁语中的解释是"以手领导"。在现代，"管理"可包括领导和管理所有组织；通过组织、调度和运用各种人力、财务、原料、实体、知识、资产或其他无形资源的活动，包含规划、决策、组织、领导和控制，以有效率且有效用的方式达成组织目标。法国管理实践家亨利·法约尔认为管理有预测、计划、组织、领导、协调、掌控六大作用。

　　在营利组织中，管理的主要职能是为股东服务。典型的活动在于营利，创造价格合理、富有价值的产品，为雇员提供工作机会。在非营利组织中，管理要维护捐赠者的意愿。在大多数管理或管治过程中，股东选举董事会，后者任命管理高层。少数组织甚至应用了其他的方式来参与管理人员任命等。

　　管理有许多不同的功能，包括计划、组织、人事、领导和激励。计划是指决定未来需要发生些什么事情，在未来一定的周期内为行动设立计划。组织是指管理与员工之间的关系，优化资源，完成计划。人事是指职业分析，为职位聘用合适的工人。领导是指决定在某一情况下需要完成什么样的事情，并组织人员将其完成。激励也是管理的一个基本功能，因为没有激励，员工工作将会没有效率。如果组织中没有激励，那么员工可能不会在其他功能上做出贡献。

二、客舱管理的含义

客舱管理是指乘务长为了实现航班的安全正常运行和服务质量目标，而对乘务组、旅客及各种资源实施的统筹管理，也包括乘务员在航班执行过程中对客舱的人、机、料、法、环的管理。

📖 素养提升 ●

你把自己定义成什么层级的乘务员

记得一次航前准备会上，乘务长跟我们分享了一个她亲身经历的事情。在一次航班飞行中，有一位旅客向乘务员多要一个面包吃，乘务员把面包放在塑料杯上，直接递给了旅客。不巧的是，这位旅客恰恰是机组人员，正好回家休假，所以向区域乘务长说明了这件事情。

规范操作是把加热的面包放在一个热食盘里，配上黄油、餐具包，才可以送给旅客。但在实际航班中，个别乘务员可能由于自身一时大意，或是航班上各种突发事情繁多，或是对自身要求的松懈，会有达不到规范操作的事情。

乘务长看着我们不太在意的神情，突然加重语气说："其实，在你把面包放在塑料杯上，递给旅客的那一瞬间，你把自己定义成了什么层次的乘务员？你已经把自己放低了，丢掉了别人本该对你的尊重，更糟糕的是，旅客会认为，整个乘务组的服务水平是低廉的，服务是廉价的，大家有没有想过这个问题？尊重不是靠别人给的，而是自己赢来的。"

这是让我醍醐灌顶的一段话，我第一次这样深刻地感受到了自己做好服务、给旅客尊重的重要性。我们是在用自己的服务赢得旅客的尊重，旅客用自己的友善和谅解赢得我们的尊重。服务从尊重开始，是每个乘务员应该学好的第一门课。

（资料来源：民航资源网）

思考：谈谈你的未来的空乘梦。

三、客舱管理的意义

民航飞行过程中，旅客对安全、速度、服务问题的关注度最高，这也是旅客选择民航出行的主要原因。客舱管理的意义就在于通过对旅客关注点的服务建立与客户关系的桥梁。

航空运输是一种高品质的交通运输方式，其竞争优势主要依靠空中服务体现。优质的空中服务是航空公司利润最大化的保障。当前，我国航空运输业正处于蓬勃发展的崭新阶段，经济全球化在给我国航空运输业带来挑战的同时也带来了机遇，航空公司应借助客舱服务平台树立起良好的公司形象，创建优质服务品牌，并充分利用空中

优势去赢得旅客。

（1）保证客舱安全。安全是根本。航空运输中，保障旅客的安全是乘务员的最高职责。安全是航空公司最重要的社会责任，是民航业的永恒主题。飞行安全是航空安全的重要组成部分，客舱安全是飞行安全的重要组成部分。确保客舱安全是乘务员提供给旅客最优质的服务。

（2）完善客舱服务。服务就是灵魂。优质的民航客舱服务是乘务员的工作目标，是航空服务生存和发展的命脉。不断提高服务质量完善客舱服务是民航发展的基点，更是衡量航空公司的重要实力水平之一。打造温馨、舒适、愉快的客舱环境和高品质的客舱服务是每一个民航人的最高目标，也是企业品牌最有力的保障，没有优秀的客舱服务的民航企业无法生存。

（3）提升运行效率。效率就是效益。提高客舱管理效率，保障航班正常运行，确保旅客利益更是为航空公司创利。航空公司运行效率体现在航班准点、航班运行正常、工作人员工作效率高，从而节约成本，增加利润，实现效益最大化。

📖 **阅读与思考** ●

福州航空上线机上餐食预订服务

极具闽台风味的蘑菇牛排饭、精美可口的日式鳗鱼饭、浓香鲜美的红烧牛腩饭……这些听起来只出现在精致餐厅中的菜品，2019年3月31日起将"登陆"福州航空航班，让选乘福州航空的旅客朋友们在万米云端也能专享美味佳肴，邂逅与以往不一样的味蕾体验。

3月31日（含）起，福州航空将正式推行差异化服务，向旅客提供多选择、口味佳的餐食是福州航空差异化服务转型的重点工作之一。福州航空客舱管理部经过多次试餐、反复斟酌，最终确定了福州、哈尔滨、西安、宜昌四地出港航线的不同菜单。3月27日起，选乘福州航空的旅客可通过福州航空官网预订餐食。自3月29日起，"福州航空"及"福州航空福航玩家"微信公众号也将开通餐食预订功能。自3月31日（含）起，福航也将正式同步推行机上购餐的服务，但航班上销售的餐食数量有限，售完即止，建议旅客通过官方渠道提前选购预订。需要提醒广大旅客的是，出于飞行安全考虑，空时为90 min以下的航线不提供配餐服务。

福州航空餐食分为40元优选餐食及60元精品餐食，实际购买价格将根据选购渠道的不同略有变化：通过福州航空官网、"福州航空"及"福州航空福航玩家"微信公众号预订餐食，优选餐食售价为38元，且可以预订精品餐食；如果选择机上现场购买，则只有优选餐食可供选购，且不能享受折扣，售价为40元。因此，建议广大旅客朋友提前通过官方平台预订餐食，价格更优惠，选择更丰富。

福州航空相关负责人介绍，福航本次推出的所有菜品都本着优质健康的原则进行食材选定及餐食制作，同时顾及现代人对餐食的审美要求，在菜品外观设计上也下了

一番功夫。相较于福州航空原有的机上餐食，新推出的餐食在色、香、味等方面都有了大幅提升，种类涵盖中餐及西餐，既有洋气的日式鳗鱼饭、蘑菇牛排饭，也有家常的土豆烧牛腩、鱼香肉丝，多种美味可供旅客选择。未来，福州航空将根据旅客反馈不断创新改进机上餐食种类，增加旅客用餐选择，让旅客在乘坐航班的过程中可以充分享受到优质的配餐服务，提升旅客满意度。

任务小结

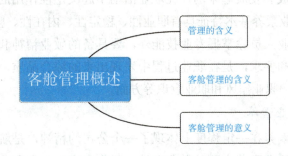

任务二　乘务员管理

案例导入

新乘务员客舱服务培训纪实：不好好学习，很难顺利毕业

南航新疆分公司培训部新乘2015094X班的32名新乘务员迎来了和今后工作中联系最紧密的客舱服务课程。在新乘务员眼中，对客舱服务课程的理解仅仅局限于简单的"端拿倒送，站走坐蹲"，但是真正进入这门课程的学习后才发现，根本不是这样。"现在新乘务员培训课程都是快速训的模式，如果不提前做好预习和复习的工作，后期很难顺利毕业。"这32名新乘务员未对教员下发的复习资料进行熟背，只是简单的理解记忆，所以在老师第一节课的提问下，全军覆没，没有一位同学达到熟背的要求。那一刻才如醍醐灌顶，后悔又自责，一步晚，步步晚，没有熟练的口令，根本没办法在模拟舱熟练实操课程。因此，在本应该学习服务话术技巧的时间里，这些新乘学员不得不耗费更多的时间加强基本口令的熟练度，好在功夫不负有心人，在班委"一个也不放过，每人都抽背"的监督下，她们对客舱服务的流程越来越清晰、流畅。

（资料来源：民航资源网）

思考：民航客舱乘务员的资格要求有哪些？

知识链接

一、乘务员职业素养

1.职业素养的含义

职业素养是指从业者在一定生理和心理条件基础上，通过教育培训、职业实践、自我修炼等途径形成和发展起来的，在职业活动中起决定性作用的、内在的、相对稳定的基本品质。职业素养基本特征具有职业性、稳定性、内在性、整体性、发展性。

职业素养是从业人员除掌握专业技能外，要具备的敬业精神和道德素养。它是个体职业内在的规范和要求，是在职业过程中表现出来的综合品质，包括职业道德、职业技能、职业行为、职业作风和职业意识等方面。

2.乘务员的职业素养

乘务员的职业素养在一定程度上体现了一个公司的精神，是航空公司服务水平的重要体现。乘务员职业素养主要从敬业精神、工作态度、内在职业道德和外在仪表礼仪素养等方面表现出来。此外，乘务员的职业素养的表现也是公司企业文化的体现。

敬业精神是人们基于对一件事情、一种职业的热爱而产生的一种全身心投入的精神，是社会对人们工作态度的一种道德要求。它的核心是无私奉献意识。乘务员的敬业精神要求在工作中基于热爱民航事业基础上的全身心忘我投入的精神境界，要用心做好每一份细节，全身心为旅客服务。

爱岗敬业是乘务员养成良好职业素养的关键因素。爱岗就是热爱自己的工作岗位，热爱本职工作。看似平凡的乘务员工作，则体现了乘务员的无私奉献精神，展现了乘务员良好的职业素养。

态度是职业素养的核心。负责任的、积极的，自信的，建设性的，相互欣赏的，乐于助人、团结合作等态度是决定服务工作成败的关键因素。空乘人员要具有思想意识上的主动；语气、语调、外形上的热情，不急、不躁的耐心，细致入微的周到等优质的服务态度。

乘务员内在职业道德素养包括热爱本职工作、较强的服务理念和服务意识、吃苦耐劳的精神、热情开朗的性格、刻苦学习专业知识和技能的能力、灵活的服务技巧。更重要的是，乘务员要有诚实守信的职业素养。乘务员要开阔自己的胸襟，培养高尚的人格，树立实事求是和以诚待人的意识。当乘务员与旅客沟通时，要尊重旅客，亲和、友善；当旅客不理解服务工作时能够换位思考，站在旅客的角度理解和关心，答应旅客的事一定要尽力做到最好，体现良好的职业道德素养和道德信念。

乘务员代表着航空公司对外展示的企业形象。因此，航空公司对乘务员的外在仪表礼仪都有较高且统一的标准。总体上要求仪容整洁，举止大方，端庄稳重，不卑不亢，态度诚恳，待人亲切，服饰整洁，打扮得体，彬彬有礼。从举止礼仪、接待礼仪、餐饮礼仪、涉外礼仪、习俗礼仪为旅客展示出整体自然清新、端庄典雅、充满活力的乘务员形象。

二、乘务员技能素养

很多人将空中服务看作一种温馨暖情的直接性服务，其实空中服务是一种文化气息十分浓厚的活动，要求从事者有较高的技能素养。

航空服务人员应提供给消费者最贴心周到的服务，让他们消费得舒适且舒心，需要空乘服务人员具有相当的职业知识和职业技能。否则，仅凭其口出柔音软语，极尽奉承拉拢与钻研人际关系之能事，可能会事与愿违，甚至引发许多纠纷，引来不快。因此，具备专业职业知识和职业技能对于乘务员顺利完成飞行任务、提高服务质量和效率是至关重要的。

乘务员工作职责是指飞行乘务员对机上载运的旅客，自登机后到下机前的安全和服务所承担的责任。这就要求空乘人员具备航空技术、技巧和能力职业技能素养。

乘务员是机组必需成员，是保障航班飞行人员。客舱乘务员的主要职责是保障客舱安全，飞行全程应严格落实各项标准，同时在机长的领导下，协助机长和空中保卫人员做好航空安全保卫工作，在切实保障自身、全体乘员和飞机的安全过程中，完成服务职责。

让旅客通过一次乘机体验，感受到优质的客舱服务，这种服务体验不仅要满足旅客吃饭喝水的生理需求，还要满足旅客的心理需求，让旅客温暖、舒心，留下深刻印象。

通过高效而人性的操作技巧、操作程序，减少对旅客的打扰，结合干净、清爽的客舱环境，给旅客留下良好的第一印象。当旅客提出需求时，乘务员的反应要敏捷，给予迅速的行为反馈；精简服务流程，掌控服务时间，使旅客认可我们的服务质量和效率。以更高效的服务保障、更便捷的服务流程，实现空地无缝隙、服务无边界的服务体系，让旅客得到全过程、全方位的服务。

任何事业、任何工作都是在不断探索、不断开拓、不断创新中前进的。空乘人员面对不断更换、要求不同的服务群体，要采取相应的策略，以协调航空公司与旅客之间的关系，就必须摆脱传统的束缚，从多角度的自由联想中发掘创新的活力，有目的地产生出有价值的、新的思想观点，能"必言前人所未言，发前人所未发"，否则，我们的服务就可能变成没有意义的空壳。因此，在对乘务员技能素质的要求中，更重要的是要有创新意识、创新精神。

📖 素养提升 ●

面对空难，公众如何缓解悲痛情绪

"2022 年 3 月 21 日，东航云南有限公司一架波音 737 客机在执行昆明—广州航班任务时，于梧州上空失联。目前，已确认该飞机失事。机上人员共 132 人，其中旅客 123 人，机组 9 人。"在东航已经变成黑白色的官网首页上，这段简短的文字描述了让全国人民陷入悲痛的突发事件。有网友说："看到'失事'直接哭出来了，不会到达了。"随着相关消息的进一步披露，不少网友都表达出了悲痛的情绪，这份情绪该如何安抚？中国科学院院士、北京大学第六医院院长陆林在接受中青报·中青网记者专访时表示，从全球统计的数据来看，大多数人一辈子都会遇到各种各样的创伤事件，如发生意外、亲人的离世等，其中也包括像空难等突发公共事件。

陆林说，普通人创伤后会产生的消极情绪可能持续几周、几个月，最长不超过半年。有一部分人比较敏感，看到飞机直线坠落、家属痛哭等画面也会害怕、紧张，陆林建议这些人群应该尽量避免去看这些画面，减少刺激的暴露。

此外，陆林还建议，身处消极情绪之中的人也要尽量保持正常的作息方式，特别是遇难者的家属，如果晚上睡不着觉，可以在医生的指导下服用一些安眠药物，把痛苦的阶段渡过去。如果心里的不舒服无法排解，可以多和家人、朋友沟通，寻求他们的帮助。

不同的人心理耐受能力不一样，有些人经过创伤的事情后恢复很快，有的人可能恢复很慢，甚至产生后遗症——创伤后应激障碍（PTSD）。陆林说，全人群中罹患创伤后应激障碍的概率为 8% ～ 10%，这种精神心理疾病会严重影响患者的工作和生活。

创伤后应激障碍的患者可能长期处在创伤造成的痛苦里无法自拔，经常会做噩梦，梦到相关的事情，有时还会自责，把事发原因怪罪到自己身上。创伤后产生的悲痛情绪，一般人最多持续半年，但是创伤后应激障碍患者可能被这种情绪困扰两年、三年，甚至更久。这些患者需要去专业的医疗机构求助。

陆林还建议，如果事故原因查清楚，应及时向社会公布，这样有助于消除公众很多猜疑及由此引起的不必要的担心和焦虑。当明天和意外不知道哪个先到来时，珍惜当下或许才是最优解。

（资料来源：中国青年报）

思考：作为一名空乘人员应具备的基本素养有哪些？

📋 **任务小结**

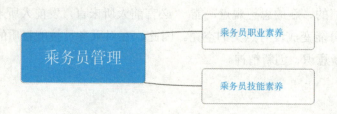

任务三　旅客管理

案例导入

男子飞机上犯烟瘾躲厕所吸烟被行政拘留 5 日

2022 年 7 月 10 日上午，机场分局接到昆明航空机组人员电话报警，KY8225 次航班上有旅客吸烟，值班民警立即前往现场，将违法嫌疑人带至分局询问。经了解，李某乘坐昆明飞往南京航班，因飞行过程中烟瘾犯了，故在航班短暂停留襄阳刘集机场中转等候上客时，在飞机客舱卫生间内吸烟，触发航班烟雾报警器，被机组人员发现报警。因飞机存在安全隐患，影响飞行安全，该航班机组人员将旅客请下飞机，对飞机内部进行安全检查，导致航班延误 45 min。面对民警询问，李某承认了自己的错误，对自己扰乱航空器公共秩序，造成航班延误的违法事实供认不讳。分局依据《中华人民共和国治安管理处罚法》第二十三条第一款第（三）项之规定，对李某处以行政拘留 5 日处罚。

（资料来源：民航资源网）

思考： 客舱管理中旅客管理包括哪些方面？

知识链接

客舱管理中旅客管理具有重要意义，如果有旅客违反客舱运输管理规则，则应按照航空公司的政策规定委婉地劝告旅客。如果旅客拒绝或不能遵守，可能会被解释成干扰机组的工作，乘务组应立即通知机长寻求合适的解决方法。

视频：旅客管理

一、航班延误时的旅客管理

航班延误是民航运输中经常会出现的情况，航班延误的原因有很多，包括天气原因、空中管制、机型调配、旅客原因等。航班延误时，乘务员要积极处理应对。

（1）处理航班延误时，应坚持安全第一的原则。乘务员应关注所有应急出口的状态。

（2）因特殊原因旅客等待，乘务长要与机长保持联系，根据等待时间的长短及航空公司的规定，向旅客提供餐食等服务。

1）地面等待时间小于 30 min 时，发放报纸、毛巾，提供机上娱乐、影视服务，并根据个别旅客的需求提供适当服务。

2）地面等待时间大于 30 min 小于 60 min 时，提供茶水、矿泉水服务。

3）地面等待时间在 2 h 以上时，提供全套餐饮服务。

（3）如没有确切的地面等待时间，应尽量与机组沟通，了解等待的时间，做出预判，并提供相应的服务。

（4）航班延误时，特殊旅客尤其是重要旅客一定要重点保障。

（5）飞机在规定时间内机门不能关闭或不能按时起飞，乘务长要与飞行机组保持沟通，掌握航班延误的原因，对航班延误的原因通过客舱广播第一时间告知旅客，及时向旅客通报航班最新情况。耐心做好解释工作，以主动规范的服务维护航空公司的声誉，保护旅客的正当权益。

（6）航班延误时，乘务员要注意旅客的情绪变化。一般情况，旅客会表现出焦虑、暴躁，不停地按呼唤铃进行询问，甚至在客舱内大声喧哗表达不满。乘务员此时要注意为旅客解释并安抚旅客的情绪。

（7）旅客登机后，需要下机到候机室休息等待，乘务员应在旅客下机后做好客舱检查，同时乘务员应了解旅客的特殊需要，并由乘务长根据情况与地面工作人员联系。做好旅客再次登机的准备。

（8）如果航班延误时间较长，有些旅客需要转机，航空公司要积极帮助办理。

二、旅客遗失物品的管理

1. 客舱内拾到物品的处理

（1）在航班飞行过程中，在客舱内拾到物品，如果旅客能够证明物品为其所有，应经过乘务长确认后归还旅客。

（2）在旅客离机后或登机前，乘务员在客舱拾到物品，必须马上报告乘务长；乘务长应填写《旅客遗失物品登记表》，签字后连同拾到物品一同交给地面工作人员。

（3）如果是旅客在客舱中拾到物品，并证明是其他旅客遗失，则经过乘务长确认后归还给遗失旅客。

2. 旅客报告遗失物品的处理

（1）乘务员要先向旅客了解物品丢失的时间和地点，物品的品名、特征，旅客的姓名、联系方式等。

（2）如果是在航班未起飞之前，旅客发现物品在地面遗失，乘务员要先报告给乘务长和机长，同时与地面工作人员取得联系，帮助旅客寻找。待遗失物品找到后，应与旅客进行确认，并交还给旅客；若未找到遗失物品，则应向旅客表示歉意，并表示会帮助旅客继续留意，如果找到会马上通知旅客。

（3）如果飞机舱门已关闭或飞机已起飞，旅客发现物品在地面遗失，乘务员应耐心地向旅客解释说明，不能开舱门或允许旅客下机寻找。机组乘务员会联系地面工作人员帮助寻找遗失物品。如果有消息会马上通知旅客，若经地面工作人员查询找到遗

258

失物品，应尽快告知旅客，并将物品尽快带到目的地，交还旅客；若未找到遗失物品，应向旅客表示歉意，并表示如果以后找到会及时通知旅客。

（4）如果旅客在客舱内遗失物品，乘务员应先帮助旅客在可能遗失的地方寻找；若找不到则应确认是否发生了偷窃，并报告机长，将如下信息通知即将到达航站：丢失物品及其价值；偷窃是在飞机上发生的；是否在有可能遗失的地方寻找过；旅客是否需要报案。

📖 **阅读与思考** ●

客舱内丢失的手机

旅客张某称："我于今年3月21日下午，乘坐某航空公司3152次航班的商务舱由北京飞往深圳。当我坐到指定座位上后，乘务员问我是否要把西装挂起来，于是我把手机从西装外面口袋拿出来关机后，放进了西装里面口袋扣好扣子交给了乘务员。到达深圳后，乘务员又把西装从衣柜里取出来交给我，我却发现手机不见了。"据了解，当时乘务员反复寻找也未找到，张某怀疑手机被盗，遂检查了几名乘务员的飞行包，也未发现。张某交衣服时未声明，乘务员事前也不知道衣服里有手机。为此，张某要求航空公司全额赔偿他丢失的手机5000元。航空公司多次调查也无法查清丢失原因，双方未在赔偿问题上取得一致意见。航空公司认为，即使旅客所说完全属实，按照航空公司的"旅客行李国内运输总条件"的规定，对于旅客随身携带物品的丢失，赔偿的最高限额是2000元。

（资料来源：民航资源网）

思考：航班上旅客手机丢失谁该承担责任？

三、醉酒旅客的管理

（1）旅客登机时，如果有旅客表现出醉态或受麻醉品的影响干扰了机组工作，甚至危及旅客与机组安全，乘务员应及时报告机长和地面工作人员。机长或地面工作人员应根据事态发展，采取相应的措施，必要时可劝其下机。

（2）飞机推离停机位后，如果有旅客显示醉态或在麻醉品作用之下，乘务员应通知机长，由机长决定是否滑回、劝其下机。如果劝其下机则通知地面工作人员处理该旅客的下机及相关事宜，并执行机舱门再次开启程序。

（3）如果飞机起飞后，乘务员发现有旅客显示醉态或有受麻醉品影响行为，乘务长应通知机长，由机长指示乘务长采取必要的措施。乘务员要用礼貌而坚决的态度处理，并特别注意避免身体冲突。乘务长要在机长的指示下采取措施，记录事件全过程，采集证据并将此事报告机长。

（4）航班到达目的地后，乘务员应向警察或其他相关工作人员说明该旅客情况，并提供相关证据材料。乘务长填写《机上重大事件报告单》，并报机长签字。

四、旅客发生纠纷的管理

（1）乘务员应及时制止旅客之间产生的纠纷，耐心倾听事件发生经过，采取积极有效的解决措施化解矛盾，寻求合理的解决方案。

（2）乘务员解决旅客纠纷时，要注意自己的言行，控制好自己的情绪，不要对旅客妄加评论，更不要指责训斥旅客。

（3）乘务员要以理解、宽容的态度对待旅客，使旅客感到被尊重、被重视。

（4）严禁任何旅客干扰机组成员执行工作，如有旅客违反旅客管理规则，应按照航空公司的规定委婉地进行劝告，并要求其执行；如果旅客拒绝或不能遵守，应立即通知机长采取措施。

五、旅客投诉的管理

（1）乘务员在接到旅客投诉后要耐心倾听旅客投诉的原因，不要急于解释。

（2）安抚旅客的情绪，对旅客所遭遇的事情表示同情和歉意，在旅客情绪相对稳定后，认真听取他们的意见或建议，如果条件允许，应尽可能满足旅客的要求。

（3）如果旅客仍然不满意，必要时将情况报告给机长，并填写《乘务情况报告表》呈报相关部门。

（4）如果遇到无理取闹的旅客，在不得已的情况下用法律解决。

六、可拒绝接受的旅客管理

（1）责令旅客下机的管理。可被要求下机的旅客包括非法无票登机者，无登机牌的旅客，发生超载时已登机的候补旅客按登机优先次序从后向前，任何不可接收的旅客。

对于责令下机旅客如果所有拉下旅客的方法均告失败，地面工作人员或机长可以要求当地强制执行官员去要求旅客下机；如果旅客仍拒绝下机，将被指控为非法行为，并且由强制执行官员带走该旅客。

（2）航班可不接受的旅客管理。民航运输中，对于可不接受的旅客包括是或像是中毒者、是或像是吸毒者、要求静脉注射者、已知是传染性疾病患者并在航班中有传染他人可能者、该人无法提供有效证明无传染危险者、拒绝人身或物品安全检查者。

（3）需持有医疗证明旅客的管理。对于一些特殊旅客，运输前需要向航空公司提供相关的医疗证明方可运输。包括需用早产婴儿保育箱者、要求在空中额外吸氧者、可能在空中有生命危险或要求医疗性护理者、已知有传染性疾病但采取措施可以预防者。医疗证明必须说明一切应遵守的措施，并需按照航空公司规定的乘机之日前签署。在旅客登机前，医疗证明必须交乘务长一份。

七、需要特殊帮助旅客的管理

（1）特殊旅客服务通知单。航空公司为需要特殊帮助的旅客准备一份特殊服务通知单，并将通知单送交该航班乘务长。

（2）征求志愿服务者。航班中被征求志愿服务者包括班机的民航内部人员、由该旅客选定的人员、愿意帮忙的其他旅客、机上工作人员志愿服务者。对志愿服务者的要求是体格强壮、必须大于15周岁，每次航班每位残疾者可能只有一位服务人员，不能附带照顾婴儿、幼儿。

八、生气旅客的管理

航班中，经常会由于各种原因引起旅客抱怨，甚至会有旅客表现得极为暴躁、生气。对于生气旅客的管理，乘务员应做到以下内容。

（1）全面、耐心地听取旅客的抱怨，在旅客陈述时，不要打断旅客，更不可与旅客发生争执。

（2）在旅客陈述后，乘务员先向旅客表示歉意。应尽可能设法改变当时的状况。

（3）如果旅客对乘务员的服务和处理表示仍不满意，到达目的地时，通知地面工作人员进行后期服务。

（4）如果可能，记录下发生的所有相关信息，包括旅客姓名、地址、电话，以便事后与旅客联系。

（5）机长和乘务长之间应做好及时沟通，以解决出现的问题。

九、严重的旅客行为不当的管理

严禁任何旅客袭击、威胁、恐吓或干扰机组成员执行工作，这样一种违规可以被认为严重的行为不当。

乘务员一经发现严重的旅客行为不当，应立即报告乘务长。乘务长通告并与机长协商决定处置方案。

十、航行中的客舱管理

（1）旅客要求冷藏药品的管理。旅客在航班中如提出要求冷藏药品时，可将药品放入盛有冰块的塑料袋内，但不能将药品冷藏于厨房冷藏箱或冰柜中。

（2）旅客要求更换座位的管理。在经得乘务员允许的情况下，旅客在飞行中可更

换座位。但是安全出口处的座位对旅客有严格的要求，旅客不可随意更换。

（3）进入头等舱或公务舱访客的管理。原则上禁止普通舱旅客进入头等舱或公务舱进行访客，这样会影响其他旅客的休息。如果旅客有此需要，乘务员可按照航班座位情况帮助旅客进行升舱。

（4）头等舱或公务舱卫生间的管理。乘务员应主动向经济舱旅客介绍和提醒卫生间的位置。在飞机巡航高度飞行时，乘务员应拉上各舱间的隔离帘，以减少普通舱、公务舱的旅客进入头等舱。

（5）进入驾驶舱的管理。在地面时，除非有航空公司特许人员陪同，否则访问者不允许进入驾驶舱。

有权进入驾驶舱的人员，如安全检查人员或授权的公司雇员，在要求进入驾驶舱时，必须向机长出示身份证及证书，并等待许可。佩戴有身份证的中国民用航空局的检查官员可自由地进入驾驶舱。

知识角

关于《公共航空运输旅客服务管理规定》的政策解读

一、出台背景

《中国民用航空旅客、行李国内运输规则》和《中国民用航空旅客、行李国际运输规则》是规范承运人旅客运输行为、保护旅客合法权益的重要依据。两部规章分别制定于1996年和1997年，自实施以来对维护航空运输市场秩序，促进民航业发展发挥了重要作用。

随着民航运输业的快速发展，民航已成为社会大众出行的主要交通方式之一，旅客对民航服务种类、服务范围、服务水平的要求越来越高。同时，民航国际化进程加快，新的业务形式和运营模式推广应用，我国航空客运市场发生了重大变化。为顺应新时代、规范新现象、解决新问题，在总结近年来旅客运输服务和消费者权益保护工作经验的基础上，出台《公共航空运输旅客服务管理规定》（以下简称《规定》），以进一步规范国内、国际旅客运输秩序，保护消费者合法权益，满足新形势下的监督管理需求。

二、修订原则

本次修订坚持安全第一、质量为本，切实践行"真情服务"工作要求，以规范旅客运输秩序、保护消费者合法权益为切入点，加强航空运输旅客服务管理，切实提升民航服务质量。修订遵循如下原则。

1. 简政放权，发挥市场机制决定作用

十八大以来，党中央国务院要求各级政府加快职能转变，充分发挥市场机制的决定性作用，"简政放权、放管结合"已成为现代政府治理能力建设的核心内容。本次修订充分体现了对企业的自主经营权的尊重，将以往对承运人服务规定过细、管得过死的条款给予了较大幅度的删减和调整，不再对客票有效期、行李尺寸和重量、免费行李额、逾重行李费等进行统一规定，以充分释放市场活力，发挥承运人的主动性、积极性和创造性。

2.依法行政，维护消费者合法权益

原有规章制定于民航发展初级阶段，以较大篇幅从定座、购票、退改签和乘机等环节对航空运输流程进行了详尽规定。随着经济社会的发展，社会关注的重点已经不再是运输流程，而是消费者权益保护，新修订的《消费者权益保护法》更是从内容、程序等方面加大了消费者权益保护的力度。本次修订将规范重点从管理航空运输流程转向聚焦消费者权益保护上，对客票销售、退改、行李运输、超售等易于产生纠纷的关键环节提出了明确要求，更好地保护旅客的知情权、选择权和索赔权。

3.与时俱进，适应民航运输新发展

"互联网＋"的发展，深刻改变了民航运输服务的流程与标准。电子客票、无纸化乘机、航班超售等新模式、新现象不断涌现，本次修订工作对网络销售客票、电子登机凭证、联程航班、超售等民航新业务形式进行了规范。同时，随着经济全球化和我国开放程度的加深，规章扩大了适用范围，将外国航空承运人、中国港澳台地区航空承运人在我国境内的经营行为也纳入规制范畴，填补了立法上的空白。

4.真情服务，着力提升民航服务质量

自2015年民航局党组提出"真情服务"工作要求以来，民航业始终贯彻落实"发展为了人民"的理念，切实提升民航服务质量，用真情打造民航服务品牌，让广大人民群众能够享受更便捷、更顺畅、更舒心的民航运输服务。本次修订从方便旅客的角度出发，对涉及旅客服务、便捷旅客出行、维护旅客权益等方面制定了更加人性化的规定，充分体现了民航"真情服务"的精神。

三、修订的主要内容

1.统一国内国际运输服务管理，契合民航国际化发展战略

国际化是民航业的重要特征，自民航强国战略实施以来，我国民航的国际竞争力和影响力不断增强。原有规章对国内、国际运输规则分别规定、分开管理的模式，已不能满足民航国际化发展新形势下的管理需求。《规定》将原有两部规章整合修订为一部，首次对国内、国际航空运输服务规则进行了统一，加强了对外国承运人、中国港澳台地区承运人的管理，既没有非国民待遇，也没有超国民待遇，实现了国内、国际运输服务标准的一致性和服务管理模式的一体化。

2. 明确航空市场主体责任，进一步规范航空运输秩序

近年来，我国航空客运市场发生了重大变化，原有规章中的适用主体仅包括承运人、销售代理人和地面服务代理人。本次修订将承运人、机场管理机构、地面服务代理人、航空销售代理人、航空销售网络平台经营者、航空信息企业等与旅客服务有关的全部主体纳入管理范畴，并明确了各主体的基本责任。一是强调了运输总条件的重要性，要求承运人制定、公布运输总条件，并对运输总条件的内容、形式、公布方式等提出了具体要求。二是突出机场管理机构公共管理的属性和定位，明确其对地面服务代理人和航站楼商户的管理和督促责任。三是鉴于航空销售网络平台在客票销售中扮演越来越重要的角色，《规定》也对航空销售网络平台的义务和责任进行了明确。

3. 规范客票销售行为，优化旅客购票环境

客票销售环节是旅客体验民航服务的第一接触点。《规定》删减了原有"定座""票价"章节，将"客票""购票"等章节合并为"客票销售"，并对承运人客票销售环节的告知义务进行了明确，充分保护旅客知情权。特别是针对网络购票环境，《规定》要求承运人或者其航空销售代理人要在旅客购票时，明确告知航班信息、运输总条件、客票使用条件、餐食情况、行李运输规定等主要服务信息；出票后还要将客票有效期、出行提示信息、获取运输总条件方式等重要信息告知旅客。

4. 解决客票退改服务痛点，切实提升旅客满意度

民航票务服务是旅客关注的焦点之一。为避免承运人滥用强势地位，保护旅客合法权益，《规定》按照旅客"自愿"和"非自愿"两种情况，分别对不同情形下的客票变更与退票工作提出了原则性要求。明确旅客非自愿退票和因承运人原因导致旅客非自愿变更客票的，不得收取退票费和变更费。同时，针对民航退款速度慢的突出问题，增加了关于退款时限的规定，要求承运人或者其航空销售代理人在收到旅客有效退款申请之日起7个工作日内办理完成退款手续。

5. 优化旅客乘机体验，保障旅客安全便捷出行

旅客乘机是航空运输服务的重要环节。近年来，旅客因各种原因误机、错乘、漏乘等情况时有发生，导致旅客乘机体验不佳。《规定》要求机场管理机构要在旅客乘机流程关键区域设置清晰、准确的标志标识指引，为旅客乘机提供最大便利；要求承运人、地面服务代理人、机场管理机构在登机口、登机时间等旅客乘机信息发生变更后及时告知旅客，方便旅客按时乘机；要求承运人和机场管理机构制定针对旅客突发疾病、意外伤害等情形的应急处置预案，最大程度保护旅客生命安全。此外，为确保飞行安全和社会公众利益，《规定》明确，当旅客的行为有可能危及飞行安全或者公共秩序的，承运人有权拒绝运输。

6. 完善行李运输管理制度，提升行李运输服务水平

行李是"不说话的旅客"。《规定》充分尊重企业的自主经营权，不再对行李尺寸、重量、免费行李额、逾重行李费、小动物运输等进行统一规定，承运人可根据企业经营特点自行制定相关标准并对外公布。为减少行李运输差错，《规定》要求承运人、地面服务代理人、机场管理机构建立托运行李监控制度，防止发生行李运输问题。同时，重点明确了行李延误、丢失、损坏等情形下的处置要求，充分保护旅客财产权益。

7. 规范超售处置工作，保护旅客合法权益

超售是国际民航界的通行做法，既可满足更多旅客的出行需要，也可避免座位虚耗。但目前，很多承运人在超售后的处置不够规范，投诉较多。《规定》在借鉴欧美先进经验的基础上，新增"航班超售"一章，对超售时的信息告知、征集自愿者程序、优先登机规则、被拒绝登机旅客赔偿等进行了明确规定。特别是强调承运人或者其地面服务代理人应当在经征集自愿者程序未能寻找到足够的自愿者后，方可根据优先登机规则确定被拒绝登机的旅客，以最大程度减少旅客被拒绝登机。同时，《规定》还对旅客被拒绝登机后的出具证明、客票退改服务、赔偿等后续处置工作进行了明确。

8. 畅通旅客维权渠道，实现旅客投诉闭环管理

投诉是旅客最重要的救济渠道。《规定》新增"旅客投诉"一章，强化了市场主体的投诉处理能力要求，规范了投诉处理流程，进一步健全了投诉反馈机制。此前，外国承运人和我国港澳台地区承运人的投诉处理时限为20个工作日，远高于国内承运人。本次修订明确所有被投诉企业的投诉处理时限均为10个工作日，确保对国内外运行主体的管理一视同仁。此外，《规定》统一了民航行政机关受理投诉的渠道，并对民航服务质量监督电话、民航服务质量监督平台、民航投诉信息整合等方面提出了明确要求。

9. 加大监管力度，确保规章落实到位

为保障规章有效实施，《规定》新增"信息报告""监督管理及法律责任"章节。其中，"信息报告"一章明确了运输总条件、投诉信息、代理人信息等方面的备案要求。"监督管理及法律责任"一章针对各市场主体违规行为的严重程度，确定了梯度处罚的原则，设置了责令改正、罚款、记入民航信用记录等法律责任。

10. 确保准确理解，推动规章遵守和执行

规章的准确理解是推动依法行政和全民守法的基础，为贯彻落实"谁执法，谁普法"的要求，民航局将《规定》作为今年启动的"立法者释法"工作的一部重要规章。立法者释法工作将由规章制定者对规章总体情况、逐一条款的内涵、符合性判断标准以文字、音视频的方式进行讲解，作为行业监管人员的执法标准和企事业单位理解遵守规章的依据，以此推动规章的普及和理解的统一。

任务小结

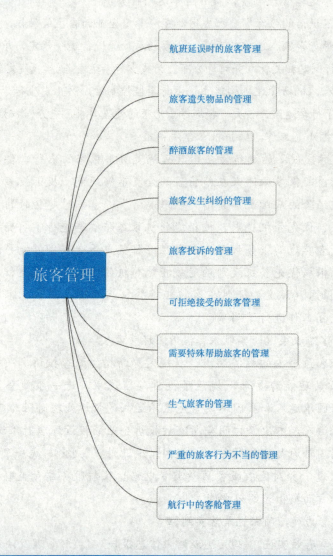

旅客管理
- 航班延误时的旅客管理
- 旅客遗失物品的管理
- 醉酒旅客的管理
- 旅客发生纠纷的管理
- 旅客投诉的管理
- 可拒绝接受的旅客管理
- 需要特殊帮助旅客的管理
- 生气旅客的管理
- 严重的旅客行为不当的管理
- 航行中的客舱管理

任务四　客舱急救管理

案例导入

　　2019 年 5 月 3 日，瑞丽航空昆明—芒市的 DR6507 航班在等待起飞时，一名男性旅客突发疾病，经过当班乘务员、安全员及乘坐此航班医生、热心旅客等客舱总动员的 40 min 紧急救护后，旅客安全转移至 120 急救转送医院。

　　据悉，当日昆明至芒市航班等待起飞时，一名男性旅客李先生突然自称身体不适，胸口疼痛且大汗淋漓，乘务员立即将其调整到头等舱2C座位，并安排乘务员及安全员留下陪同并询问旅客情况，乘务长接到报告后第一时间广播在航班上寻找医生帮助并通知了机长。在此航班上正好有一名医生，医生随后询问患病旅客后并给予了急救方案，乘务组按照急救方案对其进行急救，热心旅客根据医嘱提供了急救药品，整个航班旅客和机组人员都在为患病旅客提供力所能及的帮助。患病旅客经急救后病情并未缓解，手指、手臂都呈僵硬状态，安全员和乘务员一直陪伴左右为其做按摩，同时请地服人员呼叫120急救车。等待120急救车期间，乘务组全程陪同安抚患者李先生，并安排他在头等舱躺下来，持续吸氧。120急救赶到客舱后对其做系列检查，随后乘务组将李先生安全转送120急救至医院。

（资料来源：民航资源网）

思考： 客舱安全管理中，客舱急救的意义是什么？

知识链接

视频：客舱急救管理

在遇有急救时，对伤病者的基本情况必须作出判断，其中最重要的是意识、呼吸、脉搏、体温等生命体征。

一、客舱急救的目的

（1）维持生命。

（2）防止病情或伤势恶化。

（3）促进恢复。

二、客舱急救的一般原则

（1）在遇有严重伤病时应保持镇静，在采取直接措施之前要询问患者情况并进行分析、判断，观察损伤情况。

（2）在急救时，客舱乘务员应采取必要的措施，尽量减少移动病人旅客的次数或触碰损伤部位，避免二次受伤。

（3）确定旅客病情后要尽快采取行动，根据现场情况，对旅客采取救命要点的急救措施。首先要保证旅客呼吸道的通畅；检查是否有出血情况，如果有应立即止血；预防旅客休克和暴露受伤部位；确保正确处置昏迷者并有人照看。

三、客舱急救的责任

（1）迅速评估现场安全情况。

（2）迅速辨认出伤病者的危险程度。

客舱服务与管理
Cabin Service and Management

（3）尽快呼救，让伤病者尽快得到专业急救人员的帮助。

（4）利用曾学习的急救知识正确处理伤病者。

四、现场急救的注意事项

（1）救护人员做好自身防护。

（2）避免尖锐物品刺伤。

（3）使用人工呼吸、面膜、面罩。

（4）处理伤病者后及时洗手。

任务小结

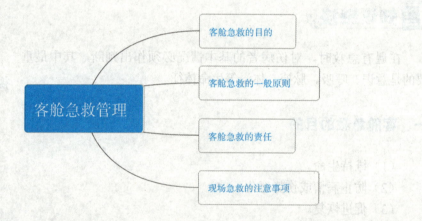

项目总结

　　本项目介绍了客舱管理的意义，客舱管理的一般规定，客舱管理中乘务员管理及旅客管理的内容及客舱急救的必要性。指导发挥乘务员的职业技能，并能在客舱管理中为各种不正常的航班旅客服务。

拓展阅读：企业转型背景下新型工商管理
人才应用能力培养研究

拓展练习

一、选择题

1. ( )是指乘务长为了实习航班的安全正常运行和服务质量目标，而对乘务组、旅客及各种资源实施的统筹管理，也包括乘务员在航班执行过程中对客舱的人、机、料、法、环的管理。

　　A. 客舱管理　　　　　　　　　B. 机上服务
　　C. 人员管理　　　　　　　　　D. 旅客管理

2. 航空运输中，保障旅客的( )是乘务员的最高职责。

　　A. 满意度　　　　　　　　　　B. 安全
　　C. 航班准点　　　　　　　　　D. 客舱服务质量

3. 下列不属于乘务员职业素养的是( )。

　　A. 敬业精神　　　　　　　　　B. 工作态度
　　C. 职业道德　　　　　　　　　D. 家庭情况

4. 航班延误，地面等待时间小于( )min时，发放报纸、毛巾，提供机上娱乐、影视服务，并根据个别旅客的需求提供适当服务。

　　A. 60　　　　　　　　　　　　B. 50
　　C. 40　　　　　　　　　　　　D. 30

5. 航班延误，地面等待时间大于( )min小于( )min时，提供茶水、矿泉水服务。

　　A. 30，45　　　　　　　　　　B. 20，45
　　C. 30，60　　　　　　　　　　D. 20，60

6. 以下不属于客舱急救的目的的是( )。

　　A. 维持生命　　　　　　　　　B. 防止伤势恶化
　　C. 促进恢复　　　　　　　　　D. 保障航班准点

7. 航班飞行前，旅客要求更换座位，在经得乘务员允许的情况下旅客在飞行中可更换座位。但是( )座位对旅客有严格的要求，旅客不可随意更换。

　　A. 安全出口处　　　　　　　　B. 飞机前部
　　C. 飞机尾部　　　　　　　　　D. 飞机中部

8. 可被要求下机的旅客不包括( )。

　　A. 非法无票登机者　　　　　　B. 病残旅客
　　C. 任何不可接收　　　　　　　D. 无登机牌的旅客

9. 航班现场急救的注意事项中不包括( )。

　　A. 救护人员做好自身防护
　　B. 避免尖锐物品刺伤
　　C. 使用人工呼吸、面膜、面罩
　　D. 处理伤病者后不需要再洗手

10. 在旅客离机后或登机前，乘务员在客舱拾到物品，必须马上报告乘务长，乘务长应填写（　　）。

A. 《旅客遗失物品登记表》　　　　B. 《客舱事故登记表》

C. 《旅客事故处理登记表》　　　　D. 《航班飞行登记表》

二、判断题

1. 航空运输是一个高品质的交通运输工具，其竞争优势中空中服务是非常重要的评价标准。　　　　　　　　　　　　　　　　　　　　　　　（　　）

2. 不断提高服务质量完善客舱服务是民航发展的基点，更是衡量航空公司的重要实力水平之一。　　　　　　　　　　　　　　　　　　　　　　　（　　）

3. 航班延误，地面等待时间 5 h 以上时，提供全套餐饮服务。　　　（　　）

4. 如果航班延误时间较长，有些旅客需要转机，航空公司工作人员尽量安抚旅客不要转机。　　　　　　　　　　　　　　　　　　　　　　　　（　　）

5. 旅客登机时，如果有旅客表现出醉态或受麻醉品的影响干扰了机组工作，甚至危及旅客与机组安全，乘务员可以直接劝其下机。　　　　　　　　　（　　）

6. 如果是在航班起飞之前，旅客发现物品在地面遗失，和乘务员工作内容没有关系，乘务员可以不处理。　　　　　　　　　　　　　　　　　　　（　　）

7. 对于旅客之间发生纠纷，空乘人员必须倾听旅客的倾诉，判定谁对谁错，并为旅客评理。　　　　　　　　　　　　　　　　　　　　　　　　（　　）

8. 在客舱急救时，客舱乘务员应采取必要的措施，快速移动病人旅客。　（　　）

9. 在遇有严重伤病时应保持镇静，在采取直接措施之前要询问患者情况并进行分析、判断，观察损伤情况。　　　　　　　　　　　　　　　　　　　（　　）

10. 佩戴有身份证的中国民用航空局的检查官员可自由地进入驾驶舱。　（　　）

三、简答题

1. 客舱管理中，旅客管理包括哪些内容？

2. 你认为作为一名客舱乘务员应该具备哪些素养？

习题答案

参 考 文 献

[1] 刘玉梅 . 民航乘务员培训教程 [M]. 北京：中国民航出版社，2007.

[2] 何佩，刘小红 . 客舱安全与应急处置 [M]. 北京：中国民航出版社，2007.

[3] 中国航空运输协会 . 中国航空乘务员基础教程 [M]. 北京：中国人口出版社，2010.

[4] 盛美兰，江群 . 民航客舱设备操作实务 [M]. 北京：中国民航出版社，2011.

[5] 刘佳颖，恒玺 . 客舱设施与服务 [M]. 2 版 . 成都：西南交通大学出版社，2016.

[6] 周为民，苗俊霞，车云月 . 民用航空客舱设备教程 [M]. 2 版 . 北京：清华大学出版社，
    2020.

[7] 王连英 . 民航飞机客舱设备 [M]. 北京：中国民航出版社，2015.

[8] 李永 . 中国民航机型大全 [M]. 北京：中国民航出版社，2015.

[9] 高宏，魏丽娜 . 飞机客舱设备与使用 [M]. 北京：清华大学出版社，2019.

[10] 王远达 . 飞机结构与系统 [M]. 北京：航空工业出版社，2019.

[11] 包晓春 . 民航机型设备教程 [M]. 北京：航空工业出版社，2020.